모든 책의 역사

우베 요쿰 Uwe Jochum

과학적 사서.
하이델베르크에서 독문학과 정치학을 공부하고
뒤셀도르프 대학에서 박사학위를 취득했다.
1998년부터 과학적 사서로 일하고 있다.
도서관과 미디어의 역사에 관해 많은 저서를 출간했는데,
최근작으로는 『서양 도서관의 역사』가 있다.

박희라

전문번역가.
서울대학교 인문대학 독어독문학과를 졸업하고
『월간 말』, 『일요신문』 등에서 기자로 활동했다.
『경영의 세기』, 『일상의 경제학』, 『이상한 전쟁』,
『성공하는 여성들의 마음을 사로잡는 리더십』,
『똑똑하게 대화하라』 등을 번역했다.

Bücher. Vom Papyrus zum E-book
by Uwe Jochum

All rights reserved by the proprietor throughout the world
in the case of brief quotations embodied in critical articles or reviews.

Korean Translation Copyright ⓒ 2017 by Mindcube Books, Seoul
Copyright ⓒ 2015 by Wissenschaftliche Buchgesellschaft, Darmstadt(Germany)

This Korean edition is published by arrangement with
Wissenschaftliche Buchgesellschaft, Darmstadt through Bestun Korea Literary Agency Co., Seoul

이 책의 한국어판 저작권은 베스툰코리아 출판에이전시를 통해 저작권자와의 독점계약으로 마인드큐브 출판사에 있습니다.
저작권법에 의해 한국 내에서 보호를 받는 저작물이므로 무단 전재와 복제를 금합니다.

 마인드큐브 Mindcube
책은 지은이와 만든이와 읽는이가 함께 이루는 정신의 공간입니다.

파피루스에서 전자책까지
모든 책의 역사

BÜCHER.
VOM PAPYRUS
ZUM E-BOOK

일러두기
• 본문 하단의 주는 옮긴이가 단 것이다.
• 인명·지명은 독어식을 현지식 표기로 고쳤다.

Inhalt

차례

서문	6
Chapter 1 벽에 새겨진 책	10
Chapter 2 손에 든 책	22
Chapter 3 도서관의 책	50
Chapter 4 성스러운 책	78
Chapter 5 기계로 만들어진 책	118
Chapter 6 산업적 책	150
Chapter 7 전자책	194
후주	212

Vorwort

서문

통계에 따르면 독일에서의 연간 도서 판매액은 지난 몇 년 이래 95억 유로(12조 1,125억 원)를 넘었다. 이는 음악 및 연극 티켓 판매량(17억 유로(2조 1,675억 원))의 5배가 넘는 금액이며, 영화(15억 유로(1조 9,125억 원))에 비해서는 6배가 넘는 금액이다. 이는 독일에서 책이 문화적으로뿐만 아니라 경제적으로도 엄청난 가치를 가진 상품이라는 것을 의미한다. 약 2만 2,800개의 기업이 책을 생산·유통시키고 있고, 그 중에서 약 4,100개의 서점과 2,200개의 출판사가 매년 9만 권 이상의 신간 혹은 개정판을 시장에 내보내고 있다. 이 시장에서는 누구도 소비자에게 구매를 요구할 필요가 없다. 국민의 약 5분의 1이 "아주 즐겨" 책을 읽고 있고, 3분의 1 이상이 "즐겨" 책을 읽고 있다고 밝히고 있기 때문이다. 이 모든 것은 문화적 및 경제적으로 만족스런 상황임을 의미한다. 그래서 사람들은 이제 이런 수치들에 대해 별로 주목을 기울이지 않는다. 해를 거듭할수록 출판서적은 조만간 전자책으로 교체될 것이라고 예고하는 디지털 미디어의 추종자들을 빼고 말이다. 물론 상황이 아직 그 정도까지는 아니다. 독일에서 전자책의 시장 점유율은 현재 4%로, 미미한 수준에 지나지 않기 때문이다. 물론 이 점유율은 지속적으로 성장하고 있으며, 예언자들은 언제쯤 전자책 시장이 포화상태에 이르게 될지 논쟁 중이다. 전체 출판 매출의 10%를 전자책 시장의 최대치로 보는 사람도 있고, 25% 혹은 30%까지 성장할 수 있을 것이라고 보는 사람도 있다.[1]

그건 아무도 알 수 없는 일이다. 하지만 전자책이 새로운 매체라는 단순한 사실이 그 참신함을 미래에 대한 약속으로 받아들이게 하는 것만은 분명하다. 언제 어떻게 전자책은 책이 갖고 있는 많은 문제점들을 해결해낼 수 있을까? 언제쯤 인쇄된 책보다 더 편하게 접할 수 있고, 더 싸고 간편하게 사용할 수 있으며, 인터넷에서 다른 매체와 결합해 아주 새로운 독서 체험을 약속해줄 수 있을까? 이 지점에서, 전자책으로 비용을 절약하고 싶어 하는 경제적 계산이 전자책으로 세상을 개선하고 싶어 하는 공상적 유토피아적 관점으로 전환된다. 그것이 어찌나 유혹적인지 문화·정치적 활동가들은 벌써부터 미래를 예견하면서 디지털 미래와 연관이 있는 많은 것들을 촉진하기 위해 애쓰고 있다. 동시에 이들은 지금까지 책 중심의 문화적 기억의 전달자로서 자부심을 갖고 있던 시설들이 말로만 미래에 대한 채비를 갖추게 하지 않도록 애쓰고 있다. 전국적으로 도서관들이 미디어 센터, 커뮤니케이션 센터, 그리고 정보 센터로 개명되면서, 책 지분을 줄이고, 사서들의 연수기관에서도 책과 도서관의 역사를 프로그램에서 빼고 있다.

하지만 계획된 진보가 후퇴가 된다면 어떨까? 이는 우리 시대 문화의 디지털 변형을 계획해본 사람이라면 누구나 한 번 이상 생각해볼 만한 일이다. 그들에게 진보란 지금 이미 좋은 것, 하지만 곧 더 좋아져야 하는 것, 그리고 심지어 가능하다면 그때그때 최첨단 디지털 기술을 수단으로 가장 좋아져야만 하는 것과 같은 맥락에 있는 것이기 때문이다. 그럴 때 수많은 가능한 발달 경로 가운데 그들이 선택하는 역사 발달 경로는 더 많은 기술로 세계를 더 많이 개선시킬 수 있는 경로이다. 이런 선택은 또한 정말 더 많은 기술이 세계를 개선시킬 수 있을까라는 질문에 눈을 감고 있고, 게다가 과거가 이룩해놓은 좋은 것들, 혹은 아직은 충족되지 않았지만 미래에 현실이 될 것으로 기대되는 가능성들에 대해서는 외면하고 있다. 간단히 말해 미래는 어쨌든 르네상스가 될 수도 있고, 아니면 완전히 다른 것이 될 수도 있다.

하지만 그것을 알 수 있는 것은 책을 통해서이다. 대부분의 책은 케케묵은 오래 된 과거의 골동품이거나 유별나게 다른 것 이상이다. 책은 우리에게 과거와 그들의 가능성에 대해서 많은 이야기를 들려주며 그런 이야기만 해주는 것이 아니다. 책은 손으로 잡을 수 있는 물질적 대상으로서 과거의 일부분이면서 동시에 과거 및 미래 가능성의 일부분이다. 이 책도 마찬가지다. 이 책은 처음 단계에서는 돌과 뼈에 새겨진 무늬로서의 책에 대해서, 운반 가능한 기호의 전달자로서 오랫동안 유지됐던 책에 대해서, 그리고 우리가 과거의 가능성을 인식하고 바로 그 최첨단에 현혹되지 않고 호도되지 않았을 때에만 열릴 수 있는 열려진 미래에 대해서 설명한다. 이 책은 책을 읽을 때 정말로 자기가 무엇을 읽어야 할지 알고 싶어 하는 독자들을 위한 책이다.

그런 책이 되도록 하기 위해 여러 전문가들의 도움을 받았다. 그들은 안젤리카 요쿰과 다니엘 짐머만(학술 서적 협회)과 같이 작가를 위해 많은 인내심을 발휘하는 사람들이다. 아르민 슐레히터(하이델베르크), 롤란트 로이스(하이델베르크), 요아킴 푸크만(콘스탄츠) 그리고 크리스티안 바힝거(뮌헨) 등등이 매 장의 첫 독자로서 조언과 비평으로 많은 오류를 피할 수 있게 도와주었다. 루이스(포츠담), 피아와 미오(바인하임), 니나(코플렌츠), 얀(안더나흐), 아르빈(뮌헨) 그리고 내가 알지 못하는 많은 책 애호가들의 손에 미래가 달려 있다고 하고 싶다.

.....
책은 손으로 잡을 수 있는 물질적 대상으로서 과거의 일부분이면서 동시에 과거 및 미래 가능성의 일부분이다.

Chapter 1

Das Buch an der Wand

벽에 새겨진 책

책의 역사가 어디서 시작되었는가 하는 질문에 대해 선뜻 대답하기는 쉽지 않다. 많은 사람들에게 익숙한 대로 책이란 것이 종이다발을 인쇄해서 함께 묶은 물건이라고 한다면, 그 역사는 구텐베르크가 활판인쇄기를 발명한 서기 1450년경 시작된다. 그러나 손으로 글을 쓴 양피지로 만들어진 코덱스(Codex) 역시 책에 속하는 것이라는 의견이라면, 책의 시작은 서기 3세기로 거슬러 올라간다. 그럼 그 이전은 어떠했나? 그 전에 로마인과 그리스인과 이집트인들은 파피루스 두루마리에 글을 썼다. 지금의 책과는 달라 보이지만 이것 역시 오늘날의 책과 분명 같은 기능을 하고 있었다. 파피루스 두루마리의 이런 기능에 주목한다면, 책의 기원은 대략 서기전 2800년까지로 올라간다. 하지만 메소포타미아에서 사용됐던 점토판 역시 책의 기능을 하지 않았던가? 그렇게 본다면 책의 시작은 서기전 약 3300년까지로 더 올라간다. 그리고 다시 그 이전은 어떠했나? 그 이전, 그러니까 지금으로부터 약 3만 5000년 전의 원시인들은 오늘날 우리가 '동굴벽화'라고 부르는 것을 그리기 시작했다. 당시 그들은 동굴 벽이나 사슴뿔, 각종 뼛조각 등에 다양한 기호나 패턴을 새겨 넣었다. 그런 새김의 흔적 중 가장 오래 된 것은 무려 40만 년을 거슬러 올라간다. 독일 튀링겐 지방의 빌징스레벤(Bilzingsleben)에서 발견된 몇 개의 뼈가 그런 경우이다. 그렇다면 빌징스레벤에서 출토된 조각된 뼈가 우리에게 알려진 최초의 책과 같은 것이라고 말해야 할까?

이 질문에 답하기 위해서는 빌징스레벤에 거주했던 이들이 해부학적으로 근대적 인간(호모사피엔스)이 아니라 진화 단계에 있어서 그들보다 선행했던 약 200만 년 전에 태어난 호모에렉투스였음을 분명히 해야 한다.[2] 많은 점에서 해부학적으로 우리와 일치하는 이들 초기 인류가 그들의 진화 선조들처럼 돌조각을 칼로, 그리고 주먹도끼를 도구로 사용할 수 있었을 뿐만 아니라, 여기서 더 나아가 불을 지배하고, 사냥무기를 제조하고 뼈를 묻을 수 있었다는 것은 물론 중요한 일이다. 왜냐하면 의도적으로 뼈에 선을 새김으로써 호모에렉투스는 환경과 자신의 물건에 도구를 사용하는, 즉 가공하고 변화시키는 데서부터 더 나아가 이런 사물과의 도구적 관계를 보충해 미학적 혹은 상징적으로도 볼 수 있도록 한 차원으로 더 높였기 때문이다. 이런 차원을 '미학적'이라고 말하는 것은 뼈에 새겨진 선이 '예쁜 패턴'을 만들어내려는 의도에 의한 것이라고 확신할 수 있을 때일 것이다. 그리고 '상징적'이라고 말하는 것은 새겨진 선에 의미를 부여할 수 있을 때일 것이다. 하지만 이 지점에서 우리는 과연 그것들이 원시인들이 표기할 가치가 있다고 여겼던 상황이나 어떤 물건과 연관돼 있는지, 그리고 있다면 어떤 방식인 것인지 추론해내기에 그 새겨진 '상징'이 너무 적다는 사실을 인정해야만 한다. 따라서 우리로서는 뼈에 새겨진 선들이 아름다운 패턴일 수도 있고, 의미 있는 표시일 수도 있으며, 혹은 두 가지 모두일 수도 있다고 확인하면서 여전히 추측에 머무는 수밖에 없다.

따라서 빌징스레벤의 선이 새겨진 뼈가 인류 최초의 책을 보여주는 것인가 하는 질문은 "아마 아닐 것이다"라고 답할 수밖에 없다. 하지만 그 대답이 부정적이라고 해서 약 40만 년 전 무언가 새로운 일이 생겨났고, 아직은 책이 출현했다라고 할 수는 없지만 훗날 책의 출현을 위한 진화의 전제가 되었다는 사실까지 부정되는 것은 아니다. 이런 결정적인 새로움이란, 선이 새겨진 뼈에는 처음으로 상징적인 세계가 번득였다는 것, 인간은 자신을 둘러싸고 또 어쩌면 압박하고 있을지도 모르는 삶의 세계에 대해서 응답하면서, 문화적 존재에 걸맞게 세계에 의미를 부여하고 그 의미를 다른 사람들과 공유하고 싶어 했다는 사실이다. 그렇게 공유하기 위해서는 의미를 구체적으로 포착해내려고 하는 문화적 공예품 이외에도 기록된 기호에 의미를 담고 해석하도록 해주는 언어가 필요하다. 물론 호모에렉투스가 정말로 벌써 언어를 사용할 수 있었는지 확실히 말할 수는 없지만, 그들에게서 전해 내려온 공예품은 그랬을 것이라는 간접증거가 된다. 공예품 이외에도 이런 추측을 뒷받침하는 또 다른 간접증거가 있다. 호모에렉투스는 큰 짐승을 사냥했기에 사냥의 무리들이 공동으로 작전을 수행해야만 했는데, 이는 언어 없이는—아무리 그 형태가 서툰 것일지라도—생각하기 어려운 과정이기 때문이다. 물론 뼈에 새겨진 선은 아주 초보적인 상징 세계가 처음으로 번득였던 것 이상은 아니다. 이런 번득임에서 지속적이고 급격하게 번져가는 불길이 생겨난 것은 약 20만 년 전 호모에렉투스가 호모사피엔스로 교체됐을 때에 가서였다.[3] 1991년 남아프리카에서 발견된 블롬보스(Blombos) 동굴에서는 약 7만 5000년 전의 것으로 추정되는, 구멍이 뚫리고 자토(赭土)로 붉게 칠해진 달팽이집 내지는 마름모무늬가 새겨진 황갈색 유물이 발견됐다. 이는 호모에렉투스의 경우에는 아마도 그랬지 않았을까 하고 가정적으로만 말해야 했던 일들이 이제 호모사피엔스의 경우에는 보다 확실한 직설법을 사용할 수 있다는 것을 의미한다. 호모사피엔스로 진화한 인류는 장신구(색칠한 달팽이집)를 달고 추상적 상징(마름모무늬 새김)을 사용함으로써 문화적 막으로 자신을 에워쌌다. 이는 환경의 직접적 요구에 거리를 두고 사물과 인간의 도구 사용 관계를 지속적이고 상징적인 차원으로 확장시키는 것이었다. 이런 지속적·상징적 차원으로 인류는 자기 자신과 환경을 감쌌고, 그 속에서 공동체를 건설했다. 그리고 공동체는 공동의 상징을 공동의 의미함축으로 사용하게 되었고, 동시에 자신을 치장하면서 스스로를 한 인간으로 인식하게 되었다. 장식을 통해서 그들은 자신이 다른 사람과 관계를 맺고 있다는 것(비슷한 장신구를 달고 있다)을, 그리고 동시에 그들과 구별된다는 것(내 장신구는 네 것이 아니다)을 인지하게 된 것이다.

이같은 상징적 차원은 인류의 흔적을 추적하면 할수록 더더욱 명확히 드러난다. 이런 흔적들은 아프리카에서 유럽으로 이동했던 호모사피엔스와 함께 우리를 약 3만 5000년 전의 시대로 이끌고 가는데, 이 시기에는 장신구로 조개와 동물의 이빨뿐만 아니라 매머드의 어금니를 잘라서 처음으로 장식적·구체적 대상을 묘사한 공예품이나 음악도구로서의 뼈 피리가 발견되고 있다. 그리고 프랑스 아르데슈(Ardeche) 지방 쇼베(Chauvet) 동굴에서 발견된 최초의 동굴 회화 역시 대략 같은 시기로 볼 수 있다. 이런 서곡의 뒤를 이은 것은 서기전 약 1만 8000년 전에서 1만 1000년 전까지 흔히들 동굴 회화의 '창조적 폭발' 혹은 '절정'이라고 부르는 시대로, 장신구, 작은 조각품 그리고 선을 새기거나 조각한 뼈와 사슴뿔 등이 광범위하게 함께 나타나고 있다.[4]

여기서 일어난 일을 이해하기 위해 현혹돼서는 안 될 것이 한 가지 있다. 바로 종종 구체적 묘사로 강한 인상을 심어주는 리얼리즘이다. 이는 늘 언제나 동굴 회화를 회화의 시작으로, 따라서 예술의 시작으로 평가한다. 우선 확실히 해야 할 것이 있다. 주로 프랑스와 스페인에 있는 300여 개의 동굴에서는 지금까지 장식화가 주로 발견됐는데, 발견된 그림의 절반 이상은 구체적인 물체나 생물에 대한 묘사가 아니라 추상적인 기호이며, 이는 기호그룹별로 정리할 수 있을 뿐 아니라 그 시리즈에 따라 어떤 구조까지도 알아볼 수 있다. 발견된 기호

⋯⋯
로네탈에 있는 휠렌슈타인 슈타델에서 발견된 "사자인간"(슈바빙알프, 독일). 서기전 약 3만5천 년. 유물의 높이 30cm.

들은 오래 전부터 점·곤봉·격자 혹은 방패 기호로 분류가 돼왔고, 이런 기호분류는 범 동굴적 차원으로 사용됐지만 동시에 지역적 특성을 가지고 있다는 사실을 우리는 알고 있다. 그리고 기호의 구조적 배열순서에 관한 한, 분명한 것은 그림 기호들조차 '방사상 구조'를 따르고 있어 황소·들소·말이 항상 동굴의 중심에 그리고 거기서도 다시 그림 장면의 중심에서 발견된다는 점이다. 이런 규칙적 요소는 뼈나 뿔에 새겨진 기호에서 좀더 분명해지는데, 이는 오늘날 우리의 글쓰기 시스템에 이르기까지 모든 기호 시스템에 적용되는 세 가지 조건을 충족하고 있다. 첫째, 개개 기호는 서로 구별이 되며, 다양한 혹은 동일한 기호임을 인식할 수 있다. 둘째, 기호의 공간적 배분은 그 기호들을 또 다른 차원으로 차별화시키는 배열을 가지고 있다(특정한 유형의 기호들이 그룹을 형성하고, 그 그룹들이 연달아 이어진다). 그리고 셋째, 기호의 개수가 제한된다.

따라서 동굴 회화 및 다양한 재료의 조각은 예술의 초기 형태로 볼 것이 아니라, 표기법 체계로 봐야 한다는 사실이 아주 분명하다. 이 지점에서 우리는 물론 약간 당혹스럽지 않을 수 없다. 왜냐하면 여기서 기록하는 것이 도대체 무엇인지, 즉 기호를 통해서 부호화하려는 것이 무엇인지 제시할 수가 없기 때문이다. 음력과 별자리를 글자로 기록해놓은 것이라는 설명도 있고, 숫자 체계와 음악표기라는 설명도 있으며, 나아가 샤머니즘 낭송 훈련의 그래픽 지원이라는 설명도 있다.[6] 이 모든 제안들은 기호의 단순한 질서구조(통사론)를 토대로 그 의미(의미론)를 추론하려고 고심하고 있다. 하지만 이는 불가능하다. 기호의 의미는 그 기호가 가리키는 대상과의 관계에 달려 있기 때문이다. 어떤 기호가 구체적인 의미(나무)로 쓰인 것인지, 아니면 추상적인 의미(자유)로 쓰인 것인지 어떻게 알 수 있겠는가. 따라서 기호를 가치 있고 의미 있는 것으로 사용하고 이해하기 위해서는 또한 언제나 잘 알려져 있는 것이어야만 한다. 하지만 기호의 그런 의미함축이 복구될 수 없을 때 이해의 길은 막혀 있고, 제 아무리 기호의 형식적

질서구조를 섬세하게 들여다본다고 해도 그 의미를 파악하기는 어려울 것이다.

동굴 상징의 구체적인 의미와 관련해서 이처럼 부정적인 체험을 했다고 낙담해서는 안 된다. 바로 여기 기록된 것이 무슨 뜻인지 결코 알 수 없게 될지라도, 기호의 질서구조와 맥락을 서술해보면 우리가 현재 일단은 '동굴 회화'라고 지칭하는 것을 그 문화적 테두리 안에서 통찰할 수 있도록 도와줄 것이다.

우선 다시 한 번 동굴 벽에서 발견된 기호에서부터 직접 시작해보자. 이 기호들이 '방사상 구조'라는 것, 그리고 이 구조 안에는 묘사적인 구체적 기호와 추상적 기호가 들어 있다는 것은 이미 알려져 있다. 기호와 기호 시스템 학문, 즉 기호학 용어로 우리는 가능한 실물과 비슷하게 대상(수많은 들소·말·황소)의 특징을 묘사한 생생하고 구체적인 상징을 '아이콘'이라고 명명할 수 있다. 그리고 추상적이고 자의적인 기호는 '심볼'이라고 부르는데, 라스코 동굴의 13번 벽화가 유명하다. 이제 동굴에서 많이 발견되는 점선을 동물의 발자국 내지는 그 동물의 배설물 기호로, 따라서 점선과 닮지 않은 어떤 대상(그때마다의 동물)에 대한 기호로 해석할 때, 기호학자들은 이를 '인덱스'라고 부른다.[7] 아이콘, 인덱스 그리고 심볼 등등 동굴에 존재하는 모든 기호의 타입은 기호학자가 알고 있고 또한 오늘날 우리 모두가 사용하는 것들이다.

다시 인류의 길에서 발견할 수 있는 최초의 기호—빌징스레벤의 뼈에 새겨진 선—로 눈을 돌려보면, 기호의 역사는 감각적으로 파악할 수 있는 소박하고 구체적인 묘사에서 비구상적·추상적 기호로 나아가는 과정을 밟는 게 아니라는 사실을 알 수 있다. 오히려 우리는 쓰기의 태초에는 추상적 기호 새김이 있었고, 이는 호모사피엔스의 손에서 한 다발의 아이콘·인덱스·심볼 기호로 전개됐으며, '동굴 회화'로 기호학적 수준에 도달해 현대 인류인 우리 역시 거기에 감동을 받고 있다는 데서부터 출발해야 한다. 즉 인류는 기호를 사용하는 존재라는 것, 그리고 늦어도 후기 구석기 시대부터는 오늘날의 우리까지 문화적으로 계속 연결선상에 있다는 것이다.

이같은 기호학적 소견에도 불구하고 동굴 기호의 '언어적' 의미를 이해할 수는 없기 때문에, 프랑스 고생물학자 앙드레 르루와 구랑(André Leroi-Gourhan)은 이를 '미토그램*'으로 생각하자는 제안을 했다. 미토그램이란 확고하고 철저히 추상적인 기호들의 목록을 2차원적으로 분배해 구조·배열·간격을 만들어내는 것으로, 그 덕택에 기록되고 전승돼야 할 신화가 동굴에 모인 사람들의 기억에 각인될 수 있었다. 따라서 우리는 동굴기호에서 그래피즘을 보게 된다. 그래피즘**은 평면적인 기호 그림 속에 복잡한 역사를 기록한다. 소리와 단어를 표기하는 것이 아니라 의미를 표기하는 쓰기법, 그러니까 오늘날까지도 통용되는 중국 글씨와 비슷한 것이다.[8]

이런 의미가 어떤 식으로 가능한지 알고 싶다면 우리는 동굴 기호가 서 있는 맥락에 서서 이야기해야 한다. 이 맥락의 특징은 벽 위의 기호들이 표현의 앙상블을 이루고 있다는 것인데, 벽에 칠해진 색채는 새김을 통해서 보충되고, 새김은 얕은 돋을새김과 높은 돋을새김으로 발전해나갈 수 있다. 그럼으로써 기호는 평면에서 돌출해 나와 3차원으로, 찰흙 조형물로까지 변모한다.

하지만 이 말은 2차원적·평면적 동굴기호들이 3차원인 공간을 구성하는 요소가 되고, 그 결과 동굴 기호들을 동굴 공간과의 연관성 속해서 고찰해야만 한다는 뜻이다. 동굴 공간의 의미에 대해서는 현재 본질적으로는 의견이 일치한다. 그곳은 일상의 저편에서 기호 그림, 부조 그리고 조각상의 도움으로 의례를 수행하는 곳이었다. 의례에는 춤·시가(노래로 하는 이야기) 그리고 음악이 들어 있었다. 이는 동굴이 일반적으로 접근하기가 어렵고, 그러기에 일상과 간격을 두고

---

* Mythogramme, 신화문자

** 주술적인 의미를 담아 사물을 추상적으로 표현하는 것. 서기전 3만 년 전부터 시작됐다. 이 개념을 처음 주창한 사람이 르루와 구랑이다.

있었음을 통해서 알아볼 수 있다. 동굴에는 성인과 청년들이 방문했다고 말할 수 있는 수많은 발자국을 추론해낼 수 있고, 마지막으로 동굴에서 발견되는 뼈로 만든 피리, 그리고 무엇보다도 기호 그림이 발견되는 그 동굴 공간의 음향적 특성은 동굴에서 음악과 시가가 어떤 역할을 했음에 틀림없음을 입증한다.[9]

동굴에서 수행된 의례가 어떤 종류였는지 우리는 알 수 없다. 동굴 입구에서 발견되는 황토의 흔적, 동굴 벽에 칠해진 수많은 여성 음부와 발견된 여성 인물상, 그 중에서도 가장 유명한 〈발렌도르프의 비너스〉 등 몇 가지는 다산(多産) 의례를 의미한다. 아이와 청년의 발자국과 같은 다른 것들은 성년 의례를 의미한다. 또 화살과 창에 부상을 입고, 이따금씩 사람이 직접 선을 새겨서 '부상'을 입힌 동물들의 그림이 많다는 것은 사냥 의례가 치러졌음을 의미한다. 그리고 마지막으로 새겨 넣은 선과 부조와 특정한 그림 기호를 해석해서 우주적 의례를 추론해낼 수도 있을 것이다. 이 모든 것이 가능하지만, 그러나 그 중 어느 것도 절대적인 것으로 입증될 수 있는 것은 없다. 왜냐하면 여기서도 마찬가지로 기호 그림의 의미함축이나 3차원 공간 구성의 의미함축에 대해서 알 수 없기에, 동굴에서 수행된 의례의 의미는 영원히 우리에게 은폐돼 있기 때문이다. 우리는 외형적인 정보를 가지고 이곳이 의례 공간과 어느 정도 관계가 있다고 결정해야만 한다.

이런 외형적인 정보는 보이는 것보다 물론 더 많은 것을 담고 있다. 동굴이 기호 그림, 3차원 공간 구성, 시가, 춤 그리고 음악으로 구성된 매체 연합이 투입된 의례의 장소였다면, 투입된 경비, 즉 공간을 만드는 데 들어간 것뿐만 아니라, 또한 매번 의식의 수행에 관련된 그 모든 비용이 의미가 있는 것은, 동굴에서 전개된 것이 동굴에 있었던 사람들에게 현저한 중요성을 띠었을 때뿐이다. 따라서 벽에서 발견할 수 있는 미토그램은 무작위적 대상과 사건을 무작위로 그려낸 것이 아니라고 추론해도 좋을 것이다. 오히려 이는 그들이 정기적으로 방문했던 의례 공간의 중요한 요소 역할을 했고, 동굴이라는 내부 공간에서부터 동굴 밖 세계를 이해하고 지켜나가기 위해서 인간은 의례 속에서 끊임없이 새롭게 동굴 공간과 자신의 기호의 의미를 재가동시킴으로써, 그 속에서 끊임없이 자신의 그룹과 주변 세계로의 소속을 스스로 직접 확인해나갔음을 의미한다. 간단히 말해 동굴 속에서 빙하기 사냥과 채집 그룹의 문화적 기억이 유지되고 공동의 의례로 현재화되고 계승되었다는 것이다.

여기에 인류학적으로 의미심장한 분기점이 놓여 있다. 늦어도 '동굴 회화'에서는 호모사피엔스라는 인류가 물질적 대상 안에 객관화시킨 기호의 의미를 사회적 행위(의례)를 통해서 발생시킨 생명체로 등장했다는 사실이다. 그 방식은 함께 하는 사회적 행위 속에서 기호를 전달하는 대상을 끄집어내, 공동의 관심 속에서 그 기호의 의미를 확립 전달하는 것이다. 어떤 동물도 그렇게 배우지 않는다. 인간만 그렇게 한다. 그리고 인간은 모든 세대의 어린이가 다시 그렇게 배운다. 그렇게 배우는 것은 단순이 말 그대로 하기 위해서(내가 너에게 뭐라고 하면, 너는 그대로 한다)의 차원이 아니라, 항상 그 차원을 훨씬 뛰어넘는다. 인류가 사용한 기호는 그 기호의 의미가 닻을 내린 소통 상황을 참조하도록 지시하기 때문이다. 이런 소통 상황 속에서 인간은 그것이 무엇을 의미하는지만 경험하는 것이 아니라, 동시에 또한 그것을 의미 있게 만들 수 있는 능력을 지니게 된다. 따라서 자기가 세계에 대해서 말할 수 있기 때문에 세계에 대해 뭔가를 알고 있다는 사실을 알게 되고, 자기가 이런 말과 지식을 기호 속에 확립시킬 수 있기 때문에 그로 인해 동시에 자기가 기호를 확립시킨다는 사실을 확립한다는 것을 알고 있다. 바로 이런 사실이 인간과 동물을 구별시키는 차이점이다. 인류가 지구상에 있는 모든 생명체나 사물과 같이 살아가지만 자기 자신에 대해서 그 세상을 넘어서는 의미 있는 존재로 인식하는 의식적인 성찰의 차원을 보여주기 때문이다.[10]

많은 동굴에서 발견되는, 분무 기술로 벽에 투사된 손 음화(陰畵)보다 더 이를 인상적으로 명료하게 해주는 것은 없다. 인류는 이 음화 속에 자기 자신을 영

카브레레 지방 페슈 메를 동굴에 묘사된, 말 위에 놓여 있는 인간의 손 음화 (대략 서기전 2만5천년)

원히 남기고자 했던 존재였으며, 또 그러기 위해서는 기호가 필요하고 손을 통해서 이런 기호를 창조해낼 수 있다는 것을 이해했던 존재였다. 그럼으로써 인류는 자기 자신을 개인으로 인정받을 수 있게 했고, 기호를 통해서 시간과 공간 속에서 자신의 존재를 인식할 수 있게 했으며, 그렇게 함으로써 세계 안에서 자기 자신만의, 그 누구의 것도 아닌 자리를 차지하게 되었다. 이 손 음화에서 우리가 보는 것은 따라서 기호를 사용해 자기 자신과 다른 사람과 관계를 맺고 그 속에서 인정받기를 바라는 개인뿐만 아니라, 또한 생명체로서 시간과 공간 속에서 사물을 마음대로 할 수 있고 그 안에 자신이 마음대로 할 수 있음을 드러내지만, 스스로를 필멸의 생명체로 인정할 수밖에 없는 개인이다.[11]

동굴 그림이 우리에게 알려주는 교훈을 한 문장으로 요약한다면, 그 그림들은 우리에게 인류가 늦어도 후기 구석기 시대에는 자신이 세상에서 사회적 존재, 소통하는 존재, 그리고 필멸의 존재로 살아야만 한다는 사실을 인식하고 있음을 보여준다는 것이다. 어디서 이런 인식이 생겨났는지는 아무도 말할 수 없다. 하지만 그런 의식이 의례 속에서 스스로를 확인하면서 초월에 대해 성찰했다는 것, 그것이 인간을 인간으로 만드는 것 중의 하나이다.

Chapter 2

Das Buch in der Hand

손에 든 책

앞 장에서 서술한 동굴 기호의 기념비적 그래피즘은 약 1만 년 전 중단된다. 이는 뷔름(Würm)빙하기* 말기에 해당되는데, 후기 구석기 그래피즘의 중단은 빙하기에 이어지는 기후 변화와 연관성이 있다고 볼 수 있다. 이는 문화적 지리학의 위치이동으로 이어졌다. 내륙 빙하의 후퇴와 그로 인한 해수면 상승은 더 큰 해양 증발 표면으로 이어졌고, 이 때문에 기후는 대체로 더 따뜻하고 다습해졌다. 그래서 약 1만 2000년 전 비옥한 초승달 지역에 자연적인 곡창 초지가 형성될 수 있었고, 인류는 이를 생계를 위해 이용할 수 있게 되었다. 골짜기 충적 활엽수림에 있는 수많은 야생동물(들소, 사슴, 멧돼지 등)을 편안히 사냥할 수 있었고, 비옥한 초승달 지역 주변에서는 사바나 대평원에서 노니는 가젤과 오나거 무리가 풍요한 양식이 돼 주었다. 이런 풍요로운 양식은 성서에 묘사된 낙원에서 그 반향을 볼 수 있는데, 레반테와 북부 메소포타미아의 사냥꾼과 채집꾼들로 하여금 떠돌아다니던 생활방식을 중단하고 정착할 수 있게 해주었다. 식용

---
* 지질시대 제4기 빙하시대에 있었던 4회의 빙기 중에서 4번째 빙기를 말한다.

작물(밀과 보리)을 재배하고 가축(양과 염소)을 집에서 키우는 것이 급속히 번지면서 이런 경향은 한층 더 강화되었다. 이와 더불어 '신석기시대화' 과정이 시작됐다. 즉 비옥한 초승달 지역에서부터 빠르게 확장된 생활방식으로 정착하게 된 인류가 농업 및 목축과 더불어 생산 경제형태로 넘어가게 된 것이다. 이런 과정은 시간이 지나면서 정착지의 확대와 집중으로 이어졌을 뿐만 아니라, 여기서 서기전 4000년 경 최초의 도시들(에리두, 우루크 등등)이 생겨났고, 또한 지정학적 공간의 새로운 분할로도 이어졌다. 신석기시대화가 될 때까지는 유목민 사냥꾼과 채집 그룹에게 열린 활동무대였던 곳이 이제는 경작지가 되면서 새로운 도시의 중심점이 되었고, 이는 다시 그 자체가 사원과 궁궐 구역, 주거와 수공업 블록 등 다양한 영역으로 분할되었다. 도시와 시골로 나뉜 공간에서 다수의 도시들이 서로 경쟁을 하든 협력을 하든, 서기전 3세기 메소포타미아에서는 마침내 영토 국가들이 생겨났고, 이들은 서기전 1세기 전반부에는 아시리아 제국에 편입되었다.[12]

이같은 생활방식의 전환으로 동굴은 빠르게 그 기능을 상실했다. 기후가 따뜻해지면서 동굴은 더 이상 보호나 후퇴의 장소로 주목받지 못했다. 인간은 이제 그들의 성소를 은밀한 장소에 세울 필요가 없어졌고, 오히려 지역 한 가운데 눈에 뜨이게 세울 수 있게 되었다. 괴베클리 테페* (Göbekli Tepe, 서기전 1만 년)가 그런 경우인데, 훗날 이들 성소는 시골 정착지에서는 제식 공간 혹은 제식 건물로, 그리고 도시에서는 중심에 위치한 사원으로 대체되었다.

동굴의 기능이 상실됐다고 그래피즘의 기능도 상실된 것으로 보아서는 안 된다. 비옥한 초승달 지역 북부 주거지와 제식 장소에서 그래피즘이 얼마나 많이 회귀했는지를 볼 수 있는데, 신석기시대화의 초기로까지 거슬러 올라갈 수

---

* 터키 남동부 샤늘르우르파에서 발굴된 고대 유적

있다. 물론 그 형태는 변화했다. 동굴 벽 위에 그려진 채색 기호 앙상블 대신 괴베클리 테페나 다른 곳에는 기념비적 T자 형태의 돌기둥이 원형으로 배치돼 있는데, 그 위에 물체나 인물 기호와 비구상적 추상적 기호를 담은 부조가 새겨져 있다. 인물과 추상적 기호는 그러나 돌로 된 기호판에서도 발견되는데, 동전이나 손바닥 크기의 정사각형 혹은 원형을 취하고 있다. 여기에 마지막으로 선을 새겨 놓은 돌 지팡이가 있는데, 이는 빙하기 시대 사람들이 기호와 선을 새겨 넣었던 많은 뼈, 뿔 그리고 조각을 연상시킨다. 그 형태와 숫자를 보아서 개수 표기 역할을 했던 것으로 보인다.[13]

여기서 우리는 빙하기의 기호 테크닉을 원칙적으로 인수하면서 기호를 전달하는 재료를 돌로 제한하고 기호 전달체가 두 가지 카테고리로 분리되기 시작함을 알 수 있다. 하나는 풍경이나 정착지 공간에서 기호를 새겨 넣고자 했던 기념비이고, 다른 하나는 이동과 수송이 가능한 매체였는데, 특히 후자는 그 형태가 특정한 규격 통일을 받고 있었다. 그리고 또한 기념비나 수송 가능한 매체에서 발견되는 기호가 동굴 기호와 마찬가지 이유로 읽을 수 없다는 사실을 쉽게 알 수 있다. 우리는 그 의미함축을 알지 못하기에 그것이 무엇을 표기하고 있는지도 알 수 없다. 따라서 우리가 동굴 기호에서처럼 신석기 기호를 그 시대 문화적 기억의 기록으로서 고찰하는 것으로 제한을 두어야 한다면 거기서부터 아주 중요한 차이가 나타난다. 신석기 시대의 문화적 기억은 의례의 장소를 중심으로 한다. 이들 의례 장소는 개별 정착지에서는 공동체 건물로서, 그리고 지역 정착지에서는 괴베클리 테페와 같은 숭배 유적으로서 건축물의 형태를 띠고 있었다. 공동체 건물과 숭배 유적에서 치러진 의례와 축제에 대해서 자세하게 말할 순 없지만, 숭배 유적의 기둥배치와 결합하여 건축물의 건축을 보면 공동체의 형성과 결합이 중요했다는 사실이 명확해진다. 이들 공동체는 숭배 유적과 주거지를 통해 경관지구를 형성하기 시작했던 것이다. 다시 말해 신석기 공동체의 사회적 결속은 건축과 기념비를 통해서 가시화되었고 동시에 지역화되었다. 그리고 선이 새겨진 돌이나 기호판 유형의 새로운 이동 매체는 문화적 기억의 정체성 심볼이 그때 그때 정착지나 숭배 유적을 넘어서서 확실히 전파될 수 있도록 해주었다.

좋은 기후의 환경에서 새로운 경제방식 덕택에 식량의 잉여가 생겨났고, 이는 점차 확대되고 점차 인구가 조밀해지는 마을과 도시에 유리하게 작용했으며, 이들 마을과 도시는 주변 문화경관의 중심으로, 그리고 동시에 지역 경제공간의 중심으로 변모했고, 다른 경제 공간과 교환을 하게 되면서, 불가피하게 이들 경제 공간에서 생산된 재화의 소유·저장·분배를 어떻게 규정해야 하는가라는 질문으로 이어졌다. 그런 목적으로 일종의 행정 통제가 필요했고, 행정 절차를 확립하기 위한 매체가 필요했다.

그런 행정 매체의 최초의 흔적은 서기전 8000년 경 비옥한 초승달 지역 거주지에서 등장한 동전 크기의 물표이다. 이 돌들은 단순한 모양과 형태(원반, 마름모, 원뿔, 공 등등)로 다양한 농업 재화를 나타냈고, 몇몇 경우 차별화를 위해서 점 혹은 선 모양의 표시를 갖고 있었다. 이런 단순한 모양에서 서기전 약 3500년 전부터 상대적으로 짧은 시기에 새로운 형태들이 풍부하게 발전해, 이제는 도시의 수공업 제품까지도 분명히 표시하고 있었고, 나아가 표시의 복잡성도 비약적으로 증가했다. 선과 점이 다양한 숫자, 형태 그리고 배열로 물표 점토판에 새겨졌다. 구멍을 뚫은 물표도 발견되는데, 이는 계산한 것을 계속 문서화하려는 목적으로 해석될 수 있을 것이다. 서기전 3700~3500년 무렵에 새로운 계산 방식이 등장했다. 물표를 직경 3cm에서 9cm짜리 봉인된 점토공 안에 보관하고 내용의 정확성은 그 공 위에 행정관의 실린더실* 로 보증하기 시작했던 것이다.

---

* cylinder seal, 고대 수메르인이 사용한 원통형의 인장. 돌, 조개, 유리 등으로 된 원통형 물품에 기하학 문양, 동물무늬, 종교적 광경, 신화적 장면 등의 무늬를 음각한 인장

그렇게 함으로써 업무의 정확성을 기할 수 있었지만 시간이 지나가면 공 안의 계산에 의견이 갈릴 수가 있었다. 그래서 곧 점토공 표면에 공 속 물표의 형태와 숫자를 새겨 넣음으로써 타개책을 마련해나갔다. 이런 방식으로 하나의 동일한 과정을 동일한 매체를 통해서 문서화했고 동시에 이중의 추상적 성과가 실행되었다. 빈 공 위에 새겨진 물표의 개요는 공 안에 들어 있는 물표의 양과 형태를 지시했고, 공 안에 들어 있는 물표의 형태와 양은 물표를 통해서 포착돼야만 하는 실제 물체의 양과 특성을 지시하는 것이었다. 이런 지시과정에서 중간 조치는 불필요했고 점토에 새겨진 물표의 개요를 통해서 직접 대상을 지시하는 것으로 아주 충분하다는 사실을 인식하게 되면서 기호 보관 및 전달자로서의 점토공을 포기하고 평평한 점토판으로 대체해서 그 위에 물표의 개요를 한 행씩 새겨 넣을 수 있게 되었다.

물론 물표가 복잡해지면 점토 위에 모든 선과 점을 일목요연하게 표기할 수는 없었다. 그래서 서기전 3300~3100년에 이 돌의 더 어려운 개요와 형태를 펜으로 점토에 새겨 넣기, 즉 인덱스적인 기호를 표기하기 시작했다. 그 기호는 묘사대상과 닮은 것이 아니라 로고그램(상징 하나가 한 단어를 묘사했다) 역할을 했던 것으로 보인다. 하지만 같은 시기 점토판에는 또한 모사적·사실적 기호(아이콘 혹은 픽토그램)와 계산기호가 등장했다. 이들 기호·숫자·단어 그리고 개념의 목록들은 서기전 4000년 마침내 메소포타미아 남부로 이주해온 수메르인들이 연출하고 이용했던 것인데 레부스(Rebus) 원칙(기존 상징의 발음법은 받아들이지만 그 의미는 받아들이지 않는 것)을 이용하여 주변 셈 종족과 민족들의 인명과 지명의 발음을 포착하는 것이다. 이 모든 것이 하나의 과정으로 진행돼, 서기전 2700년 전 말 결국 쐐기문자가 생겨났는데, 아이콘·픽토그램·인덱스적인 기호의 유래는 더 이상 흔적이 없었고 추상적 심볼의 문자가 돼, 물건과 언어발음을 위한 코드로서 기능하고 있었다. 그럼으로써 인류 역사상 최초로 언어로 표현할 수 있는 모든 것을 기록하고 그 기록된 것을 읽는 행위에서 다시 언어로 옮기는 일이 원칙적으로 가능하게 되었다. 따라서 당연히 우리는 쐐기문자를 실제로 글자라고 불러도 좋을 것이다.[14]

분명 서기전 3500년 경 행정 통제시스템의 발전에 상당한 전환점이 있었다. 이 시기 메소포타미아 도시들은 도시와 교외에서 생산되는 경제재화의 획득과 분배를 행정관리의 기억과 물표라는 행정 미니멀 테크닉에 위임하는 것이 허용되지 않는 규모에 도달했다. 이제는 형식적·관료적 통제 절차가 중앙에 자리를 잡고 언제라도 제시할 수 있어야만 했다. 그리고 바로 그것이 우선은 문자이다. 언어를 토대로 하고, 도식화 돼 있고 중앙에 자리 잡고 있는 국가 경제 행정의 통제 절차이다.[15]

이런 특성으로 글자는 하나의 분기점을 찍게 되는데, 글자가 없었던 선사시대를 글자로 고정된 역사로부터 인류에게서 분리시키고 분리의 이쪽에 있는 역사적 공간에서 인간의 존재가 변한 것은 아니지만 그 공동생활이 새로운 형상을 보였다고 할 수 있을 것이다.

이런 새로운 형상은 관료적 통제절차를 통해서 만들어진 메소포타미아 사회가 위계질서를 만들면서 생겨났는데, 사회의 정점에는 왕과 그 밑에 있는 엘리트들이 있어 자신들의 지배와 권력을 기념비로 과시하기 시작했다. 이런 기념비들에 나타난 기증자의 초상은 메소포타미아 문화를 이해했을 때 단지 돌에 새겨 오래 보관되는 예술적 표상양식으로만 기능한 것은 아니었다. 기념비 위에는 기증자들의 이름도 표기돼 있었는데, 이름은 바로 그 사람의 핵심이니까 이름을 돌에 새기면 육신의 피할 수 없는 죽음 이후에도 핵심이 보존될 수 있을 것이라고 생각했기 때문이다. 그럴 때 그 이름을 기념비의 잘 보이는 곳에 갖다 놓느냐 마느냐는 크게 중요하지 않았다. 오히려 그와 정반대로 저주 문구를 통해서건, 그 이름을 접근하기 아주 어려운 장소에 새겨놓건 해서 새겨진 이름이 손상되거나 파이는 것을 막는 예방책이 강구되었는데, 이것으로 보아 기념비에 쓰인 이름과 기증자가 동일인임을 추정해볼 수 있다. 새겨진 이름을 보호하기 위해서 즉 그 사람의 영생을 위해서는 특히 도시 성문이나 신전과 같이 성스러운 장소에 기념비를 세워야 했는데 이런 장소를 둘러싸고 치러지는 의례가 있어 그 기념비의 위상과 안전이 높아졌고 그럼으로써 기념비를 기증한 사람에게는 영생의 가능성을 높여주었기 때문이다.[16]

따라서 국가 경제 행정의 통제 절차로서의 문자와 더불어 또한 사람들은 이름으로 역사에 발을 들여놓게 됐다는 것을 분명히 해두자. 왜냐하면 이름을 통해서 소유와 경제재화가 특정한 사람에게 귀속되거나 교환과정이 문서로 기록되고 이런 귀속과 문서화를 통해서 책임과 권리가 파생될 뿐만 아니라 또한 양도(A는 B에게 X의 빚을 지고 있다)되기 때문이다. 이런 귀속은 거래나 소유권을 기입하는 매체로 점토판을 고집했는데, 그 유효성을 확실히 하기 위해 관리가 자신의 이름을 소유권을 청구하거나 거래를 문서화하고자 하는 사람의 이름 위나 아래에 기입하도록 했다. "관료정치"는 따라서 이름의 위나 아래에 이름을 기입하고 이런 이름 기입으로 책임을 분담하고 책임분담에 있어서 그 사회가 위계적으로 구조화돼 있는 절차이다. 글자 그리고 미디어테크놀로지 상으로 여기서 추론해낼 수 있는 것은 기념비 위에서 발견되는 이름, 텍스트 그리고 그림들은—가장 오래된 것으로 알려진 메소포타미아 기념비 우숨갈 스텔레(Ušumgal Stele)의 경우에서처럼 거래임이 밝혀진 경우에도—권력과 지배의 공식적인 표명과 표출에 기여했고, 따라서 왕과 그의 행정 엘리트들의 업무였다는 사실이다. 행정 및 권리 문서에서 발견되는 이름은 개개인을 지칭하는데, 이들은 행정관리로서 권력과 지배를 일상적으로 집행하면서 다른 개개인에 대해서 직접적인 결정권을 가진 사람들이다. 그럼으로써 우선 괴베클리 테페에서 확인된 기호 전달체가 두 가지 카테고리로 차별화된다. 기념비의 기호 전달체

.....
우숨갈 스텔레. 가장 오래된 메소포타미아 기념비. 어떤 사람의 초상과 이름이 새겨져 있다. 사라신의 사제인 우숨갈이 밭, 집 그리고 가축의 거래를 확인해주고 있고 그의 모습과 이름이 새겨져 있다. 연대: 서기전 약 2900~2600년.

는 그 사회의 아이덴티티와 유대를 표현하는 것으로, 우리가 볼 때 그것은 위계질서화된, 따라서 위로부터 주어진 아이덴티티에 의해 조직된 사회이다. 그리고 이동식 매체는 사회의 통제와 권력의 집행에 기여하는데 이 권력은 이동 매체를 토대로 항상 지리적으로 확장되고 안팎으로 그 구조가 강화될 수 있다.

지금까지 모든 관료주의가 그렇듯 물론 메소포타미아에서도 초기부터 그 통제 메커니즘은 표준 절차를 재촉했는데, 이는 관료적 등록을 위해 필요한 일련의 기재사항을 규정한 일종의 양식에 잘 나타나 있다. 양도되는 경제 재화의 양과 형태(그리고 경우에 따라서는 이전 목적, 즉 매매, 증여, 조세 등에 대한 진술) 다음에 양도인의 진술이 이어지고, 그 뒤에는 양수인의 진술이, 그 다음으로는 조서를 작성한 관리의 진술(경우에 따라서는 그의 직위인장 날인을 통해서 입증), 그리고 마지막에는 거래 날짜가 쓰여 있었다. 니푸르(Nippur) 시 부근에서 발견됐고 서기전 2100년에서 2000년 사이에 만들어진 한 점토판은 이를 가장 잘 보여준다. 그 위에는 다음과 같이 적혀 있다.

염소 한 마리
그 젖은 새끼돼지 사육에 사용됨.
아바-사가에게서
루-딘기라에게 양도됨.
인장: 에아-바니
아키티 달에,
연도: "(아마르-수엔이) 옥좌를 지었다(엔릴을 위해)".[17]

서기전 3000년 관료주의가 차지한 규모는 놀랍다. 우르 3세 시기 약 50년 동안 작성된 약 4만 건의 행정 및 권리 문서가 현재 발간돼 있고, 수만 건의 문서가 아직 출간과 번역을 기다리고 있다. 이 같은 규모의 관료 활동이 가능했던 것은 그 위치와 주인이 바뀌는 수많은 재화의 거래로 구매와 양도의 지방분산 네트워크가 형성됐지만, 점토판이라는 이동매체만으로도 이를 제어할 수 있었던 덕택이었다. 점토판은 수많은 네트워크의 교차점에서 무슨 일이 일어났는지를 현장에서 기입했다.[18] 하지만 그런 기능이 다가 아니었다. 오히려 두 가지 메커니즘이 가동되면서 지방 네트워크에서의 재화와 인력의 흐름을 중앙에서 통제할 수 있도록 해주었다. 첫 번째 메커니즘은 현장에서 진행되는 기록을 다른 점토판 위에 일별, 주별, 월별, 연도별 목록으로 요약해서 다이내믹한 교환과정을 통계로 이끌어내고, 그 다이내믹을 전달할 수 있도록 해주는 데 있었다. 두 번째 메커니즘은 무엇이 지방의 다이내믹한 교환과정을 유도했는지에 대한 통계 리스트를 중앙에 위치한 보관소—에블라(Ebla, 서기전 2600~2240년), 하투사(Hattusa, 서기전 1700년 전), 우가리트(Ugarit, 서기전 약 1400~1200년) 등지에서 발견되었다—에 그저 저장해놓은 것이 아니라, 다양한 물품 영역과 주제별로 분류를 해놓은 데 있었다. 그럼으로써 그 시대 저변에 흐르던 재화와 인간의 단순한 흐름이 저장소라는 공간 속에서 명백한 질서로 적재될 수 있었다.[19]

이런 명백한 질서가 보여주는 것은 현 상황 그 이상이다. 리스트에서 비교할 만한 것을 포착해내고 리스트를 통해서 사건의 연속성을 투명하게 만들며 현재의 수입에서 미래의 지출을 추론해냄으로써 미래에 대한 계획을 세울 수 있게 해준다. 비옥한 초승달 지역에서 도시 국가의 생존은 사실 예언의 실현에 달려 있었기 때문에 이는 중요한 일이었다. 따라서 예언된 들판의 생산력과 예언된 가축의 번식은 얼마나 많은 사람을 부양할 수 있을지를 예고해주었다. 대규모 관개사업 설계 역시 여기에 달린 일이었는데, 이것이 없었다면 서서히 메말라가는 기후에서 밭의 개간은 불가능했을 것이다. 하지만 이는 일년 내내 기후에 영향을 미치는 천체의 흐름을 살펴보지 않고서는 의미가 없는 일이었다. 그리고 계획에 능한 엘리트의 존재를 전제로 하는데, 그들은 들판이나 수공업 작업장에서의 직접 노동으로부터 해방돼 있었던 것이다.

요약하자면, 메소포타미아 도시국가들에서 역사상 처음으로 내 것과 네 것에 대한 처분권한을 수입과 지출에 대한 철저한 계산과 결합시켰다. 둘 다 "독점 관료주의" 시스템에 순응했는데, 그 꼭대기에는 지배자가 서 있어서 우주의 질서리듬을 자기가 통치하는 도시 국가들의 질서와, 즉 의무를 존재와 결합시키려고 함으로써 자신의 지배에 지속성을 부여하고 이런 지속성을 기념비를 통해서 그림과 글자로 표현했던 것이다. 내 것과 네 것, 수입과 지출, 그리고 마지막으로 존재와 의무를 서로 연관지었던 매체, 재화와 인간의 흐름을 시간의 경과와 결합시키고 두 가지 모두에 지속성과 질서를 부여하고자 했던 매체는 점토판 위의 쐐기문자였고, 이 점토판을 사람들은 손에 들고 다니거나 아니면 또한 손에서 내려놓고 보관할 수도 있었다.

국가를 이끄는 엘리트들은 철저히 이런 매체를 통해서 자신의 기능을 이해했고 자신을 "필경사"―"궁정 필경사", "직물공장 필경사" 등등이 있었다―로 지칭했음을 알 수 있지만, 모든 경우 그들이 실제로도 읽기와 쓰기 능력이 있었다고는 말할 수 없는 일이다.[20]

서기전 4000년 말 무렵 비옥한 초승달 지역에서 그들이 처해 있었던 상황은 결코 특이한 것이 아니었다. 이집트에서도 정착해서 토지를 경작하고 가축을 사육하는 문화가 자리를 잡고 있었지만 비옥한 초승달 지역과는 반대로 도시국가로 분열된 것이 아니라, 이른바 "제국통일 시대(서기전 약 3200~3000년)이후 파라오 왕조의 통치하에서 통일국가를 형성하고 있었다.

그 경제적 토대는 메소포타미아처럼 재분배적 국가 경제였고, 이집트 역시 이런 경제형태에 적합한 거래를 국가적으로 감시하고 글자 형태로 기입할 필요가 있었다. 따라서 이런 발전의 결과가 비옥한 초승달 지역에서 보았던 것과 같다는 사실은 놀랄 일이 아니다. 서기전 3000년 이집트인들은 왕/파라오를 중심으로 하는 관리국가가 되어 읽기와 쓰기 능력이 위계질서 기능과 결합돼 있으며 호칭에 있어서 "왕의 필경조직 대표" 혹은 "이집트 상층부 위대한 10인의 두 가문에서 경작지 필경사 대표"와 같은 표현이 등장했다.[21]

메소포타미아와 이집트에서 나란히 국가 경제의 재분배를 위해서 관료적이면서, 문자를 토대로 한 통제시스템이 발달됐고 그것이 연대기적으로도 일치한다는 것은 상당히 주목을 받는 사실로 오늘날까지도 글자가 실제로 먼저 비옥한 초승달 지역에서 혹은 어쩌면 이집트에서 생겨난 것인지, 그리고 어떤 글자의 창시가 다른 지역의 창시를 자극했는지에 대해 논쟁이 벌어지고 있다. 사실 양쪽 문화에서 4세기말 경 ― 대략 서기전 3300년에서 3100년 사이 ― 최초의 숫자표기와 로고그램이 등장했다는 것은 우연으로 여기기 어렵고 또한 양쪽 문화에서 서기전 2700년 경 글자시스템이 확장 발전돼 처음에는 완전한 문장의 묘사가 그리고 그 이후 곧 아주 빠르게 복잡한 텍스트의 기록을 위해 유용하게 쓰이게 되었다는 것 역시 우연이라고 말하기 어려울 것이다. 이 모든 것이 너무나도 놀랍고, 당시에 대한 지식을 토대로는 누가 먼저 글자를 고안해냈는지 그리고 문화적 접촉으로 그 발명이 전달된 것인지에 대해 결정적인 답을 하기도 어려운 일이다. 여기서 글자의 두 가지 기능―하나는 경제관료 통제 과정에 토대를 제공한다는 것, 다른 하나는 숭배적 특성에 삽입된 권력의 표현에 기여한다는 것―은 두 가지 상이한 매체의 두 가지 상이한 글자 시스템의 양성으로 이어졌다는 사실을 이집트인에게 우리는 확인해야만 한다. 파라오를 표현하고 이를 숭배의 맥락에 구현하기 위한 목적으로 상형문자라는 기념비 글자가 생겨났고, 파라오의 지배하에 서 있는 세계의 질서와 재산 목록 작성이라는 세속적 목적을 위해서 처음에는 히에라틱* 이라는 행정글자가, 서기전 7세기부터는

---

* hieratic, 신관문자 혹은 제사문자라고도 불린다.

나르메르의 메이크업 팔레트, 서기전 약 3000년.
세로 63cm, 가로 42cm.

데모틱* 이라는 행정글자가 생겨났다. 둘 다 기록매체로 파피루스를 사용했다.[22]

우선 상형문자 가운데 전형적이고 숭배적인 기념비글자의 발달을 살펴보자. 나르메르(Narmer) 팔레트** 에서부터 시작할 텐데, 서기전 3000년경으로 연대가 추정되는 화장용 팔레트로 히에라콘폴리스(Hierakonpolis)의 호루스*** 신전에서 제물로 보관되었고 거기서 아마도 의식 맥락에서 화장품을 제조하는 데 사용됐을 것이다. 이 팔레트는 단순히 제1파라오 왕조를 시작한 파라오 나르메르를 직접 질서를 세운 지배자로 묘사하려는 것이 아니다―그가 팔레트의 한 면에서는 한 손에 곤봉을 들고 적을 내려치고 있고 팔레트의 다른 면에서는 궁전 행렬에서 목 잘린 적들의 시체를 늘어놓고 있거나, 그 밑에 있는 그림 부분에서는 두 마리의 목이 긴 괴물뱀이 목이 감긴 채로 있어 이집트 상하 두 왕국의 통일을 묘사하고 있다. 오히려 이 팔레트는 우리가 이미 메소포타미아 기념비에서 보아 알고 있던 것을 암시하고 있다. 삽화와 이름의 언급을 통해서 그 사람은 신체적 죽음을 넘어서 항상 영원히 살아남을 수 있다는 것이다. 여기서 다루는 것은 물론 아무나가 아니라 파라오이다. 파라오에 영생을 부여함으로써, 파라오를 세계와 우주의 영원한 질서를 유지시킬 수 있는 권력으로 암시하고, 그렇기에 그 권력 자체도 영원하게 된다. 그리고 메소포타미아 기념비와 마찬가지로 나르메르 팔레트나 다른 이집트 기념비에 있어서도 어떤 사람의 모습을 그리고 이름을 새김으로써 영생적 존재로 만드는 기능은 그 기념비를 누구나 보고 읽을 수 있는 것과 결부된 것은 아니었다. 왜냐하면 팔레트를 신전에 보관함으로써 숭배적 맥락에 삽입되었고, 그 의미는 처음부터 국민이 읽고 관찰하는 데 둔 것이 아니라, 파라오를 신들에 대해서 우주 정치적으로 질서를 부여하

---

* demotic, 민중문자라고도 불린다.
** 안료, 화장료 등을 조제하기 위한 석판(石板)
*** Horus, 이집트 신화에 등장하는 태양의 신

는 권력으로 묘사하고 이런 그의 과제를 돌로 된 팔레트 위에 그림과 상형문자로 묘사하고 그럼으로써 영원히 살아남을 수 있게 하는 데 있었기 때문이다. 나르메르 팔레트의 경우 덧붙일 말은 여기서는 "읽기"에 대해서는 애초에 말할 수 없다는 사실이다. 그 위에 새겨진 상형문자는 텍스트가 아니라 서로 일러스트레이션 관계에서 개개의 장면을 묘사하는 단어이기 때문에 읽혀지는 것이 아니라 해석을 바라는 것이기 때문이다.[23]

이처럼 상형문자, 지배자의 표상, 그리고 숭배가 접합돼 실제 기념비적인 양식으로 나타난 것이 맨 먼저 일찌감치 지어진 (계단식) 피라미드, 사카라(Saqqara)에 있는 파라오 조세르(Djoser)의 무덤시설(서기전 약 2650~2630년)이다. 그곳 지하에는 2개의 복도가 있는데 각각 3면의 벽에 조세르가 의례를 진행하고 있는 모습이 담긴 패널이 있다. 패널에는 세드(Sed)축제* 중 신들과 조상들에게서 파라오의 통치 합법성과 그의 우주적, 정치적 질서권력을 인정받는 모습이 담겨 있다.

그림과 텍스트의 통일성이 나르메르 팔레트만큼이나 명료하게 드러나지만 여기서는 상형문자가 새로운 비중을 차지하고 있다. 이들 상형문자가 처음으로 문장을 형성하고 그럼으로써 독자적인 차원에서 추가로 장면을 묘사하기 때문이다. 여기서도 마찬가지다. 조세르의 무덤 시설이 그림과 상형문자를 가지고 파라오가 어떻게 우주의 질서를 유지하는지, 그리고 그의 이승에서의 삶이 모범적이고 질서에 부합한 삶이었기 때문에, 저승에 가서도 그가 어떻게 그 일을 항상 그리고 영원히 할지에 대해 설명할 때 그것을 공개적 성격의 확인으로 이해해서는 안 된다. 그것은 오히려 이름을 언급하고 문장으로 설명하고 그림으로 묘사하면서 파라오에게 생기를 불어 넣는 일이며, 그 수취인은 신들이다.[24]

* 파라오의 장기집권을 축하하는 고대 이집트의 기념식

파라오 우나스 피라미드의 피라미드 텍스트(서기전 약 2380~2350년).

나르메르 팔레트에서는 비교적 소박하게 개별 상형문자로 시작해서, 조세르의 기념비 무덤시설에서는 처음으로 문장으로까지 발전했던 것은 "피라미드 텍스트"로 이어졌다. 이는 주술적 언어 모음집으로 이제 사실상 텍스트의 길이를 가지고 파라오 우나스(Unas, 서기전 2380~2350년 경) 이래로 무덤방에 쓰이게 되었는데, 이는 텍스트의 (상상 속) 낭송을 통해 파라오를 저승에 있는 그의 자리까지 호송하고 그곳에서 그를 보호하기 위함이었다. 고위 이집트 관리들은 이런 관례를 곧 모방했는데 대략 파라오 페피 2세(Pepi II, 서기전 약 2251~2157년 경) 이후에는 하급이나 지방 관리들도 이를 따라 했기에 상형문자는 또한 사회적으로 보다 널리 유통되었고 결국 매체를 바꾸게 되었다. 즉 중왕국(서기전 약 2055~1773년) 시기에 의식, 주술적 상형문자텍스트가 무덤방 벽에서 관 위로도 옮겨와 소위 "관 텍스트"의 토대가 되었던 것이다. 그리고 신왕국(서기전 1550~1069년) 때에는 이 텍스트를 파피루스 두루마리에서도 확인할 수 있게 되었는데 이는 무덤 부장품 역할을 했고 그 모음집이 현대에는 "이집트 사자(死者)의 서"라는 이름으로 알려져 있다.[25]

파피루스가 쓰기 재료로 처음 등장한 것은 물론 신왕국 시대 사자의 서 텍스트 모음집과 관련해서는 아니다. 오히려 파피루스는 히에라틱이 발달하면서 행정문서로서 긴밀히 사용됐고 그 가장 오래된 증거물 — 저장용기에 기재한 소유권 — 은 대략 나르메르 팔레트만큼 오래된 것이다. 나르메르 팔레트보다 아주 조금 뒤 그래도 제 1왕조 때의 것이 이제껏 발견된 것 가운데 가장 오래된 파피루스 두루마리이다. 파라오 덴(Den, 서기전 약 2870~2820년) 밑에서 일했던 고위 이집트 관리 헤마카의 무덤에서 나온 것인데 물론 글자가 쓰여 있지는 않았고 분명 — 1500년 뒤 사자의 서를 담은 파피루스처럼 — 부장품 역할을 했던 것이었다. 최초로 히에라틱 기호를 사용한 파피루스 두루마리는 아부시르(Abusir)에 있는 파라오 네페리르카레(Neferirkare, 서기전 약 2477~2455년) 무덤 폐허 시설에서 발견된 것이다. 그것은 물품목록과 회계장부에 관한 것이었는데, 무덤시설 부속 신전 및 회계와 관련된 것들을 작성해 놓은 것으로 회계장부에 기록할 필요가 있는 모든 것—공급받은 식량의 양, 그 원산지, 전달자, 신전 영지의 수입, 사제들의 업무 일정표 등등—이 들어 있었다. 바로 메소포타미아에서, 또한 이집트에서도 이런 회계장부 목적으로 일종의 표준양식이 세워졌고, 개별 회계 항목에 한두 가지 통일된 질서를 부여했다는 것은 놀라운 일이 아니다.[26]

파피루스 종이와 두루마리 생산을 위해 가동해야만 했던 비용은 상대적으로 근소한 것이었다. 첫째, 메소포타미아 충적지 도처에서 점토를 발견할 수 있었던 것처럼 파피루스 식물은 이집트 나일 델타강 유역에서 대량으로 성장하고 있었기 때문에 쉽게 접할 수 있는 재료였다. 그리고 두 번째로는 파피루스 나무에서 글을 쓸 수 있는 파피루스 종이를 생산하고 이를 파피루스 두루마리로 접착시키기 위한 작업공정이 까다롭지 않았다. 갓 수확한 파피루스 나무의 심을 40cm 길이로 자르고, 자른 것을 폭 4cm 정도로 얇게 잘라서 이것을 평평한 판 위에 약간씩 겹치게 세로로 올려놓는다. 그 위에 가로로 얇은 파피루스 띠가 올라간다. 차곡차곡 포개어진 채로 겹쳐진 두 층을 방망이로 두들기면 줄기에서 끈끈한 즙이 흘러나와 두 개의 층이 접착된다. 그래서 생긴 파피루스 종이를 적당히 건조시키고 건조된 다음에는 돌로 매끈하게 밀면, 그 특성, 그 색상 그리고 그 지속성에 있어서 우리의 현대 종이와 견주어도 손색이 없는 쓰기재료가 생겨나는 것이다. 개별 종이들은 필요에 따라 더 작은 조각으로 잘라 쓰거나 개별 종이의 테두리에 물을 적셔 두루마리로 붙여 쓸 수 있었다.[27]

여기서부터 이집트의 두 가지 문자 시스템의 발전을 살펴보면, 과시적-숭배적 기념비 문자인 상형문자가 기념비의 그림 서술과 유기적 결합을 하는 경향이 있어—그러면서 발전의 모든 단계에서 그림 성향은 계속 남아 있다—시각적 커뮤니케이션 요소로 기능하고 있음을 알 수 있다. 빙하기의 그래피즘이 유

네스파베르셰피 석관의 관 텍스트 (서기전 약 984년)

아니의 파피루스. 이집트 죽음의 서 145에서 147 구절 부분(서기전 약 1250년)

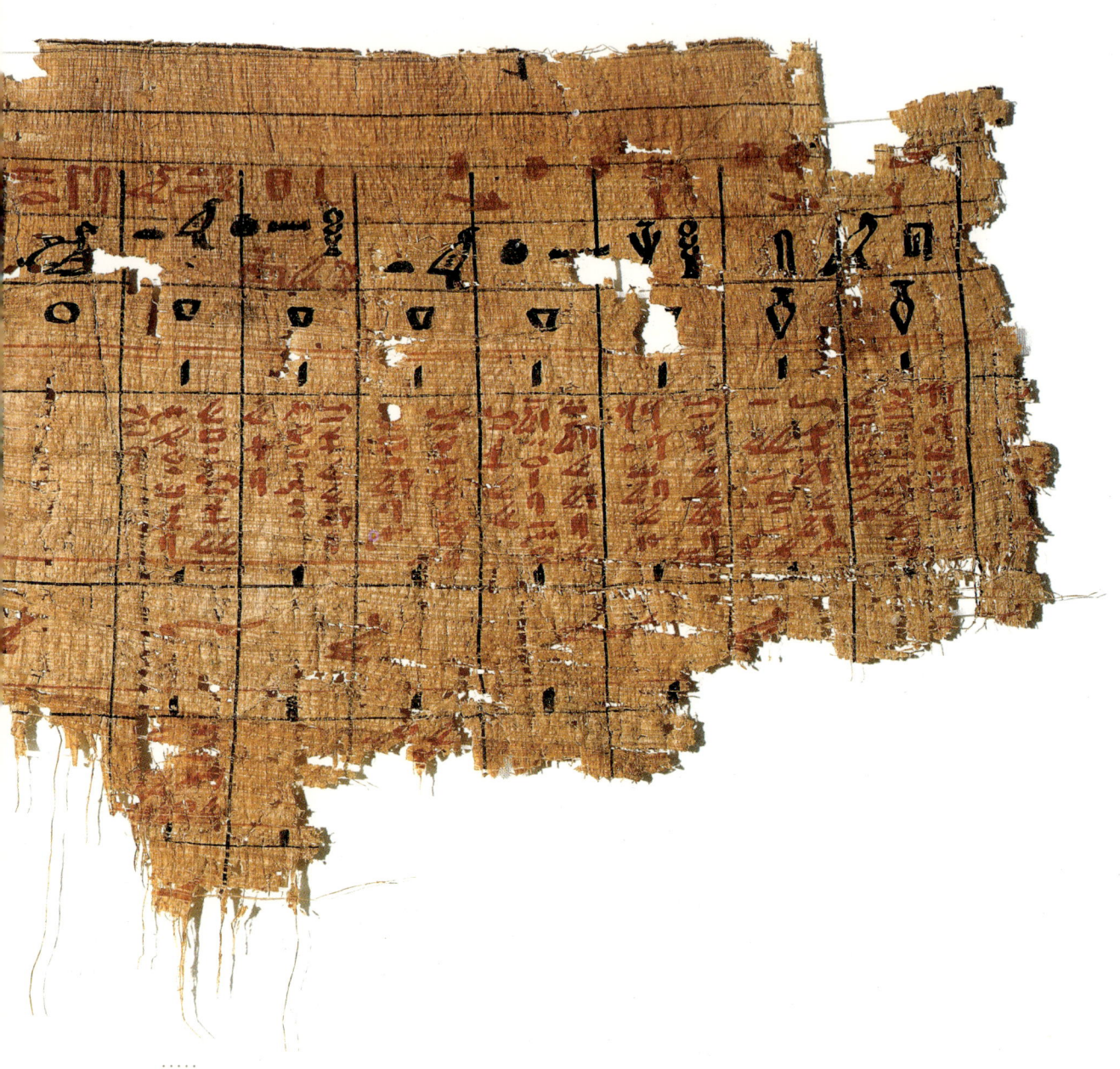

......
아부시르 네페리르카레 신전의 회계항목이 들어 있는 파피루스 조각(서기전 약 2477~2455년).

채색-2차원 기호 앙상블로 발전해나갔던 것처럼 시각적 커뮤니케이션은 의미공간(semantic space) 속으로 통합되었는데, 이번에는 그러나 숭배동굴이 아니라, 무덤시설과 신전에서 숭배에 기여하였다. 유채색 평면이 왼쪽에서 오른쪽 혹은 오른쪽에서 왼쪽으로 읽히는 단(column)으로 구성되었고, 그 단은 위에서 아래로 흐르는 문자로 돼 있어서 이를 통해 구조와 경계를 발견하게 되는 기호 앙상블이었다. 평면에 이렇게 구조와 경계를 만든 것은 히에라틱에 아주 적합한 것이었는데 이 문자는 중왕국부터 전적으로 오른쪽에서 왼쪽으로 행을 표기했고 나중에는 데모틱처럼 추상적 이탤릭체적인 기호형태를 발전시키게 되었다. 글자는 붓 역할을 하는 갈대줄기로 빠르게 파피루스 위에 글씨를 썼는데 메소포타미아의 점토판처럼 상당히 이동성이 좋은 쓰기매체로 투입되었다. 하지

……
이집트의 파피루스 생산을 한 광고판에서 현대식으로 설명하고 있다. 2명의 노동자(왼쪽 뒤)가 파피루스 나무를 자르고, 다른 노동자(왼쪽 앞)는 줄기의 껍질을 벗기고, 테이블의 두 노동자는 파피루스 종이의 생산에 전념하고 있고, 그들 뒤에는 두 개의 파피루스 두루마리가 나무스탠드에 널려 햇볕에 건조되고 있고, 고객 혹은 감독이 긴 종이의 품질을 검사하고 있는 듯하다.

만 메소포타미아와 달랐던 것은 이집트에서 파피루스 위에 글을 썼던 관리들은 처음부터 색깔 있는 잉크를 사용해 텍스트를 시각적으로 두드러지도록 분류하고, 의미 있는 서류들은 특히 중요한 제목, 리스트 등록, 숫자(예를 들면 금액) 그리고 날짜기록 등을 붉은 글자로 강조할 수 있었다. 이런 식으로 히에라틱 문자도 텍스트 및 그림과 결합될 수 있었다.

사실 텍스트와 그림의 공생은 이집트 글쓰기의 특징인데, 이는 문자 시스템을 기능적으로 분리할 때에도 문제가 되지 않았다. 기념비의 상형문자가 일찍이 전적으로 시각적 커뮤니케이션에 기여한 것이 아니었고 또한 히에라틱과 데모틱도 전적으로 텍스트 전달에 국한된 것도 아니었다. 오히려 시각적 커뮤니케이션과 텍스트 위주의 메시지라는 상반관계는 서로 계속해서 영향을 주고받는 두 가지 문자 시스템 안에서 각각 독자적인 방식으로 재생산되었다. 파피루스는 황량한 행정기술적인 매체로 머무르지 않고 실험적이면서 너무나도 현대적인 "일러스트 서적"이라고 부를 수 있을 정도로 발달하게 되었다. 여기에 또한 상형문자 텍스트를 가진 기념비 묘사가 많은 경우 파피루스에 미리 히에라틱 문자로 기획된 것이었을 뿐만 아니라 또한 종종은 행정문서를 그림-텍스트로 전환시킨 것으로 보인다. 그러니까 무덤방 벽에 저승에 간 망자를 부양하기 위해 어떤 재화가 필요한지, 누가 그걸 전달해주고 누가 규정된 의식을 집행할지 등등을 결정하기 위한 것이었다.

따라서 서기전 4000년 전 말에 발달하기 시작한 문자 시스템이 여전히 빙하기 시대의 그래피즘에서부터 알려진 "그림"과 "텍스트"의 양극성을 따랐다고 해도, 면을 거부하고 일렬문자—행 혹은 단으로 만들 수 있는—를 양성했다는 것

......
투트모시스 III세 치하 테베의 시장 세네퍼의 묘비(서기전 약 1483~1425년). 의식을 수행하고 있는 세네퍼와 그의 가족. 망자를 물로 씻기는 모습 등등.

은 미래를 지향하는 순간이었다. 연속해서 일렬로 늘어선 문자기호들을 가지고 문자 매체는 이제 행해진 말의 시간적 흐름을 형상화할 수 있을 뿐만 아니라, 또한 재화와 물품의 시간적 흐름을 운송물품으로 표기할 수 있었기 때문이다. 운송의 끝에는 물론 다시 공간을 만들어서 보관소처럼 기록된 재화와 물품의 흐름을 쌓아놓았는데 이렇게 쌓아놓음으로써 지금 남아 있는 것들을 통제할 수 있는 전망이 가능했다.

이 모든 것은 문자를 바탕으로 경제활동을 하는 관료주의 그 이상이다. 그것은 문자문화의 미디어적 자기확신의 시작으로, 표기된 의미 있는 사실들이 명백한 문화의 목록으로서 한 장소에 등장할 수 있을 때에만 존재할 수 있는 것이다. 그런 의미를 위해서는 그러나 자신의 이름을 걸고 그 책임을 맡은 사람들은 중요한 회계 물품들이 정확할 수 있도록 애써야 한다. 그래서 그 사람이 역사에 발을 들여놓게 만드는 이름은 단순히 관련자의 개인적 라벨이 아니라 그 사람의 책임 영역을 서술하는 법률관계인 것이다. 이런 각도에서 보면 보관소는 개개인의 책임공간을 에워싸고 있는 문화적 공간이다. 그것은 개인이 자신의 소유, 자신의 요구, 자신의 권리와 책임을 깨닫는 공간이다.

물론 각각의 사람들이 즉시 그런 권리를 가졌던 것은 아니고, 권리를 가지고 있다고 해도 동일한 환경은 아니었다. 쓰기, 회계장부 그리고 책의 역사는 오히려 권리의 청구와 분배가 어떻게 이동하는지를 보여주는데, 여기에 따르면 사회적 상층부에서부터 점차 아래로 내려가 먼저 무엇이 왕의 소유인지, 그 다음에는 권력에 참여하고 있는 관리들이 소유할 수 있는 것이 무엇인지를 확인하면서 이런 이동 속으로 관련된 모든 사람들을 끌어들여, 누가 종속자인지 규정하고 공개된 사법공간 속에서 드디어 자기 재산을 처분할 수 있게 했다. 이 같은 권리 요구의 추상적 도약을 구체적인 역사적 연속성으로 가져가 보면, 이집트에 맞게 쉽게 재구성할 수 있고, 메소포타미아에 대해서는 이름만 바꿔서 약간의 시대적 간극만으로 아무런 문제없이 보충할 수 있을 것이다. 왕조 이전 시대, 즉 서기전 3300년경에는 숫자와 물건, 그리고 왕/파라오의 이름을 가리키는 최초의 상형문자가 존재하는데, "스콜피온" 왕으로 시작해서 이들 왕들을 많은 물건들의 소유주로 적어놓았다. 서기전 3천년 경 파라오 왕조로 넘어가면 우리에게 이미 잘 알려진 나르메르 왕과 만나게 된다. 조세르 무덤시설(서기전 약 2650년)은 이 시설을 건축한 임호텝이 최초로 책임 관리자의 이름으로 언급된다.[28] 대략 5왕조(서기전 2500~2350년)부터 이집트 서류에서는 정기적으로 특정한 과제를 부여받은 관리의 이름을 찾아볼 수 있다. 그리고 서기전 3000년 말부터는 경제 거래와 법적 재산의 증명서가 다수 전해져오는데 거기에는 필경사 관리가 관련자 전원의 이름을 표기하고 있다.

이들 서류들을 응축시키고 그렇게 응축한 가운데 시간이 지나도 남아 있는 심벌을 하나 찾는다면 이미 언급한 임호텝의 이름을 들어야 할 것이다. 그는 조세르 피라미드와 무덤시설의 건설을 주도하면서 왕/파라오의 밑에 자신의 이름을 적어서 널리 알렸고 동시에 문자에 내재해 있는 유기적 힘을 널리 보급하였다. 문자의 활약이 없었더라면 그가 맡았던 일들은 해내기 어려웠을 것이다. 이런 역사적 근거 위에서 임호텝은 전설적으로 상형문자를 고안해낸 사람이 될 수 있었고, 곧 또한 지혜의 글의 저자로, 후기 이집트 시기(서기전 7000년부터)에는 드디어 신으로까지 되어서, 필경사들이 글을 시작하기 전에 잉크 한 방울을 헌사하게 되었을 것이다.

26왕조 시대 임호텝 인물상
(서기전 약 644~525년).

Chapter 3

Das Buch in der Bibliothek

도서관의 책

메소포타미아에서는 점토판의 형태로, 이집트에서는 파피루스 두루마리의 형태로 우리가 지금까지 살펴봤던 책은 분명 문학의 매체가 아니었다. 이는 글자가 행정통제의 도구로 고안되었기 때문만이 아니라, 또한 오늘날 우리가 "문학"이라는 말로 뜻하는 것—즉 본질적으로는 "순수문학"—이 처음에는 두 강 사이의 땅*에서도, 이집트에서도 존재하지 않았던 것에서 기인한다. 사실 메소포타미아의 문자 유물 가운데 상당 분량은 온갖 종류의 행정문서이고, 그 때문에 아시리아 학자들은 행정업무로 분류되지 않는 텍스트 가운데 상당히 소량 그룹만을 "문학"이라고 칭하고 있다. 오미나**, 신들과 왕들에 대한 찬가, 주술문 그리고 기도 등등. 고대 이집트의 "문학"도 사정은 다르지 않다. 우리의 현대 문학개념에서 멀리 벗어나 있는 장르—피라미드 텍스트, 사자의 서, 수많은 인생의 교훈 등등—역시 우리 앞에 나타났다. 그리고 그럼에도 불구하고 이 모든 장르의 이름 이면에는 텍스트가 숨겨져 있어 수천 년 동안 늘 다시 베껴 쓰고 또한 유

---

* 메소포타미아를 가리킨다. 메소(meso)는 그리스어로 중간을, 포타미아(potamia)는 강을 의미한다.
** omina, 징후, 전조

지와 전파 노력을 가치 있는 것으로 여기게 해주었다. 마치 우리의 현대 문학이 그러한 것처럼 말이다.[29]

왜 두 강 사이의 땅과 이집트에서, 우리가 보기에는 문학이 아닌 것 같은 일종의 "문학"을 보존할 가치가 있다고 여겼는지 더 잘 이해하고 싶다면, 메소포타미아와 이집트에서 필경사가 차지하고 있는 직업적 위상을 살펴봐야 한다.

우선 필경사라는 직업은 문자만큼이나 오래됐다는 사실을 확인하는 것에서부터 시작하자. 문자는 서기전 4000년 말 두 강 사이의 땅과 이집트에서 행정적 계산절차에서부터 발달하기 시작한 것이다. 우루크에서 발견된, 서기전 약 3000년 경 기록된 텍스트는 여전히 "회계관"(수메르 말로 움비삭〔umbisag〕)에 대해 말하고 있지만, 얼마 뒤 서기전 2800년경에 이르면 "회계관"에서 이미 "필경사"(수메르 말로 둡사르〔dub-sar〕)가 되었는데, 이들은 더 이상 점토판 위에 회계항목만을 기입하는 것이 아니라 법률, 신들의 행동 그리고 땅과 창공에서의 중요한 사건들도 기록하고 있다. 이 같은 변화는 물론 필경사가 왕의 관리로 일을 하면서, 그들이 날로 빠르게 성장하는 도시에서 그 도시의 평지로 뻗어나가는 영토와 더불어 날로 중요한 역할을 하게 됐다는 사실과 관련된 것이다. 그들은 통치절차의 서식을 통해서 도시와 영토가 통치 가능한 것이며 위계질서로 나뉜 지배구조 속에 통합돼 있다는 것, 그 정점에는 도시의 궁전에서 거주하는 왕이 서 있다는 사실을 보증했다. 그는 권력의 중심을 그려냈다. 하지만 그 중심에는 세속 정치와 종교적 의례가 합류하고 있었는데 신들은 왕에게 무엇을 하고 무엇을 하지 말아야 할지를 규정해주었고, 왕은 그런 신들의 대변자였기 때문이다. 이는 왕의 궁정에서 일을 하거나 행정관리로서 궁정을 목표로 삼았던 필경사들이 왜 법령의 기초, 왕령의 작성 혹은 왕의 편지 대필과 같은 일에만 전념했을 뿐 아니라, 또한 신들의 역사와 행동을 설명하고 모든 의식 텍스트를 작성기념비에 새겨 넣으면서 왕들이 신과 좋은 관계를 유지하고 있음을 과시하고 기록했는지를 설명해준다. 그리고 이는 왜 지상(전쟁)과 하늘(월식, 행성배열)에서의 중요한 사건들을 기록했는지를 설명해준다. 이런 것들이 의미 있는 것은 그 안에 신들의 의지가 드러나 있어서 미래를 위해 살펴보고 오미나로 통보되는 것이기 때문이었다.[30]

이 모든 것을 기록할 수 있으려면, 미래의 행정관리는 이 복잡 다양한 단계에서 읽기와 쓰기 지식을 전달해줄 교육을 이수해야만 했다. 이집트 학자와 아시리아 학자가 이런 교육을 "학교"라고 부른다면, 우리는 이 개념에서 일체 현대의 학교를 연상해서는 안 된다. 이 "학교"를 가장 잘 상상해본다면, 필경사가 되고 싶은 나이 5~7세의 소년이 숙달된 필경사에게 배우러 가는데 그곳에서 두세 명의 다른 아이들 — 필경사가 되기를 원하거나 혹은 다른 가문출신인 아이들 — 과 함께 기본적인 글쓰기 테크닉을 배운다. 그 안에는 글쓰기도구의 생산도 포함돼 있었다(이집트에서는 글쓰기 붓, 잉크와 파피루스 종이, 메소포타미아에서는 쐐기형태의 쓰기못과 점토판). 그리고 나서 기호와 숫자 기호를 하나하나 쓰고 그 다음에는 단어를 쓰는데, 두 개의 비옥한 땅에서는 테마별로 분류된 단어 리스트를 베껴 쓰는 연습을 했다(사람 이름과 신들의 이름, 직업 명칭, 동물과 식물의 종류, 금속, 액체, 그릇 등등에 대한 리스트가 있었다). 졸업을 위해서는 기본적인 숫자 셈과 더불어 행정에 중요한 회계, 계산 그리고 편지 서식을 습득해야 했다. 교육을 받은 필경사 대다수는 그러고 나서 바로 행정기관으로 옮겨간 듯하다. 하지만 그들 가운데 소수 — 아마도 엘리트의 자녀들만 — 는 "학교"에 좀 더 오래 머물면서, 신들과 왕들의 찬가, 신화와 서사시, 비문과 기도, 의식 텍스트와 오미나 등 종교적 숭배와 권력의 표현 영역에 속하는 텍스트 베껴 쓰기에 전념했다.[31]

필경사 교육은 따라서 처음에는 진짜 가족 사업이었고 수공업적인 전통을 따랐는데 아버지가 자기 아들들이나, 자기 집으로 데려온 남의 집 아이들에게 자신의 지식을 전달해주는 식이었다. 여성들은 이런 관계에서 특별히 주목할 만한 역할을 하지 않았다. 메소포타미아에서는 여성 필경사가 소수 있었고 읽기와 쓰기에 노련한 여성 사제, 공주와 여왕들에 대해 알려진 바가 있기는 하다. "전통의 강"—위대한 아시리아 학자 레오 오펜하임(A. Leo Oppenheim)은 필경사들에 의해 전수된 자료와 텍스트를 이렇게 불렀다—은 오히려 메소포타미아에서든 이집트에서든 남성들의 손에 확고하게 머물러 있었다.[32]

이처럼 베껴 쓰는 학습 방식 때문에 시간이 흐르면서 가장 자주 베껴 쓰는 텍스트가 규준의 지위를 유지하게 됐고 따라서 문화적으로도 더 가치 있는 것으로 대접받으면서 독자적인 전통의 표준을 세우기 시작했다. 이 같은 규준화 과정에서는 필경사 계층이 권력과 숭배에 근접해 있었기 때문에 그들이 유통시킨 텍스트가 특히 중요성을 차지했던 것도 한몫했다. 그리고 그것은 비문도 마찬가지였는데, 권력 과시의 대표 격으로 숭배와 결합해 필경사교육의 텍스트 원전 역할을 했던 것이다. 바로 이런 규준적 텍스트 자료들에 대해 우리는 보다 나은 개념이 없기에 메소포타미아나 이집트 "문학"이라고 명명해야만 하는 것이다.[33]

서기전 2000년 경—이집트에서는 제국의 멸망 후 중왕국(서기전 2137~1781년)이 화려하게 발달하는 시대가 시작됐고, 메소포타미아에서는 몇 번의 권력투쟁 끝에 우르의 세 번째 왕조(우르 3세)가 승리했다(서기전 2112~2004년)—필경사의 교육과정과 자아상이 눈에 띄게 변화했다. 수공업적인 가족적 전통과 "학교"에서 '학교'가 생겨났다. 이 말은 이 기관이 예전에는 국가의 간섭을 받아—우르에서는 지배자 술기(Sulgi)가 학교의 설립과 연결돼 있었다—주로 구체적인 궁정(통치) 업무의 수행을 위한 것이었지만 이제는 '전통의 강'의 흐름을 위해 필요한 과정을 특별히 성찰하기 시작했다는 뜻이다. 그럼으로써 문학적 전통의 학교가 되어 점점 더 자기가 전통의 학교라는 사실을 인식하게 되었다. 여기에 걸맞게 필경사는 이제 자기가 이행하는 베끼기 과정이 단순히 임의의 텍스트 뭉치를 시대를 가로질러 제공하는 것이 아니라, 의식적으로 창조되

.....
가축 계산. 가축의 주인과 그의 필경사가, 아케이드 그늘에 앉아 농부들이 그들 앞으로 가축을 몰고 지나가는 모습을 보고 있다. 채색 나무 모형(길이 73cm, 폭 72cm, 높이 55.5cm), 메케트레 무덤에서 출토, 서기전 약 1990년.

고 유지되는 문학적 전통을 재현한다는 사실을 분명히 깨닫게 된다.

학교가 가진 전통 애호의 필요성과, 전쟁으로 오랫동안 통용되던 문화적 정체성이 뒤흔들린 이집트인들과 메소포타미아인들이 살아야 했던 시대를 연관지어본다면, 우리의 판단은 크게 틀리지는 않을 것이다. 어쨌든 전통을 보호해야겠다는 인식을 분명이 보여주는 것은 그 같은 전승에서 이제는 학교의 상황을 명백히 테마로 삼거나 학교에서 배우는 필경사라는 직업을 다른 교육이나 직업에 대해 긍정적으로 부각시킨 텍스트를 삽입한 데서 알아볼 수 있다. 그래서 이집트에서 생겨난 것이 〈케밋〉(Kemit, 완성된 것, 완전한 것)이라는 책인데, 이 책

..... 책 케밋의 첫 줄. 이집트 학생이 나무판 위에 연습해본 것. 중왕국, 서기전 약 2000~1700년.

은 필경사 학생들에게 단어와 문장의 개요서 – '케밋'이라는 제목이 그렇게 이해될 수도 있다 – 였을 뿐만 아니라 도덕적 행동 원칙도 제공하면서, 책의 말미에는 필경사를 광고하는 자화자찬으로 넘어 간다. "어디든 국가의 직책에 있는 필경사는 어려움을 겪지 않는다." 이 말이 얼마나 전통을 잘 보여주는 것인지는, 케밋이 수많은 오스트라카(Ostraka) – 두말할 나위없이 학생연습장 – 에 옮겨졌고 그리고 신속하게 권위 있는 텍스트가 된 것을 보면 알 수 있다. 〈케밋〉 직후에 만들어져 널리 배포된 것으로 보이는〈체티의 가르침〉은 수공업종의 어려움을 묘사하면서 여기에 필경사 직업을 대비시키고 있다. 유일하게 필경사만이 상사 없이 일을 하기 때문에 "내가 너에게 제시했던 모든 직업보다" 더 좋은 직업이라고 말이다. 가령〈케밋〉은 "자기가 상사다"라는 말을 인용한다. "〈케밋〉의 끝부분을 읽어보라. 다음과 같은 말을 보게 될 것이다. 관공서에서 한 자리를 차지한 필경사는 그곳에서 고난을 겪는 일이 없을 것이다." 아주 유사하게 메소포타미아의 학교 텍스트는 필경사의 사회적 지위와 그가 얻게 될 부유함으로 유혹을 하고 있다.[34]

여기에 더해 전승된 지식을 요약된 형태로 작성할 수 있게까지 되었다. 필경사 학생들을 위한〈케밋〉이 여기에 속하고 또한 서기전 1600년경 시대로 추정되는 린드(Rhind) 파피루스 역시 마찬가지다. 린드 파피루스는 분수, 산술, 대수학과 기하학 영역의 수학 모범문제와 답안을 제시한 세계 최초의 수학책이다. 학교, 전통 그리고 지식 보호의 의미를 비로소 인식하게 됐다면, 더 이상은 전승된 텍스트를 다양하게 통용되는 버전 그대로 베껴 쓰지 않고, 텍스트 전체를 보존하거나 아니면 표준버전으로 결합시키는 것이 당연하다. 그런 일은 서기전 2000년 후반기 메소포타미아에서 가장 먼저 생겨났는데, 텍스트를 다듬고 보호하는 일에 참여한 두 명의 필경사와 편집자 이름이 그들이 다듬은 텍스트와 함께 우리에게 전해질 정도로 당시 세대와 후세대에게는 중요한 발걸음이었다.

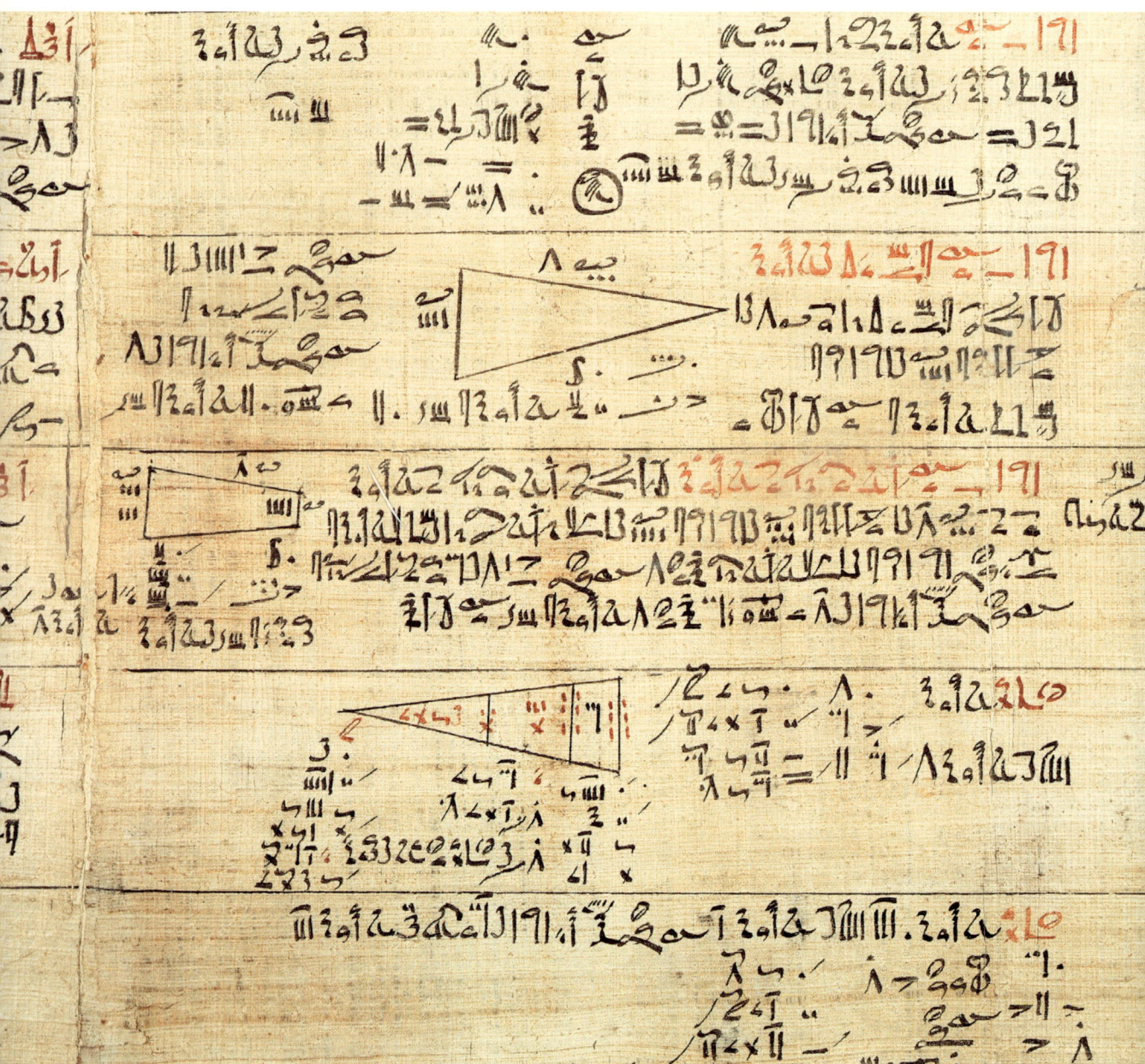

린드 파피루스, 서기전 약 1600년.

서기전 2000년 후반 경 길가메시 서사시 바빌론 표준버전을 만들어낸 것도 바로 이런 신-레키-운니니*였고, 서기전 1100년 쯤 초기 형태의 의학논문으로 여길 수 있는 특정한 오미나를 개론서로 편집해서 수백 년간 통용되게 한 것은 에사길-킨-아플리(Esagil-kin-apli)였다.[35]

이 같은 학교-문학 전승 과정의 의식화는 마침내 그 종착점을 지식의 규준에서 찾게 되는데, 이러한 규준은 이제 텍스트에 담겨, 또한 규준적 장소를 확보하게 된다. 그 장소란 바로 도서관이었다. 그리고 이는 오늘날까지도 마찬가지이다. 도서관은 처음에는 문서보관소와 다르지 않았고 단순히 행정문서뿐만 아니라 전승되는 텍스트 가운데 보관가치가 있다고 여겨지는 모든 것을 보관했던 장소였다. 서기전 2000년 전 문서보관소와 도서관은 그러나 내용적으로 멀어졌고 공간적으로 분리되기 시작했다. 문서보관소는 행정문서와 증명서를 위한 장소가, 도서관은 전래의 텍스트를 위한 장소가 되었다.

이런 차별화 과정을 확인할 수 있게 해준 것이 히타이트 왕국의 수도 하투샤(Hattusa)에서 발견된, 서기전 1400/1300년 날짜가 적혀 있는 점토판 모음집이다. 그곳에 있는 점토판은 문서보관소에서처럼 테마별로 정리돼 있는 것이 아니라 점토판 그 위에 혹은 콜로폰**―각각의 판의 마지막 장―과 카탈로그 안에, 그 텍스트가 분량을 봤을 때 점토판 시리즈로 써진 것이라면, 전체가 다 온전히 보전돼 있는지, 판에 시리즈 하나가 누락됐는지, 손상이나 텍스트 소실이 감지되는지, 그리고 어떤 필경사가 그 판을 썼거나 베꼈거나, 완성했거나 수정

---

* 서기전 2000년경 여러 언어로 고대 중동 지방에서 떠돌던 길가메시 이야기들이 오랜 세월에 걸쳐 하나의 장편 서사시로 묶였는데, 가장 온전하게 알려진 판본의 점토판들에는 저자의 이름이 신-리키-운니니(Sin-Leqi-Unninni)라고 적혀 있다. 시인이자 편집자로 보이며 페르시아가 아시리아 제국을 정복하고 니네베를 파괴한 서기전 612년 전후해서 이 작품을 완성한 것으로 보인다.
** colophon, 고서, 사본 등의 끝장. 이 마지막 장에 저자, 제목, 인쇄소, 발행인, 날자, 사본의 필경사(筆耕士) 등을 기입한다

했는지 그리고 누가 이런 작업을 감독했는지를 밝혀놓았다. 이처럼 콜로폰에 있는 비고사항은 예를 들면 다음과 같은 내용이다. "두 번째 판. 투드찰리자슈, 대왕. 맹세에 대하여. 끝. 이 판은 파손됐었다. 마츠추지와 할비-루를 참고해서 나 두다슈가 다시 새롭게 만들었다."[36]

다음이 사실 학교-문학의 전승 및 규준화 과정의 결론이다. 원문의 보호는 텍스트를 전달해 줄 물질적 토대의 보호와 직결되고, 이 두 가지는 두 가지 모두를 보호해야 전통의 지속적인 보호가 가능하다는 분명한 의식 속에서 진행됐다. 그러기 위해서는 유능하고 책임감 있는 인물이 있어서 그의 이름을 걸고 보호과정을 떠맡아야 했을 뿐만 아니라, 또한 텍스트-미디어 보호를 지속적으로 보장해줄 수 있는 장소 역시 필요했다. 도서관은 이를 지속적으로 보호해줄 장소이고 전승과 규준화 과정이 발생할 수 있을 뿐만 아니라, 또한 가시화되는 그런 장소이다. 도서관에서 이는 바로 점토판 모음집이나 파피루스처럼 응고된 형태로 관찰할 수 있도록 가시화된다. 그리고 그런 과정은 도서관 카탈로그 제작을 통해서 가시화되었는데 이들 카탈로그 덕택에 도서관에서 합쳐져 가공된 전승물의 규준성이 한층 강화되는 것이다. 텍스트의 기록 테크닉과 리스트 테크닉을 이용한 도서관 카탈로그는 원래 고대 오리엔트 통치자들이 경제 과정을 통제하기 위해서 사용했던 것인데 이런 테크닉을 이제는 전승 텍스트에 적용한 것이다. 그럼으로써 전승물을 텍스트를 통해서 통제할 수 있다는 것을 생생하게 드러낼 뿐만 아니라 또한 이런 통제 속에서 텍스트가 문화적 가치를 체험하게 된다는 것을 보여준다.

이런 과정을 우리가 얼마나 잘 인식했는지 혹은 점차로 인식하게 됐는지는 한 작은 세부사항이 분명히 해주고 있는데, 그 기원은 역사적으로는 점토판의 형태를 취했던 책으로 거슬러 올라간다. 즉 아시리아의 통치자 티글라트 필레세르 1세(Tiglat-Pileser I, 서기전 1114~1076년 재위)는 니네베에 도서관을 세우고 자기가 모은 수집품의 문화적 가치를 표현하기 위해 고운 자토로 점토판을 만들고 그 위에 상아색 층을 씌워 쐐기연필로 깊이 새겼을 때, 붉은색 글씨가 상아색 점토판 표면 위로 드러나게 만들었던 것이다. 그리고 아시리아의 통치자 아수르바니팔(Assurbanipal, 서기전 668~627년 재위) 역시 니네베에 도서관을 세울 때, 부분적으로는 티글라트 필레세르 1세의 오래 전 점토판 모음집을 수집하면서, 또한 점토판을 만드는 점토는 고급 품질을 사용하게 했고, 전문가들이 확인한 바에 따르면, 글자는 우아하고 기품 있고 "고전적인" 필체로 그 안에 새겨 넣도록 지시했다고 한다. 그가 계획적으로 점토판을 수집해 모아들였고 몇몇 콜로폰에 이 점토판들은 "기억을 위해" 작성된 것이라고 새겨 넣음으로써, 아수르바니팔의 전승 텍스트 모음은 사실상 도서관이 된다. 즉 명백히 문서보관소와 분리된 곳으로, 직접적 경제 정치 실행과는 동떨어진 텍스트 전통으로 자리 잡으면서, 어문학-도서관 보호를 필요로 하는 곳, 그리고 규준을 수집하고 보호하겠다는 문화 정치적 의지 없이는 생각할 수 없는 그 모든 것들을 위한 장소였다.[37]

이처럼 문서보관소와 도서관의 차별화 과정은 약간의 시대적 차이만을 가지고 이집트에서도 관찰된다. 고왕국(서기전 약 2707~2216년) 시대 이후 사용된 단어 "책들의 집"(말을 그대로 옮기자면 '두루마리서적의 집') 내지는 그 동의어 "신의 책들의 집"(말을 그대로 옮기자면 '신의 두루마리서적의 집')은 원래 신전의 문서보관소를 가리키는 말이다. 이런 기관들이 수백 년을 거치면서 어떻게 변화했는지는 완전히 어둠 속에 있다. 이집트가 그리스 마케도니아의 지배를 받게 된 알렉산더 대왕의 개선행진 이후, 그리고 서기전 323년 행정구역으로서 프톨레마이오스—예전 알렉산더 휘하의 장군—의 손에 떨어진 시대에 가서야 비로소 우리는 "책들의 집" 그리고 "신의 책들의 집"의 고고학적 증거와 원전 텍스트들을 발견하게 되는데 이들 집은 신전 숭배를 위한 열람 도서관처럼

…..
길가메시 서사시의 일부분. 니네베 아수르바니팔
도서관에서, 서기전 약 650년 전.

보이지만 여전히 그래도 문서보관소의 자료들을 보유하고 있다. 아직은 문서보관소 공간에 머물러 있던 이들 "책들의 집"은 중왕국(서기전 약 2137~1781년) 이후 "생활의 집"이라는 이름의 기관으로 발전한다. 이 시설은—분명 사원과 직접적인 연결 없이—의례의 전달이나 실행과 관련이 있는 것으로, 이집트인들의 견해에 따르면 생활과 그 질서의 유지에 필요한 것이었다. 그래서 생활의 집들에서는 모든 규준적 텍스트가 베껴지고 전승됐는데, 이는 생활에 필요한 의례의 수행에 필요했고 이집트의 '전통의 강'을 형성했던 것이었다. 한편 이는 문서보관소 자료와 전승 문학을 분리함으로써 전승 텍스트의 보존을 위해서 자기만의 공간을 마련했다는 뜻이고, 이를 우리는 "도서관"이라고 지칭한다. 여기서도 구체적이고 역사적인 발달라인은 어둠에 놓여 있지만 이집트 후기 시대(서기전 약 664~332년)과 여기에 맞물리는 프톨레마이오스 시대에 확인할 수 있는 "생활의 집"의 증거가 증가하고 있는데 이들 집들은 도서관이 갖춰져 있어서, 모든 불확실성—고고학 발굴의 우연성, 건축 재료의 해체로 많은 오래된 공간들이 오늘날 우리들의 눈에는 보이지 않는다는 점—에도 불구하고 이집트에서는 "도서관"이 전승 문학을 위한 보존 장소로서 실제 생활의 집의 공간 안에서 그리고 메소포타미아와 같은 시기에 발달하고 자리 잡았음을 분명히 말해준다.[38]

그래서 프톨레마이오스 통치자들이 서기전 300년경부터 수도 알렉산드리아에 "무제이온(Museion)"을 건립했는데, 이는 뮤즈에게 바쳐진 사원으로 자연과학과 철학을 연구하는 기관이었는데, 여기에 도서관이 갖춰져 있었다는 것은 전혀 새로울 게 없었다. 그것은 무엇보다도 메소포타미아와 그리고 아마도 또한 이집트를 롤모델로 삼은 것이었는데, 물론 독특하게 개조되었고 막 생성 중인 헬레니즘 문화를 위해서도 생산적으로 만들어진 것이었다. 이런 개조에는 그리스 저자들의 작업 환경이 한몫했다. 첫째, 그리스인들은 정치권력과 밀접한 사제계층이나 성스러운 책들은 좌지우지 할 수 없었고, 성스러운 책은 사제계층에 속하는 필경사조합에 의해 정밀하게 모사돼야 했는데 신의 말을 원문 그대로 유지하기 위해서였다. 둘째로는 그리스의 문자는 서기전 800년경 서셈어 자음글자를 토대로 발달한 알파벳 글자로 국가와 종교의 통제를 받아야 하는 경제-관료적 맥락에 속해 있지 않았다. 그보다는 처음부터 텍스트 기록에 이용됐는데 고대 오리엔트에서 전승된 것처럼 거의 익명의 텍스트가 아니라, 중요하면서 그 이름이 잘 알려진 인물들의 작품, 특히 호메로스의 텍스트를 기록하는 데 기여하였다. 이들 인물들과 작품은 그리스문화를 최고 중의 최고로 각인시켰고, 이 최고의 저자, 그들의 작품과 기억을 지속적으로 유지하고 전해주기를 바라게 만들었던 것이다. 여기서 그러나 그리스인들은 메소포타미아와 이집트 선두주자들과 같은 문제를 갖고 있었다. 그들 앞에 놓인 대다수의 작품 사본은 결코 동일한 텍스트를 제공하지 않았고 서로 아주 많이 달랐던 것이다.[39]

이런 문제에 대한 답은 문헌학, "말에 대한 사랑"의 발명이었는데, 이는 전승된 텍스트 버전의 비교를 통해서 최대한 저자와 근접한 오리지널 텍스트를 재구성하려는 것이다. 신-리키-운니니가 길가메시 서사시에 대해서 이미 한 일이었지만, 무제이온에서 일하는 알렉산드리아의 문헌학자들은 텍스트 재구성과 보호에 있어서 새로운 길을 걸어간다.

한편 그들은—아마도 신-리키-운니니와 다르지 않았을 것이다—전승된 필사본을 비교해서 가장 좋은 텍스트 본을 확인하고 자체 수정을 통해서 개선된 텍스트를 만들어내려고 노력했다. 진본인지 의심스러운 구절에 대해서는 단순히 삭제하는 게 아니라, 테두리에 텍스트비평 표시로 알아볼 수 있게 해놓았다. 그래서 알렉산드리아의 문헌학자들이 연구한 텍스트본에 의해 편집된 새로운 텍스트들은 그러나 비평적 표시 덕분에 그것이 여러 개의 오래된 텍스트 전승을 토대로 수정된 버전이며 독자들이 자신의 판단을 내릴 수 있도록 문제가 있는 부분까지 포함하고 있다는 사실을 알아볼 수 있게 해주었다.

다른 한편으로는 분량이 큰 작품을 이제는 여러 개의 파피루스 두루마리로 나누었는데, 두루마리의 분할이 작품 내용의 구성과 일치하도록 했다. 이는 새로운 것이었는데 지금까지는 긴 텍스트를 점토판이나 파피루스 두루마리에 분할할 때 실용적 관점에 따랐기 때문이었다. 점토판이나 파피루스 두루마리가 다 차면, 다음번 점토판이나 두루마리에 계속 글을 쓰거나 다른 파피루스 종이를 기존 두루마리에 붙여서 텍스트를 이어나갈 수 있었다. 그러나 이제 알렉산드리아의 문헌학자들은 작품의 내용적 구분과 그 물질적 형태가 일치하도록 했을 뿐만 아니라, 또한 물질적 형태가 작품의 내용구조에 종속변수가 되도록 만들었다. 이런 식으로 계속 가다보면, "역할"로 작품을 분할함으로써 텍스트의 구성원칙을 물질적으로 가시화시키게 될 뿐만 아니라 또한 이런 구성원칙이 미디어의 물질성과 독립할 수 있게 되고 결국에는 오늘날 우리가 물리적 책을 내용적 "책" 혹은 장(capital)으로 분할시킴으로써 얻으려고 하는 것에 도달하게 된다. 그것은 바로 텍스트 구성으로 제본이나 역할 분담을 통해서 책의 물질적 차원으로 표현할 수 있지만 꼭 그래야만 하는 것은 아니다. 이 같은 텍스트 구성원칙이 얼마나 효과가 있었는지는 일리아드와 오디세이의 각 24"권" 분할이 알렉산드리아 문헌학자들의 작업에서 그 연원을 찾을 수 있을 뿐만 아니라, 또한 헤브리어 토라를 그리스어로 번역하면서 5권의 책, 모세 5경으로 분류해놓은 것은 알렉산드리아와 그 문헌학자들의 직접적인 영향권에서 발견할 수 있다는 사실에서도 알아볼 수 있다.[40]

그리고 마지막으로 대다수 그리스 문학의 저자가 잘 알려져 있다는 사실은 고대 오리엔트에서 물려받은 리스트 테크닉을 사용하면서 편집자 이름을 알파벳 순서에 따라 분류해 놓은 카탈로그를 통해서 문학적 전승과정을 조정했을 가능성을 제공해주었다. 이런 카탈로그 가운데 가장 유명한 것은 알렉산드리아의 문헌학자이자 시인인 칼리마코스(Kallimachos, 서기전 약 245년 사망)의 〈피나케스(Pinakes)〉로, 번역을 하자면 문화적 영역에서 탁월한 사람들과 그들의 작품의 목록인데, 모든 그리스 문학을 전문영역에 따라 나누고, 전문영역 안에서 저자와 그들의 작품 리스트를 수록하고 저자에 대해서는 비교적 확실한 전기적 언급을 그리고 작품에 대해서는 아주 확실한 전기적 정보를 제공해주었다. 작품의 타이틀은 텍스트의 첫 행과 전체 행수 분량이 얼마인지에 따라 결정되었다. 그럼으로써 같은 이름의 작품을 서로 구별하고 맞는 작가와 연결지을 수 있게 했다.[41]

이 모든 것을 종합해보면 우리는 서기전 대략 1000년대 중반 이후 문학과 마주했다. 그 문학은 오늘날에도 "문학"이라고 지칭할 수 있음을 확인해야만 한다. 본질적으로 말하자면 인간의 언어와 글을 예술로 승화시키고 언어와 글로 최고의 예술적 형태를 위한 경쟁을 하면서 자기 인식과 인정을 추구하는 작가들이 몸소 책임을 지는 것이다. 다른 말로 하자면 문학은 신학적-관료주의적에서 독자적 문화적 현상으로 변화해갔고 동시에 익명에서 저자의 작품으로 발걸음을 내딛었다는 것이다. 그래서 이제 도서관에서 작품의 저작권은 카탈로그에 책임을 맡고 있는 문헌학 도서관 사서가 그 작품에 대한 저자의 책임을 찾아내서 작가와 그의 작품의 규준으로서 그리스 문학의 규준을 완성시켜나감으로써 고정되는 것이다.

우리가 이제 문학을 인용부호 없이 쓰고 더 이상 관료적 신학적이 아니라 문화적 현상으로서 고찰한다면, 그렇다고 해서 물론 문학과 파피루스 두루마리 형태로 돼 있는 그 책이 보편적 문화 재산이 된다는 뜻은 아니다. 전승 수용에 기여했던 도서관이 헬레니즘 시대에도 여전히 권력과 대표부의 영역에 속해 있었다는 사실만으로도 이에 대한 반론이 제기된다. 당시 가장 중요했던 알렉산드리아와 페르가몬의 두 도서관은 부분적으로는 궁전 구역에 속해 있었거나 궁전과 인접해 있으면서 왕가가 설립한 성전(알렉산드리아에서는 뮤즈의 성전, 페르

고대 알렉산드리아 무제이온의 도서관에 대한 현대의 상상화. 19세기에 손으로 그린 일러스트레이션.

시인의 화관을 쓰고 파피루스 두루마리를 들고 있는 청년. 폼페이 프레스코화, 32×32cm, 서기 100년.

가문에서는 아테네 여신의 성전)의 일부분이었다. 그리고 알렉산드리아 무제이온에서 일하는 학자들은 자신들이 프톨레마이오스 지배자에게서 임명을 받고 급여를 받는다는 사실을 확실히 인식해야 했고 통치자와 갈등이 있는 경우 이따금씩 그 지역에서 추방되기도 했다. 그처럼 통치자와 밀접한 스타일의 도서관이 대중적이었을지, 그래서 문학에 관심이 있는 사람이라면 누구나 이용할 수 있었을지는 의심해볼 만한 일이다. 일단 도서관은 권력과 그 대표자와 결합돼 있었기 때문에 궁정과 행정인사 그룹, 그리고 그때그때 지배자를 둘러싼 학자들이나 접근할 수 있었다는 데서부터 출발해야만 할 것이다. 보편적인 문화 재산으로서 책의 지위는 또한 헬레니즘 시대에 읽고 쓸 수 있는 국민의 비율은 한 번도 10% 이상인 적이 없었을 것이고, 본질적으로 이는 그 도시의 남성지배계층과 동일한 수치였다는 사실에서도 반론이 제기된다. 그리고 마지막으로 잊어서는 안 되는 것이 광범위한 테마를 담은 상당한 부수의 텍스트가 상업적 재화로 존재하는 "서적 거래"가 존재하지 않았다는 사실이다. 아무리 이따금씩 텍스트 사본이 시장에서 거래됐다는 기록이 발견된다고 하더라도 말이다. 책을 갖고 싶은 사람은 일반적으로 자기가 직접 베끼거나(그리고 그 전에 베끼려는 작품을 그 작품을 가지고 있는 사람에게서 대여해야 한다), 아니면 필경사를 고용하거나, 노예를 필경사로 교육시키거나, 아니면 유료 필경사에게 돈을 주고 책 베끼기를 의뢰해야만 했다. 다른 말로 하자면 도서관과 책은 엘리트들의 전유물로 남아 있었고 언제나 여전히 그리고 대부분은 구두 문화 속에 파묻혀 있어서 중요한 텍스트들은 직접 독서를 통해서가 아니라 구전 암송을 통해서 배웠다는 뜻이다.[42]

이런 문화-매체 상황은 서기전 300년과 200년 로마가 그들의 제국을 지중해 주변으로 확장시키고 서기전 30년 이집트를 로마의 속주로 만들 때까지 근본적으로는 변하지 않았다. 왜냐하면 이제 권력의 중심이 로마로 옮겨졌음에도 불구하고 로마는 문화적으로 그리스에 빚을 진 나라였고 후기 공화국 이후에야 그리스 언어와 문화를 습득하고 그런 목적을 위해서 도서관을 건립하는 것을 당연한 일로 여길 수 있게 됐기 때문이다.

그때 사용한 방식은 처음에는 조야했는데, 아이밀리우스 파울루스(Aemilius Paullus, 서기전 229~160년)나 술라(Sulla, 서기전 138~78년)처럼 승승장구한 로마 최고지휘관들은 오리엔트에서 약탈한 도서관을 로마로 가져와 자기들 집에 전시했던 것이다. 나중에는 보다 세련되게 변해서 키케로(Cicero, 서기전 106~43년)처럼 했는데, 그는 그리스 애호가 친구인 아티쿠스(Atticus)를 통해서 그리스의 박물관 하나를 통째로 사들였었다. 점차 증가하는 로마인들의 문화적 자의식은 물론 라틴 문학도 도서관에서 그 자리를 찾을 수 있게 했고, 그래서 이들 도서관은 그리스와 로마의 이중의 박물관이 되었다.

그리고 아시니우스 폴리오(C. Asinius Pollio, 서기전 76~5년)가 로마에 설립한 박물관과 더불어 제국주의의 서구에서는 공공 도서관의 역사가 시작되었다. 황제들은 특히 로마에서, 그러나 또한 다른 곳에서도 도서관을 건립하면서—로마에 알렉산드리아를 표본삼아 중앙 제국 도서관을 세우고자 했던 시저를 본받아—도서관과 책이라는 현상을 지정학적으로 동시에 증가시켜나갔다. 그리고 이는 다시 지방의 상층부를 위해 사적이든 공적이든 도서관을 건립하도록 본보기가 되어주었다. 그 덕택에 읽기와 쓰기 능력이 헬레니즘 시대에 비해서 증가할 수 있었고—이탈리아의 몇몇 큰 도시에서는 (남성) 인구의 20% 혹은 그 이상까지 도달했을 것이다—책과 도서관은 이제 소수의 대도시에 집중하는 데서 더 나아가 제국 도시 도처로 번져나가게 되었다. 그럼에도 불구하고 책과 도서관은 엘리트들의 전유물로서, 이들 엘리트들은 사적 혹은 공공 도서관에서 권력의 표현과 과시에 대한 욕구를 가지고 뜻이 맞는 사람들끼리 지적인 대화를 결부시킬 수 있는 장소를 찾았던 것이다.[43]

이런 환경에 유입된 책들을 좀 더 가까이에서 들여다볼 시간이 되었다. 우선 눈에 뜨이는 사실은 그리스인과 로마인들은—이집트인들처럼—일반적으로 파피루스 두루마리의 한쪽 면에, 그것도 파피루스 실이 세로로 나 있는 안쪽 면에만 글을 썼으며 펜—갈대 깃털로 만들어 썼고, 골풀 줄기로 생산한 이집트인들의 펜은 배척했다—은 크게 문제 삼지 않았다는 것이다. 텍스트는 세로단(column)으로 썼고 그 폭은 텍스트 장르에 달려 있었던 것 같다. 표준으로 작용한 것은 6운각으로 편집된 호메로스의 작품이었는데, 한 단의 폭은 보통 6운각 행 길이에 맞춰졌고, 수사학자의 작품은 물론 그보다 더 짧아졌으며 과학과 철학 텍스트는 종종 더 긴 행으로 제시되었다. 세로단으로 정렬된 텍스트를 들여다보면 이밖에도 마침표와 쉼표도 없고, 단어 구분도 없고(scripto continua), 대문자(Majuskeln)로만 쓰여 있다는 것이 눈에 뜨이는데 이런 글쓰기 형태는 시간이 흐르면서 변하게 된다. 그렇기 때문에 오늘날 전문가들은 텍스트의 글자를 근거로 그것이 어느 시대에 속하는지 결정할 수 있다.

파피루스 두루마리의 포맷은 본질적으로 사용된 파피루스 잎의 포맷에 따라 결정됐다. 대(大) 플리니우스(Plinius, 서기전 23~79년)가 〈박물지〉에서 밝힌 것처럼 파피루스는 다양한 크기와 품질로 생산됐는데, 폭이 11cm 정도의 작은 포맷 카르타 엠포레티카(charta emporetica)에서부터 큰 포맷으로는 폭이 24cm로 아우구스투스 황제의 이름을 딸 만큼 품질이 좋은 〈카르타 아우구스투스(charta Augustus)〉까지 있었는데 대부분 파피루스 두루마리는 폭이 20cm 정도였다. 폭이 34cm로 최상급이었던 파피루스는 클라우디우스 황제를 따서 이름을 〈카르타 클라우디우스(charta Claudius)〉라고 지었는데, 그 품질이 전설적이었다. 파피루스 두루마리는 이집트 시대 이래로 똑같이 잎을 하나하나 붙여서 생산됐는데, 그리스인과 로마인들의 두루마리가 특히 훌륭했고 그 길이는 평균 10m를 넘지 않았다. 길이가 10m인 그런 두루마리는 폭이 20cm인 지면이라면 〈오디세이〉 서사시나 플라톤의 〈향연〉을 담기에 충분한 공간을 제공했지만 돌돌 말면 직경이 겨우 6cm로 편안히 손에 쥐고 가지고 다닐 수 있는 정도였다.[44]

읽기 위해서는 두루마리를 오른손에 쥐고 왼쪽으로 펼치면 그때그때 읽을 단을—많은 경우 더 지나쳐서—볼 수 있었다. 낭독을 할 때에는 오른손으로 펼친 것을 왼손이 돌돌 감아서 낭독이 끝날 때에는 두루마리가 완전히 다시 감

파피루스 두루마리를 읽고 있는 청년. 헤르쿨라네움 프레스코화, 41×42cm, 서기 100년.

겨 있어야만 했다. 하나하나 붙인 파피루스 잎이 잘 말리고 두루마리에 전체적인 힘을 주기 위해서 종종 마지막 잎의 오른쪽 테두리(돌돌 말린 두루마리의 가장 안쪽에 있는 잎)에 나무막대기를 붙여놓았는데—umbilicus(라틴어), 혹은 omphalós(이탈리아어), 독일어로는 "Nabel"(배꼽)—위와 아래가 약간 두루마리 위로 솟아오르게 했다. 두루마리를 손에 들고 다니는 데에는 더 편하지는 않았지만 파피루스 두루마리가 많이 모여 있는 곳에서 찾고자 하는 텍스트를 보다 쉽게 찾아볼 수 있게 하는 데에는 두루마리의 위에 부착된 양피지명패—titulus(라틴어), 혹은 sillybos(그리스어)—가 도움이 됐는데, 이는 책의 제목과 내용을 간단히 알려주는 것이었다. 이런 수단이 필요하고 실용적이었던 이유는 그리스와 로마인들이 오래된 오리엔트-이집트 전통에 따라서 책의 제목 전부를 파피루스 두루마리 마지막 장 안 콜로폰에 적어 넣었는데 이는 그러나 두루마리를 펼쳐본 후에야 볼 수 있었기 때문이었다.[45]

이 모든 것은 본질적으로 이집트와 그리스-로마 세계의 문화적 이전의 결과였음을 이 자리에서 강조해야만 한다. 서기전 300년에서 200년 사이 문화의 중심지는 알렉산드리아였는데 그곳에서부터 새로운 "문학" 매체인 파피루스 두루마리가—그리고 새로운 매체와 새로운 매체의 목적에 적합한 기관으로서의 도서관이—급속히 헬레니즘 왕국으로 그리고 그 다음에는 로마 제국으로 보급돼 나갔던 것이다. 이런 문화 이전은 그러나 그리스와 로마인들이 즐겨 사용한 파피루스 두루마리에 이집트 글쓰기의 중요한 특징을 남겼는데 그것은 바로 텍스트와 일러스트의 통합이다.[46]

일러스트를 담고 있는 그리스 파피루스 두루마리로 가장 최초의 사례는—천문학 논문으로서 대부분 서기전 100년 중반의 날짜가 적혀 있다—어쨌든 텍스트의 저자가 원고작성 때 이집트를 본보기로 삼았음을 보여준다. 이것이 분명히 드러난 것이 오리온 별자리를 묘사하면서 이집트의 신 오시리스의 축소화를 집어넣었고, 또한 이집트인들처럼 태양의 상징으로 스카라브*를 사용한 것이다. 과학 저술에 일러스트가 드문 일이 아닐 수 있었다는 사실은 대(大) 플리니우스의 〈박물지〉 언급에서 나타나는데, 그에 따르면 역사학자 마르쿠스 테레니우스 바로(Marcus T. Varro, 서기전 116~27년)는 그의 저술에 총 유명인사 700여 명의

---

* 고대 이집트인이 매우 신성시한 갑충

헤라클레스-파피루스(서기 3세기) 새클러 도서관, 옥스퍼드 대학

초상을 덧붙였고 그리고 마찬가지로 그리스 약리학자 크라테우아스(Krateuas)의 식물학 서적에는 그림이 풍부하게 들어 있었다고 한다.[47] 물론 이 중 남아 있는 것은 없다. 하지만 고대 텍스트의 삽화가 자주 모사되었고 이따금씩은 "전형"으로 여겨져, 일러스트 샘플 역할을 했던 것으로 봐서 후기 고대에서 전승된 일러스트들도 그런 고대의 표본을 참고로 했을 것이며 따라서 이전 시대 삽화의 품질이 어땠을지 느낌을 전달해줄 수 있을 것이다.

과학 저술에 통용된 것은 문학에서도 통용됐다. 파피루스 두루마리 맨 앞의 작가 초상화는 관례였으며, 과학적 저술에서 발견할 수 있는 실물삽화의 자리에 문학적 저술의 경우에는 줄거리 삽화가 들어서 연속그림(picture sequence)의 형태를 취했다. 하지만 여기서도 흔히 후기 고대 일러스트 텍스트에서 이전 시대 "전형"을 추론해내려고 하는데, 예를 들어 〈베르길리우스 바티카누스〉의 경우 이 작품은 바티칸 도서관에 보관돼 있고 연대는 서기 400년인 일러스트 필사본으로 베르길리우스의 〈아에네이스〉 텍스트를 담고 있는데, 그 안의 삽화는 그 이전 시대의 비슷한 주제를 가진 호화 파피루스를 참고한 것으로 추측된다.[48]

하지만 이러한 사례와 더불어 우리는 파피루스 두루마리 매체 시대의 종점에 도착했다. 이 시대는 텍스트에 책임을 지고 있는 개인이 우선 (모사) 작가로서, 그리고 나서는 저자로서, 자신의 이름을 걸고 텍스트를 보장한 매체 시대였다. 동시에 파피루스 두루마리 시대는 도서관을 다음과 같은 기관, 즉 (모사) 글쓰기가 죽 확고한 자리를 차지했고 그리스인들 이래로 체계적으로 성찰하고 기록하는 방식으로, 다시 말해 문헌학적으로—그리고 그림으로써 학문적으로—가동될 수 있는 기관으로 만들었다. 이는 지금까지 우리가 살펴봤듯이 결국에는 오리엔트-이집트 전통과 연결되는데, 그 가장 분명한 반향은 텍스트와 그림의 지속적인 매체 합성이었다. 그리고 거기에는 문자 문화가 전승된 텍스트의 세심한 보호에 달려 있고, 이는 원문뿐만 아니라 텍스트의 물질성 보호에도 해당된다는 사실을 알고 있는 문화 의지의 역할이 컸다. 그러기 위해서는 문화 의지가 유지돼야만 하고, 바로 그런 일을 하기 위해 학교와 도서관이라는 기관은 텍스트 보호 방법에 대한 지식을 전달하고 문서 문화를 건설할 수 있는 토대를 형성했던 것이다.

이런 문화 의지가 당연하기가 얼마나 드문지는 후기 고대에서 보다 분명히 드러났다. 왜냐하면 로마 제국주의 몰락의 시작—서기 300년 북쪽에서는 게르만족에 의한, 동쪽에서는 사산조 페르시아에 의한 국경선 위협으로 시작해, 395년 제국의 분할로 이어지고 410년 서고트족의 로마 침략에서 상징적으로 굳어졌다—은 정치 경제자원의 소진뿐만 아니라 또한 문화적 생존의지를 좌우하는 지적인 활력의 소진으로도 이어졌기 때문이다. 로마의 역사학자 암미아누스 마르켈리누스(Ammianus Marcellinus, 약 330~391년)의 언급은 이를 분명히 가리키고 있는데 그는 아주 일찍이 점증하는 생활세계의 불안을 다음과 같은 상황으로 밝혔다. 즉, 로마에는 한때 학문을 보호하던 큰 집들이 이제는 안이한 게으름에 가득 차 있고 철학자와 연설가 대신 가수와 오락 전문가들(doctor artium ludicrarum)이 들락거리고, 도서관은 무덤처럼 영원히 닫혀 있으며 음악분수나 다른 거대한 음악장치들이 장관을 이루며 그 대신 설립되고 있다고.[49]

이런 언급은 오해의 여지가 없다. 이는 후기 고대의 오락 사회의 상황을 서술하는 것으로 그 속에서는 문화적 중요성과 관심이 국가 운영 엘리트층에게서 외면 받고, 사람들은 힘과 비용이 드는 전통의 보호 대신 오락과 기분전환을 선택하기 시작했던 것이다. 분명 이 같은 중대성과 관심의 이동은 돌연한 문화적 단절을 의미하는 것은 아니었다. 이 시기에 만들어진 암미아누스 마르켈리누스의 역사저술이나 데키미우스 마그누스 아우소니우스(Decimius M. Ausonius, 310~393년)와 클라우디우스 클라우디아누스(Claudius Claudianus, 370~404년)의 시집은 그런 소견을 반박하며, 334년에서 357년 사이 로마 시에는 28개의 공공도서관의 존재한다는 문서 역시 마찬가지다.[50] 하지만 지적 능력이 있으면서 경제적으로 과학적 문학적 업적을 인정하고 촉진시킬 수 있는 계층이 점차로 이탈하면서, 아마도 더 줄어들게 되면서 로마 시에서는 더 이상 충분한 토대를 발견할 수 없었다는 사실에서 눈을 돌려서는 안 될 것이다. 그리고 드디어 기독교가 아주 자기만의 요구를 선포하면서 동시에 새로운 매체의 형태로 이를 제시했다. 바로 코덱스 형태였다.

Chapter 4

Das heilige Buch

성스러운 책

코덱스와 더불어 우리가 알고 있는 책의 시대가 시작된다. 이 시대의 매체는 가운데를 접어 두 개의 지면을 만들고 그 위에 텍스트와 일러스트를 제공하는데, 여러 겹으로 겹쳐서 접지 부분을 묶어 책의 몸체를 만들었다. 책의 몸체의 뒷면과 표지는 커버로 보호하는데 그 커버는 그냥 수수한 책싸개이거나 아니면 값비싼 장식커버가 될 수도 있었다. 늘 그렇듯 우리는 매체의 기나긴 역사에서 전환점을 찾고 싶어한다. 코덱스의 관철은 매체를 벽에서 해체시켜 이동식 기호 전달자를 발명해낸 이후 매체 역사의 두 번째 큰 변환이다. 앞으로 살펴보겠지만 이 같은 변환은 매체의 형상만이 아니라 우리 인간의 본질 깊숙한 곳에 파묻혀 있는 총체적 사용법과도 관련이 있는 것이다.

물론 새로운 매체는 무(無)에서 나온 것이 아니었다. 고대는 모두 글쓰기 연습, 텍스트 기획, 빠른 기록 혹은 간단한 리스트를 위해 쓰기판에 의지했는데, 이는 일반적으로 두 장(그 이상인 경우도 많았다)의 얇고 평평하며 끈으로 묶은 나무판으로 구성돼 있었고, 그 나무판에 석회나 아니면 약간 속을 파서 검은색(으로 물들인) 밀랍층을 입히고 그 위에 글을 썼다. 석회층의 경우에는 (이집트인들처럼) 쓰기펜으로 새겨넣었고, 밀랍층의 경우에는 (메소포타미아인들처럼) 금속으로 된 연필인 스틸루스(stylus)로 새겨 넣었다. 쓰기판을 다시 사용하려면, 석회층 위의 글씨를 그냥 닦아내거나 밀랍을 뭉툭한 연필 뒷부분으로 밀어버렸다. 하지만 일상적인 글쓰기를 위해서만 밀랍으로 덮힌 나무판을 사용했던 것이 아니라 또한 로마의 행정관청은 문서보관 목적을 위해서도 그런 나무판을 사용하면서 이를 코디스(codices)라고 불렀다(단수는 codex, 원래는 "나무줄기", 그 다음에는 "책, 문서, 목록" 등을 의미했다).[51]

고급 문학과 과학-철학적 성찰 텍스트의 매체였던 파피루스 두루마리는 고대 사회의 전통과 정체성을 보장해주었기에 많은 노력을 기울일 가치가 있었고 그 결과 보존되고 보호를 받았다. 나무판 코디스는 기본적으로 모든 종류의 상용 텍스트에 쓰였기 때문에 일상에 편입돼 있었고 일상용품이 대부분 그렇듯 사용되었다가 재활용됐기 때문에 소수의 나무판 코디스만이 남겨져 있다. 이 모든 것이 변하기 시작한 것은 로마인들이 서력기원 무렵 쓰기판의 나무를 양피지로 대체하면서 좀 더 얇은 공책을 들고 다닐 수 있게 되면서부터이다.

호라티우스(Horatius, 서기전 65~8년), 페르시우스(A. Persius. F., 34~62년) 그리고 퀸틸리아누스(Quintilianus, 35~96년)과 같은 작가에게서 나타나는 텍스트 예문 내지는 사법적 맥락에서 라틴어 단어 membranae("가죽")이 100년에 "공책"이라는 의미를 갖게 됐다는 사실 등이 이를 보여준다. 하지만 이미 100년대 후반, 80년대 무렵 로마의 시인 마르티알리스(Martialis, 40~102/104년)는 고전작가-호메로스, 베르길리우스 등등-의 작품에 대해서 양피지 코덱스로 읽을 수 있다고 쓰고 있다. 그리고 그는 자기 자신의 작품을 로마의 서적상 세쿤두스(Secundus)에게서 "모든 신전의 문지방과 팔라스 광장 뒤에서" 소유할 수 있는 경구라고 광고했다. 양피지(membrana)로 생산된 "소책자"(libellum)는 간편한 포맷 덕택에 이상적인 여행 동반자라는 것이다.[52] 다른 말로 하자면 100년에는 원래는 공책으로서 그리고 행정 목적으로 사용됐던 코덱스가 고급 문학을 위한 매체가 됐다는 뜻이다.

새로운 매체가 당장 성공을 거두었던 것 같지는 않다. 마르티알리스가 처음에는 코덱스를 광고했음에도 불구하고 나중에는 더이상 문학 양피지 코덱스에 대해서 언급을 하지 않게 됐기 때문이다. 그리고 100년이나 200년대의 다른 로마 작가들도 그렇게 하지 않았던 것으로 보아 코덱스는 매체로서 성공한 상품이 아니었고 아주 천천히 인정을 받았다고 추론할 수 있다. 이는 고대 이집트를 보면 알 수 있는데, 기후 조건 때문에 파피루스든 양피지 문서든 아주 훌륭하게 전승될 수 있었기 때문이다. 100년 이집트에서는 전승된 코덱스가 전혀 없었고, 전체가 보존된 문학 텍스트는 파피루스에 적은 것이다. 200년에서 300년으로 넘어가면 코덱스의 비율은 겨우 5%로 상승하다가 100년 만에 빠르게 파피루스 두루마리와 같은 대등한 지위에 도달하게 되었다. 300년경 전승된 텍스트의 52%는 파피루스 두루마리 위에 쓰여졌고 48%는 양피지 코덱스였는데 그 비율이 500년에 이르면 마지막에는 무려 90%까지 상승한다. 이집트의 비율이 로마 제국 전체에서도 전형적이라고 한다면, 양피지 코덱스는 400년과 500년이 되면 문학 매체로서 성공하고 파피루스 두루마리를 대체한다고 단정할 수 있다. 물론 파피루스 두루마리는 대략 재무행정의 행정적 목적을 위해서는 계속해서 사용되고 있었다.[53]

이 같은 매체의 교체는 당연한 일이 아니다. 일상과 행정문서보관 매체를 위한 공책으로서 시작된 코덱스가 어떻게 고급 문학을 위한 매체가 돼, 검증된 파피루스 두루마리를 완전히 몰아낼 수 있었는지에 대해서는 상당한 설명이 필요하다. 특히 코덱스의 생산은 그 복잡성에 있어서 파피루스 두루마리의 생산을 훨씬 능가한다. 먼저 이런 생산과정의 특징을 분명히 해두자.

코덱스 작업은 먼저 동물의 가죽(양, 염소 혹은 송아지)을 석회용액에 부식시켜 털, 지방과 살점 남은 것들을 제거하고, 나무틀 위에 펼쳐서 건조시키고 반달 모양의 칼로 원하는 두께가 될 때까지 문지른다. 그럼으로써 얇고 매끈하고 단단한 글쓰기 재료인 양피지를 얻게 되는데, 부석과 석회로 문지르고 마지막에는 고착제를 발라서, 잉크와 색상의 침투력을 개선한다. 그리고 나서 양피지의 군더더기를 잘라내 표면을 가장 잘 이용할 수 있도록 직각으로 양피지 지면을 만들어서 가운데를 접으면 양면으로 페이지가 4쪽이 된다. 이 양면 위에 대부분은 같은 방식으로 생산된 양피지 3장이 놓이는데, 이 때 털이 붙어 있던 면 위에 털이 붙어 있던 면이, 살이 붙어 있던 면 위에 살이 붙어 있던 면이 놓이도록 했다. 양면 4장을 반으로 접으면 16쪽(쿼터니언, quaternion)이 되는데 이렇게 페이지를 여러 장 겹쳐서 접힌 부분을 실, 가죽 혹은 양피지끈으로 꿰매 묶고, 마지막으로 쿼터니언을 연결시킨 책의 몸체에 나무로 된 책커버를 아교로 붙이고, 그 위에 가죽을 덮고 경우에 따라서는 쇠장식과 금속으로 된 자물쇠를 구비한다.[54]

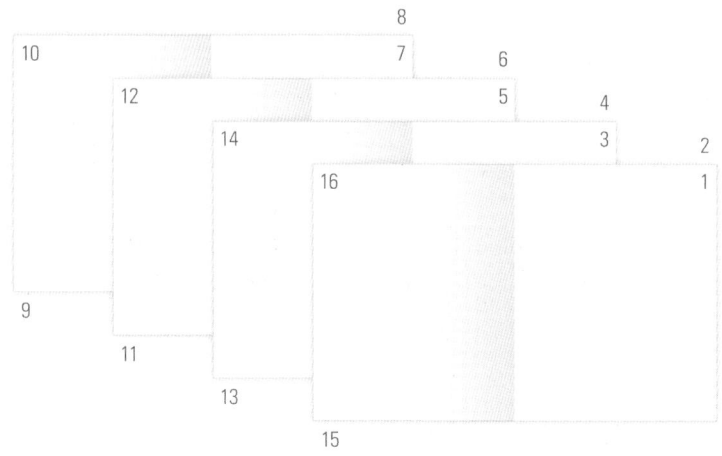

······
쿼터니언의 작성 차례

이 같은 생산과정은 현명한 계획과 훌륭한 노동조직을 필요로 했다. 왜냐하면 특정한 텍스트에 얼마나 많은 양피지가 필요한지를 어림 잡아서 필요한 만큼의 양피지 층을 생산해야 할 뿐만 아니라 또한 개별 지면과 페이지에 텍스트를 분할하고 정확한 페이지의 배치를 잘 조직해서 글을 쓸 때 지면, 페이지 그리고 층 위의 텍스트의 배열이 뒤죽박죽이 되지 않도록 해야만 했기 때문이다. 그 이유는 쉽게 볼 수 있다. 파피루스 두루마리에 계속해서 세로로 두루마리의 안쪽 면에만 글을 쓸 때에는 텍스트가 늘어 더 많은 공간이 필요하면 그저 새로운 파피루스 잎을 두루마리의 끝에 붙이면 됐던 반면, 반으로 접은 양면 양피지 위에 양쪽으로 쓰여진 텍스트의 배열이 도약을 하게 된다. 양피지 지면을 켜켜로 쌓인 양면지 가운데 첫번째 장을 가지고 반으로 접힌 양피지의 오른쪽 면을 첫 번째 텍스트 쪽으로 삼아 텍스트를 쓰기 시작하면, 그 쪽의 끝에 도달했을 때, 면을 넘겨서 양면의 왼쪽 뒷면을 두 번째 텍스트 쪽으로 삼아서 텍스트를 이어나가야 한다. 두 번째 페이지의 끝에 도달하면, 그 층의 두 번째 장 양면지의 오른쪽 페이지를 세 번째 텍스트 페이지로 삼아서 이어나가다가 그 지면을 넘겨서 두 번째 양면지의 왼쪽 뒷면을 네 번째 텍스트페이지로 삼아서 이어나간다. 이런 식으로 한 층의 모든 양면지에 대해서 계속해나가다가 맨 아래 층의 양면지에 도달하게 된다. 그러면 전체 층을 뒤집어서 이중 지면의 비어 있는 페이지에 글쓰기 과정을 역순의 지면순서대로 이어나가다가 원래 층의 첫 번째 양면지에 도달한다. 쿼터니언 1벌이 뜻했던 바는—이는 오늘날에도 마찬가지인데—첫번째 양면지의 전면(recto)에 1쪽(오른쪽) 그리고 16(왼쪽)쪽이 있고, 그 뒷면(verso)에 2쪽(왼쪽) 그리고 15(오른쪽), 두 번째 양면지의 recto에 3쪽(오른쪽) 그리고 14(왼쪽), verso는 4쪽(왼쪽)과 13쪽(오른쪽), 세 번째 양면지 recto 오른쪽은 5쪽, 왼쪽은 12쪽, verso 왼쪽은 6쪽, 오른쪽은 11쪽, 그리고 네 번째 양면지에는 마지막으로 recto 오른쪽은 7쪽, 왼쪽은 10쪽, verso 왼쪽은 8쪽 그리고 오른쪽은 9쪽이 온다. 텍스트를 덧붙이려면, 앞에서 설명한 쓰기 과정이 양피지 종이 두번째 층에서 반복된다. 그리고 이런 식으로 모든 층에 대해서 텍스트를 완전히 다 베낄 때까지 계속된다. 이렇게 아주 간단하지 않은 진행에 직면해 텍스트의 올바른 배열에 대한 전망을 잃지 않기 위해서 코덱스 역사의 아주 초기부터 지면 위에 페이지 번호를 매기거나 층을 순서대로 셌던 것은 이해할 만한 일이었다.[55]

코덱스 텍스트는 예전 파피루스 두루마리 텍스트처럼 전문적인 필경사가 작성했는데, 그들은 텍스트를 주어인 글씨체로 작성했지만—라틴어 텍스트에서 그것은 오랫동안 이른바 카피탈리스*였다—그래도 글씨체에 개인의 특징이 들어가는 것은 피할 수가 없었다. 일찍이 파피루스 두루마리와 마찬가지로 코덱스의 생산에 1명 이상의 필경사가 참여하는 경우가 많았기 때문에 모든 코덱스는 테크닉적인 의미에서 한 명의 필경사의 필적 혹은 여러 명 참여 필경사의 필적이 드러나는 손글씨 원고이다. 이들은 여러 층의 코덱스를 분할한 덕택에 이따금씩은 동시에 텍스트의 다양한 부분에서 글을 썼던 것이다.[56]

이제 우리는 현대의 온갖 종류의 도구와의 교류를 통해서 기술적으로 생산 과정이 복잡하다고 해서 반드시 사용이 복잡한 제품으로 이어지는 것은 아니라는 사실을 알고 있다. 코덱스가 바로 그랬고 오늘날까지의 책이 바로 그러한데, 이는 일찍이 마르티알리스가 새로운 매체의 편리성을 깨닫고 보다 작고 보다 집약적인 포맷으로 만들면 파피루스 두루마리보다 더 많은 텍스트를 보관할 수 있을 것이라고 말했을 때 그는 이미 이를 인식하고 있었던 것이다. 그의 주장은 쉽게 검토해볼 수 있다. 코덱스에 사용되는 양피지는 양면으로 글을 쓸 수 있기 때문에 코덱스 1개에 있는 텍스트 1개를 쓰는 데 통계적인 평균으로 파피루

---

* Capitalis, 대문자체

스 두루마리에 같은 텍스트를 쓸 때 필요로 하는 것보다 글쓰기 재료의 필요량은 절반 이하로 떨어진다.[57]

물론 재료 절감이 비용 절감과 직결되는지는 완전히 다른 문제다. 이따금씩 그랬듯이 고대와 중세에 책 생산의 중요한 비용요소는 전문 필경사에게 지출되는 비용이었다는 사실에서 출발한다면 파피루스 두루마리에서 양피지 코덱스로 넘어가는 과정에서 필경사와 결부된 비용은 거의 변함이 없었을 것이다. 하나의 같은 텍스트에 드는 순수한 필사 비용은 파피루스든 양피지든 차이가 없었기 때문이다. 코덱스의 도입과 연결 지을 수 있는 진짜 절감은 따라서 글쓰기 재료의 절약에서 생겨났을 것이고 그럼으로써 코덱스는 총 합쳐서 파피루스 두루마리보다 대략 4분의 1정도 더 저렴해졌을 것이라는 계산이 나온다. 이는 글쓰기 재료로서 양피지가 파피루스보다 더 쌌다는 것을 전제로 한다. 양피지는 어디서든 구할 수 있었다. 양, 염소 그리고 소에 있었지만, 파피루스는 이집트에서만 재배되었고 그 때문에 귀하고 따라서 값비싼 재화였다. 하지만 파피루스가 물론 귀한 재화였지만 저 혼자서 잘 자랐고, 반면 동물들은 그 가죽에서 원하는 품질의 양피지를 얻으려면 계획적으로 사육해야만 했다. 후기 고대와 중세 초기 가축을 키우는 게 돈이 드는 일이라고 생각하지 않았다고 하더라도―가축은 양피지 생산만이 아니라 또한 그리고 무엇보다도 식량생산을 위한 것이었기 때문에, 혹은 납세 의무가 있는 농부들이 가축을 십일조로 바쳤기 때문이었다―, 그럼에도 불구하고 코덱스를 가질 능력이 되는 것은 가축들에 대한 점유권을 갖고 있고 그 사용을 조직할 수 있고 해도 되는 개인이나 기관이었다는 사실을 분명히 해야만 할 것이다. 보통의 경우 이것이 의미하는 것은, 300쪽에 포맷 17×23cm짜리 보통 코덱스를 위해서는 75장의 양면 양피지가 필요한데, 송아지 1마리로는 20×26cm 포맷으로 양면지 2장 이상을 만들 수 없으므로 75장의 양면지를 위해서는 38마리의 송아리를 도살해야만 한다는 것을 생각해보면

......
구약성서를 저술하고 있는 예언자. 코덱스 아미아티누스, 800년 초, 웨어마우스-재로우에서 생산된 화려한 코덱스. 포맷 50, 50×34cm. 비블리오테카 메디체아 로아렌치아나, 피렌체.

알 수 있다. 호화 코덱스의 경우 필요한 가축의 수는 당연히 더 늘어났다. 그래서—시간을 넓게 잡아서 보면—8세기 초반 영국의 쌍둥이 수도원 웨어마우스-재로우(Wearmouth-Jarrow)에서 생산된 1030쪽 내지는 515 양면짜리의 그 유명한 〈코덱스 아미아티누스(Codex Amiatinus)〉는 세로 50.5cm, 가로 34cm의 그 커다란 포맷 때문에 515마리의 송아지가 목숨을 바쳐야만 했다. 따라서 우리는 양피지가 생산하기 어렵고 값비싼 재화로서, 파피루스에 비해서 어디서든 생산될 수 있다는 장점을 가지고 있으며, 재료로서 지속성이 있고 파피루스 두루마리에 비해서 보다 압축된 텍스트매체였다는 사실을 확인할 수 있다.[58]

사용하기에는 실용-압축적이지만 생산하기는 어렵고, 원재료는 쉽게 얻을 수 있지만 가격은 비싼 이같은 코덱스의 상황을 생각하면 할수록 그만큼 더 왜 파피루스 두루마리에 대해 코덱스가 성공을 거둘 수 있었는지 그 이유가 단순히 실용적·재료적 차원의 검토에 그칠 수는 없을 거라는 생각에 도달하게 될 것이다. 그리고 코덱스가 성공을 거둔 것은 사실 본질적으로 사회적·문화적 이유 때문이었는데, 처음부터 코덱스를 매체로 선호하던 기독교가 교양 전통의 변형을 추구했기 때문이었다. 여기에는 최초의 기독교도 중 몇몇이 예수의 금언과 우화를 쓰기판에 기록했던 것이 한 역할을 한 것으로 보이는데, 코덱스의 선구자였던 이 쓰기판을 기독교 역시 지중해권의 다른 문화처럼 친근하게 느꼈을 뿐만 아니라, 이 친근한 매체에 새로운 내용이 담김으로써 신성하게 여기면서 코덱스로 한차원 더 발전시키는 데 흥미를 가지게 됐던 것이다. 최초의 기독교 그룹에게 그들은 유대종파와 다르다는 사실이 명확해진 순간—그리고 서기 40년대 초에 이미 시리아 안티오크(Antiochia)에서 기독교를 믿는 유태인들을 처음으로 "기독교도"라고 명명했을 때(사도행전 11장26절)가 바로 그랬다—그들은 유대교와의 이런 간격을 매체적으로도 표현하고자 했고 유대교에서 신성한 텍스트를 위해 사용했던 파피루스 양피지의 대체물을 찾았던 것으로 보인다. 이런 상황에서 손을 뺄 수 있는 것이 코덱스였다. 코덱스는 파피루스 두루마리에 대해 입증된 대안이었고, 밖에서 닫을 수 있는 형태였기 때문에 예수의 말과 행동 그리고 사도의 편지들을 지속적으로 보관할 뿐만 아니라 또한 하나의 텍스트 뭉치로 편찬하려는 요구, 즉 매체적으로 이질적인 재료로 통일시켜야 할 요구를 충족시켰고, 바로 이를 통해서 유대교와의 간격을 표시해야 할 요구도 충족시켰다.

기독교 안에서 코덱스로의 교체가 얼마나 빠르게 수행되었는지는, 서기 400년 이전 날짜가 분명히 적혀 있고 기독교적 맥락에 편입시킬 수 있는 성서원고 및 단편 172가지 가운데 14가지의 텍스트와 단편만이 파피루스 두루마리로 전해지고 있고 다른 나머지는 전부 파피루스 코덱스로 전해진다는 것을 보아도 알 수 있다. 이밖에도 이런 172가지의 원고 및 단편 가운데 11가지는 2세기에 생겨났을 가능성이 크고 따라서 기독교 텍스트 증거 가운데 가장 오래된 부분임을 생각해본다면, 이는 기독교가 텍스트-미디어 역사적으로 우리에게 노출된 순간 바로 코덱스의 종교로 등장했다는 뜻이다. 파피루스 코덱스로서 기독교가 처음 사용했던 쓰기재료는 비기독교-유대권에서 고급 문학이나 성스러운 텍스트에 사용했던 것이었지만, 파피루스와 코덱스를 기술적으로 결합시킴으로써 이교도적 유대적 맥락에서 벗어난 새로운 매체가 생겨나게 되었다. 여기서부터 이제 파피루스 코덱스가 양피지 코덱스로 이전하면서 기독교가 그 비기독교적 주변과의 거리를 철저히 강조하는 한 발을 비로소 내딛게 되었던 것이다.[59]

양피지 코덱스가 기독교의 전유물로 머물러 있지 않았던 것은 당시 상황에서 위계질서 교회로 변형된 기독교는 점차 쇠퇴해가는 로마제국 안에서 점점 더 강해지는 안정적 요소이자 일치의 끈으로 비쳐졌고 그 비중이 점점 더 커지면서 문화적 정치적 공간 속으로까지 편입됐기 때문이었다. 좁게 말하자면 빈민들의 급식제공은 교회의 업무가 되었고 민사재판은 주교가 판결을 내린다는 뜻이었다. 중간 차원에서 말하자면 주민과 땅을 잃어버린 도시들의 용모가 기독교적으로 개조되기 시작하고 병원, 교회, 순례자 숙소와 수도원이 어렴풋이 모습을 드러냈다는 뜻이다. 그리고 넓게 말하자면 그것은 기관으로서의 교회—콘스탄티누스 황제(Konstantinus, 306~337년 재위)의 기독교 포고령과 테오도시우스 황제(Theodosius I, 379~394년 재위)의 391년 이교도 숭배 금지령으로 시작됐다—가 점차 제국의 교회가 되어서, 정치를 대신해 종교적 분쟁을 점점 더 강하게 사법적 정치적 관점에서 고찰하고, 이런 분쟁을 정치적 지원을 받는 그들 교리의 독단화를 통해서 종식시키려고 애썼다는 뜻이다.[60]

이런 발전은 고대와의 단절을 의미하는 것이 아니라 기독교적으로 변화된 부호를 가지고 이어나간다는 뜻이었다. 국가와 문화를 이끌어가는 엘리트 구성원들이, 우리에게 남겨진 자료를 보면 분명히 기독교도임에 틀림없는 경우에도, 계속해서 고전적인 즉 이교도적인 텍스트를 읽고 그들의 자녀를 고전적-이교도적 문학 규준이 여전히 통용되는 학교로 보냈다는 사실에서 이를 알아볼 수 있다. 엘리트의 태도는 쉽게 설명될 수 있다. 후기 고대에서도 국가 행정에서 경력을 쌓고 사회적으로 출세를 하려면—어쨌든 제국의 서쪽 편의 경우에는—학교에서 고전 텍스트에 근거하여 배운 수사학적 도구를 능수능란하게 다뤄야만 했다. 그리고 물론 점차로 기독교화 되어가는 엘리트들에게도 고전적 교양의 "소유"는 그들을 비엘리트와 차별화시켜줄 문화적 규범이 되어주었던 것이다. 그럼에도 불구하고 서기 400년경 이런 교양의 소유는 100년 혹은 200년과는 다른 형태를 취했다. 그것은 아마도 기독교를 통해서 고전적 교양 규준이 변형되고, 전승된 것을 그 규준에 맞추려고 하다가 경직과 도식화로 이어진 양도의 형태였다고 말할 수도 있을 것이다. 한때는 살아 있는 시학이었던 것이 이제는 규준으로서 전달되는 공예가 되었다. 한때는 살아있는 철학이었던 것, 자연철학 그리고 따라서 우리가 오늘날에는 "경험"이라고 부르는 것을 포괄했던 철학이 이제는 상당히 체계적으로 정리되고 고정된 지식의 포트폴리오가 되어서 규준적·기독교적인 설명에 얼마나 유용한지에 따라서 점점 더 그 중요성이 평가되게 되었다. 반면 계속 살아남은 것은 실용적 관점에서 유용하거나 직접 사용할 수 있는 것, 다시 말해 의학, 문학, 행정 관련 텍스트(예컨대 측량) 그리고 법률적인 것이었다.[61]

이런 발달과 변형 과정은 대략의 비교를 통해서 간단히 드러낼 수 있다. 어쨌든 우리에게 있는 가장 초기의 기독교 텍스트 증거는 파피루스 P52이다. 여기서

요한복음서 구절을 담은 파피루스 P52, 125년경(대략 9×6cm)

문제가 되는 것은 이집트에서 만들어진 파피루스 코덱스 단편인데 그 앞면과 뒷면에 요한복음서의 구절이 들어 있고 125년 혹은 그 이전의 연대가 적혀 있다. 이 텍스트는 우리가 초기 기독교 텍스트에서 기대하는 바 그대로이다. 특별히 숙련된 필경사가 쓴 것이 아님에도 기능적이고 잘 읽을 수 있고, 아마도 공공 낭독을 위한 것이고 특별히 미학적 요구가 있는 것은 아니었다. 반면 대략 400년경에 만들어진 〈베르길리우스 바티카누스(Vergilius Vaticanus)〉는 양피지 코덱스인데 베르길리우스의 아이네이스 텍스트를 화려한 일러스트로 꾸며 고대 일러스트 서적의 전통을 계속했을 뿐만 아니라, 또한 그보다 연대가 조금 뒤인 바로 〈베르길리우스 로마누스(Vergilius Romanus)〉와 달리, 이 화려한 일러스트를 우리가 갖고 있는 베르길리우스 아이네이스 텍스트 가운데 가장 형편없는 텍스트와 결합시킨 것이다. 여기서 우리가 추론해볼 수 있는 것은 첫째 엘리트들로부터도 인정받은 매체가 된 양피지 코덱스가 파피루스 두루마리에 대해 그 재료-매체적 장점을 한껏 발휘해 장식과 화려한 일러스트에 보다 적합하게 되었다는 것이다. 그럼으로써 양피지 코덱스는 엘리트의 위신욕구와 일치했고 바로 〈베르길리우스 바티카누스〉나 〈베르길리우스 로마누스〉와 같은 코덱스들이 보여주는 바와 같은 값비싼 사치장정이 가능해졌던 것이다. 다른 한편 이 같은 사치장정은 과시적 매체를 투입해 드러내는 교양의 소유란 "진실한 교양"과는 그저 피상적으로만 연결돼 있음을 입증해주었다. 그저 그렇게밖에 말할 수 없는 진실한 교양이란 이 경우 텍스트는 문제가 있으면서 호화스런 장정을 하는 것보다는 훌륭하고 가능한 손상되지 않은 텍스트를 더 선호하는 것이라고 정의할 수 있을 것이다.[62]

무엇보다도 이들 호화 코덱스는 책의 역사의 또 다른 진행 그리고 그와 더불어 진행되는 문화의 역사에서 판단해야 할 것이다. 왜냐하면 첫째 호화 코덱스는 그 재료적 가치와 미학적 아름다움 때문에 소장가치가 있는 물건으로 여겨지고 민족 대이동으로 불안해진 시대에 보호받았을 가능성이 크기 때문이다. 둘째 많은 이런 코덱스들은 이른바 "서브스크립션˚"을 가지고 있다. 즉 텍스트 출처를 분명히 표기한 사본인 것이다. 그럼으로써 필경사가 통제하고 그럼으로써 신뢰를 줄 수 있는 텍스트를 제공하고 신-레키-운니로까지 거슬러 올라가서 알렉산드리아의 그리스인들에 의해 학문으로까지 확장된 문헌학의 전통에 서 있으려고 하는 것 같았다. 오늘날 우리는 그것이 전혀 절대로 사실이 아니라는 것을 알고 있다. 서브스크립션에서 언급된 이름 뒤에는 코덱스를 생산케 했던 주문자들만의 이름이 숨겨져 있는 경우가 많았다. 그리고 이름까지 표기한 텍스트 비평 작업은 기껏해야 원전과 사본의 비교일 뿐이지, 최고의 텍스트임을 광범위하게 확인해주는 것은 아니었다. 그러는 동안 중세 초기 독자와 작가들에게는 상황이 달라졌다. 그들에게는 호화 코덱스에서 읽고 호화 코덱스로 복사한 후기 고대의 텍스트가 전통의 흐름의 규준적 텍스트였을 뿐만 아니라, 또한 이름을 밝혀 권위를 보증했던 텍스트는 그 권위가 무엇보다도 장정의 호사를 통해서 강조되는 텍스트였다.[63]

중세 초기 규준적 텍스트의 독서와 필사는 도시 혹은 부유한 귀족이 즐기는 도서관에서는 점점 더 드문 일이 되었고 수도원이나 주교 소유의 도서관에서 점점 더 빈번한 일이었다. 이 같은 문화적 변동의 이유는 지역적으로 멸망해가는 로마 제국의 서반쪽에는 게르만족 지배의 영토가 형성되었고, 갈리아에서는 툴루즈의 서고트족 왕국이 있어 메로빙거 왕조와 그 이후에는 카롤링거 왕조의 프랑스가 이어졌고, 스페인에서는 톨레도의 서고트 왕국이, 이탈리아에서는 랑고바르드 지배왕국이 세워졌기에 이렇게 붕괴해가는 제국에서는 통치-인프라 구조를 지탱하기가 점점 더 어려워졌기 때문이다.

˚ subskription. 고대 필사본의 끝부분에 저자와 내용을 확인해주는 부분

따라서 통치-인프라 구조에 의존하는 서부의 도시문화는 스페인, 갈리아, 그리고 이탈리아에서는 그저 섬처럼만 유지될 수 있었고, 반면 토지 소유를 갈망하는 게르만 병사들과 오래된 로마 지방귀족들과의 융합을 통해서 대토지 소유는 정치적 의미가 증대하게 되었다. 그리고 이제까지는 도시에 공급을 해주는 배후지 혹은 귀족들의 여름별장을 위한 목가적 공간 이상은 아니었던 농촌은 새로운 자질을 획득해 평원은 이제 농촌의 대토지 소유와 연결된 교화된 혹은 교화를 시키는 지역으로 눈에 들어오게 되었다.

여기서는 이제 수도원이 역할을 하게 되었는데 수도원은 400년에 동로마제국에서 금욕생활을 하는 남녀들이 연합해서 세운 것으로 기도, 노동, 연구 그리고 식사시간을 다 함께 깨어 있을 때와 잠잘 때의 균형을 맞춰 엄격하게 구조화하면서 기본적으로 노동에 참여하는 통합체를 형성했던 것이다. 이 새로운 형태의 종교적 공동체는 서로마에서도 빠르게 매력을 느끼게 됐고 누르시아의 베네딕트(Benedikt von Nursia)가 몬테카시노에 529년 수도원을 건립하면서 제도적으로 구체화되었다. 수도원이 매력적이었던 이유는 엘리트의 친척들에게 교회의 직위와 더불어, 공동체와 연관이 있고 넓은 의미에서 정치적이기도 한 활동을 이제는 새로운 토대 위에서 기독교적 능동의 삶(vita activa)을 계속할 수 있는 가능성을 제공해주었기 때문이다. 이런 활동은 고대 폴리스/시비타스(polis/civitas)의 테두리 안에서 관리했던 일들이었다. 그리고 그럼으로써 도시의 활동공간을 농촌에 위치한 수도원의 활동공간을 통해서 확장시킬 수 있는 가능성도 제공해주었다. 여기서 노동과 명상, 성스런 저술의 학습과 연구, 전도와 기도의 통합은 개별 수도원에 그 존재를 지켜주었을 뿐만 아니라 또한 많은 경우 빠르게 증가하는 제국의 원동력이기도 했는데 이로 인해 수도원은 경제적인 동시에 문화적인 요소가 되어갔다. 수도원에서는 세상과 떨어진 삶을 살았는데 궁극적으로는 세상과 인간을 개조하는 것이 목적이었고 그럼으로써 말 그

대로 교화 효과를 펼쳐나갈 수 있었다.⁶⁴

그 때문에 수도원은 갈리아 지방에서 자리를 잡은 메로빙거 왕조와 카롤링거 왕조에게는 당연히 관심이 있고 장려할 가치가 있는 조직이 되었고, 이교도들에 대한 포교 명령은 지방의 식민화와 결부되었다. 이 두 가지는 다시 문화적 전승의 보호와도 결부되었는데, 이런 일들은 새로운, 명백히 기독교를 이해하고 전도하기 위한 지배를 정당화시켜주었기 때문이다. 수도원에게 이는 정치적 확장운동을 추구한다는 뜻만이 아니라 상호간 그리고 종종 로마와도 활발한 교류를 하면서 수도사, 수녀와 서적들이 기독교적 메시지를 지방에 전달하고 기독교를 위해 중요한 텍스트를 보급하기 위해서 수도원에서 수도원으로 돌아다닌다는 것을 의미했다. 이 같은 교류는 게르만 통치지역과 그 너머 지역 사이의 문화전달을 촉진시켰고 이는 아주 독특한 방식으로 켈트족의 아일랜드에도 통용되었는데 500년대 초 로마화된 영국 가문 출신의 패트릭(Patrick, 460년경 사망) — 그는 아마도 남프랑스 레렝스 수도원에서 동양적 금욕 수도회에 대해서 알게 되었을 것이다 — 이 선교했고 도시 문화의 결여로 처음에는 농촌 수도원의 건립과 결합돼 있었다.⁶⁵

더욱 더 주목할 만한 것은 아일랜드 수녀와 수도사들에게 라틴어로 쓰인 성서는 외국어 텍스트였기에 혼자 힘으로는 이해할 수 없었고 완전히 자기 비용으로 이를 습득해야만 했다는 사실이다. 이런 비용에는 라틴어 학습과 더불어 자유학예(artes liberales)*의 교육도 포함돼 있었다. 자유학예란 고대에서 전승된 규준에서 나온 것으로 직접적 실용성을 지향하는 학문영역이 아니라, 문법, 수사학 그리고 변증법(논리학)과 더불어 산수, 기하학, 음악과 천문학을 포괄하

---

* 중세 신학 교육의 입문 교양과목. 본래는 자유 시민의 소양에 필요한 지식 획득의 과목이란 뜻으로 "자유"자가 붙은 것이다. 문법, 논리학, 수사학 3과목(Trivium)과 산수, 음악, 기하학, 천문학 4과목(Quadrivium)해서 모두 7과목이다

고 있는 과목이다.

이같은 학습과정에서 텍스트는 주로 라틴어―그리고 이따금씩은 그리스어―로 된 것이었고, 그래서 아일랜드인들은 그들에게는 외국어인 이들 텍스트를 보다 쉽게 읽고 이해하기 위해서, 전승된 것은 연속기록(scriptio continua)*이었지만 단어를 분할해 구두점을 통해서 문장의 문법적 구조를 밝히고 마지막으로 이니셜을 통해서 문장을 의미단위로 정렬하게 되었다.

이 같은 기술적 측면은 물론 본질적인 차원으로 확장돼야만 하는데, 성서의 연구와 모사 그리고 자유학예의 도야는 그 자체가 목적이 아니라 상당히 금욕적이었던 아일랜드 수도원―남프랑스적 동양적 영향의 유산―에서는 금욕의 필수적인 요소로 여겨졌다. 금욕은 그러나 신체와 정신의 지속적인 훈련으로서 훗날 "내면성"이라 불렀던 것을 목표로 했다. 이는 일종의 주체의 내면공간으로서, 그 안에서는 단순히 자기 자신 뿐만 아니라 창조자로서 그리고 그럼으로써 또한 인간의 참된 진리로서 신을 발견하는 것이다. 하지만 단어 띄어쓰기, 구두점 그리고 이니셜은 기본적으로 주체의 내적 공간 개방의 테크닉으로 고안된 것으로 그 주체는 새롭게 구분된 텍스트 형태 덕분에 규준적이고 신성한 텍스트를 이제는 나지막하게 그리고 스스로에게 집중하면서 읽을 수 있다는 것을 의미했다.[66]

우리는 그런 종류의 읽기를 당연하다고 생각하지만 그렇지 않다. 단어 띄어쓰기, 구두점 그리고 이니셜이 고안될 때까지 텍스트는 끝없이 흘러가는 철자들이었고 이를 제대로 이해하려면 큰 소리로 읽거나 아니면 차라리 낭독에 귀를 기울이는 것이 도움이 되었다. 고대를 통틀어 이는 결함으로 여겨지지 않았는데 글쓰기와 읽기는 공공장소를 겨냥하고 있었고, (정치적) 행동을 의도하는

---

* 단어의 띄어쓰기도 일체의 문장부호도 없는 고대 라틴어 텍스트 기록방식

공공 연설이 글쓰기와 읽기보다 더 높은 지위를 차지하면서 기본적으로 연설의 전단계일 뿐으로 여겨졌기 때문이다. 고대 도시문화가 부식되고, 그 자리에 수도원-농촌 문화공간이 들어서야 비로소 정치를 겨냥하는 공공 연설이 부식되고, 그 자리에 주체의 내면 공간을 열어주는 묵독(默讀)이 들어서서야 비로소, 읽기와 쓰기는 오늘날 우리가 당연하다고 여기는 것이 되었다. 텍스트 습득의 사적이고 은밀한 과정이 바로 그것이며 이를 위해서는 집중과 성찰의 태도가 요구되었다.[67]

아일랜드 인들이 시작한 텍스트와 코덱스의 근본적인 변형을 좀더 가까이 살펴볼 때가 되었다. 그러기 위해서 우선 초기 기독교 서적, 1844년 시나이의 카타리나수도원에서 발견된 〈코덱스 시나이티쿠스(Codex Sinaiticus)〉를 살펴보면, 이 책은 연대가 4세기 중반으로 원래 있었던 1460 페이지에는 신약성서 전편과 더불어 구약성서 절반이 포함돼 있었다. 그 중 오늘날 구약성서는 단편으로만 있고 신양성서는 좀 더 약간 균열된 상태로 보존돼 있어서 시나이티쿠스는 대체로 가장 오래된 (거의) 완벽한 신약성서 필사본이며 그 가장 중요한 텍스트 증거물이다. 그리스어로 된 코덱스는 언셜체* 문자가 사용됐는데 이는 상대적으로 크게 두드러진 대문자로, 큰 포맷 지면 위에 연속기록으로 주로 4단에 걸쳐 적혀 있었다. 텍스트를 구술 받아 적은 것으로 보이는 원고는 세심하게 대조되었는데, 즉 철자의 오류를 검토하고 교정 받았다. 후세의 독자들은 교정과 주석을 더 첨가해서 12세기에 이르면 텍스트는 풍부한 독서와 개정의 흔적을 보여준다. 다른 말로 하면, 오늘날 우리에게 가장 중요한 신약성서 텍스트 유물 하나는 원래는 워크북이었을 텐데 그 책은 시각적 화려함의 과시에는 거의 가치를 두지 않고 텍스트를 부각시키는 책이었다는 것이다. 이 모든 것은 여전

---

* uncial, 4~8세기의 둥근 대문자 필사체

〈코덱스 시나이티쿠스〉, 4세기 중반. 원래 용량 1460페이지, 포맷 38×34.5cm. 이 코덱스는 언셜체로 쓰여진 그리스어 성서를 제공한다. 요한복음서 결말이 모사돼 있다.

〈켈즈의 서〉, fol. 34r, 키로 모노그램.

〈켈즈의 서〉, fol. 33r. 8개로 나뉜 십자가가 있는 양탄자 페이지.

히 고대의 텍스트 숭배와 연관된 일이었고, 신생 기독교 역시 이를 당연하게 받아들였다.[68]

약 4세기 후 아일랜드 수도사들이 거주하던 스코틀랜드 섬 아이오나(Iona)에서 생산된 듯하며 마찬가지로 큰 포맷인 〈켈즈의 서(Book of Kells)〉는 이와 반대로 세로단 단 하나에 섬사람들의 대문자(Majuskel)로 씌어진 라틴어 복음서 텍스트를 단어 띄어쓰기, 구두점 그리고 이니셜을 통해서 구조화시켰을 뿐 아니라, 또한 텍스트 구성을 장식요소로 — 철자 장식, 행 안 혹은 행 사이에 작은 일러스트 — 변형시켰는데 이들 장식요소는 그림 지면 위에서는 텍스트를 일러스트로 보충해주고 종종 또한 텍스트를 능가하는 기능을 지니고 있었다. 그래서 예수의 체포 장면은 마태오 복음에서 그 내용이 나오는 부분(마태복음 26장 30절)에 배치하고, 4대 복음서 저자의 초상화는 마찬가지로 그림으로 그 때 그 때 복음서의 서곡을 연주한다. 반면 키로(Chi-Rho)모노그램* 으로 — 그리스어로 XP는 "그리스도"를 뜻한다 — 유명한 페이지에는 예수 가문의 역사를 마태복음의 첫 세 단어로 시작하지만 이런 가문의 역사를 그림으로 그리지 않고 조형적 요소를 지닌 장식에 담고 있다. 그리고 십자가 모티브를 장식하는 이른바 "양탄자 페이지"는 주변 텍스트와 너무나도 동떨어져 있어서, 오늘날 코덱스에서 발견되는 그 자리가 원래에도 그 자리였는지 의심을 들게 한다. 이 모든 것을 이해하기 위해서는 일러스트와 장식으로 꾸민 지면들이 단순히 중요한 내용을 표시하기 위한 것이 아니라 텍스트를 초월해서 그 상징적 내용을 묘사하고자 한다는 것, 장식에 몰두하면서 동시에 신앙에도 몰두하게 된다는 사실을 알아야만 한다.[69]

의심의 여지없이 〈켈즈의 서〉도 포맷과 형태에 있어서 고대 호화 코덱스의

---

* Chi-Rho, Christ를 뜻하는 그리스어 ΧΡΙΣΤΟΣ의 최초의 두 글자로 짜 맞춘 글자, 즉 XP. 교회의 장식 따위에 쓰임

요소들을 채택했다. 섬사람들의 대문자는 고대 언설체의 전통에 서 있고, 저자의 초상화는 복음사가들의 초상화로 회귀했고, 일러스트레이션은 전해진 역사를 삽화로 그리고 있다. 그리고 호사스런 장식을 형편없는 텍스트와 결합시킨 것은 고대 호화 코덱스의 전통에 서 있는 것이다. 하지만 미시적 차원에서는 단어 띄어쓰기와 구두점으로 그리고 거시적 차원에서는 코덱스의 상징적 장식으로 고요한 읽기와 명상에의 몰두를 목표로 함으로써 이런 전통이 동시에 극복된다. 이런 명상에의 몰두는 독서자 내면의 공간에서 일어나는데, 독서 중에 신을 향해 자신을 열게 된다.

   이는 수도원 기록실에서 일어나는 일인데, 그러나 텍스트를 불러주는 대로 베껴 쓰는 것이 아니라, 신의 영광을 글로 쓰는 것으로, 9세기 연대가 적힌 세인트갈렌(St. Gallen) 사람의 〈프리스키아누스(Priscianus) 코덱스〉에서 한 저자가 밝혔던 것과 같았다. "사방 숲속 한 가운데 나는 앉아 있다/그리고 글을 쓴다. 지빠귀 한 마리가 지저귄다./정성스레 손질한 내 구절 위로,/새들은 정신없는 환호성을 쏟아 붓는다/뻐꾸기는 소리치면서 이 가지 저 가지 옮겨 다닌다/내게로 가까이 그 회색 날개로./주여, 저를 한결같이 고요하게 만드소서! 저로 하여금 이루게 하소서/당신의 밝은 말을 어두운 침묵의 지면에!" 그리고 마지막으로 명상에의 몰두는 공동체의 행동으로서 교회의 내부 공간에서 일어나며, 그 안에서 코덱스가 전시되거나 예배를 위해서 이용되었다. 다른 말로 하면 쓰고 읽고 그와 연결된 명상 속에서—꼭 예배를 드리는 것처럼—그리스도와 그리스도를 통해서 신은 인간과 창조물의 깊은 곳에서 드러나고 묘사된다는 뜻이다. 이렇게 깊은 내면으로 이끌어주는 매체는 코덱스 형태로서의 책이다.[70]

   이 같은 명상의 힘은 아일랜드의 수녀와 수도사들이 6세기부터는 그리스도의 뜻을 따라 선교여행을 떠났을 때 드러났는데, 선교여행은 그들을 여러 방면으로 그리고 부분적으로는 스코틀랜드 넘어 대륙으로까지 인도했다. 그곳에서 그들은 메로빙거 왕조의 지원을 받으며 숱하게 수도원을 건립했고—뤽세이(Luxeuil, 590년), 세인트갈렌(St. Gallen, 613년), 보비오(Bobbio, 614년), 코르비(Corbie, 657년) 등등—선교업무를 위해서 책을 가져갔고 수도원의 기록실에 아일랜드 책 문화를 유입시켰기 때문에 단어 띄어쓰기와 구두점과 결부된 나지막이 읽기는 점차로 대륙으로도 확장될 수 있었다. 유럽 외곽으로부터의 이 같은 문화전파를 보충해준 것은 원래는 아일랜드에서 영향을 받았다가 8세기 대륙으로 몰려간 앵글로색슨족 선교사들이었다.

    그들의 수도원은 카롤링거 왕조의 후원을 받으면서 군사적으로 위협을 받았던 제국의 북부와 동부에 의도적으로 설립되었고(에히터나흐〔Echternach〕 7세기, 라이헤나우〔Reichenau〕 724년, 베네딕트보이에른〔Benediktbeuern〕 725년, 풀다〔Fulda〕 744년, 테게른제〔Tegernsee〕 746년 등등), 주교 관할 구조로 연결시켰는데, 이를 통해서 성직자의 상위계층을 형성했던 프랑스 귀족들은 제국의 통치뿐만 아니라 선교를 위해서도 중요한 수도원의 업무에 영향을 미칠 수 있었다. 아일랜드와 앵글로색슨의 문화적 이전 조류 이외에도 세 번째로 이탈리아와 스페인에서 온 조류가 존재했다. 이탈리아의 조류는 후기고대 이후 계속적이지만 그 흐름이 간헐적이었던 반면, 스페인의 문화 이전은 711년에 이슬람의 침략과 더불어 시작됐고 피난민들과 함께 책도 메로빙거와 카롤링거 왕조의 프랑스와 라인강 오른편의 게르만 영토에 이르기까지 유입됐는데, 그 중 세비야 이시도르 주교(Isidor, 560~636년경)의 〈어원사전(Etymologiae)〉은 고대에서 전승된 지식을 요약 형태로 통합시켜놓은 것이다.[71]

    이 같은 세 갈래의 문화 이전 조류는 칼 대제(Karl, 747~814년) 제국에서 통일되는데 그는 고대의 교양을 다시 연결해 이를 단호한 기독교적 맥락에 접목시키려는 대규모 시도를 감행했던 인물이었다. 그 동기가 됐던 것은 기독교적임을 자처하는 사회가 정말로 기독교적이 되고자 한다면 기독교적인 가치대로 살아야만 하는데 궁극적으로는 신과 세속적 지배가 그리고 그럼으로써 교회와 국가가 하나가 되어야만 한다는 생각이었다. 교양은 사회의 변형을 위해 필요한 효소였다. 왜냐하면 목표의식적으로 규준적 기독교 텍스트—성서, 교부 그리고 제례서—를 재수용하도록 해주었을 뿐 아니라, 또한 수도원의 건설과 제국의 통치를 위해 필요한 고대의 교양까지도 재수용할 수 있게 해주었기 때문이었다. 이는 실질적인 차원에서 첫째, 성직자계급이 해당 라틴어 텍스트를 어쨌든 읽고 이해하기 위해서는 적절한 학습강의를 통해서 그들의 교양수준을 개선해야만 했다는 뜻이다. 둘째, 후기 고대 이해 텍스트를 모사하면서 흘러들어온 오류를 수정해야만 한다는 뜻이었고 그 때문에 가능한 진짜 전승 텍스트를 찾아서 필요한 교정의 굳건한 출발점으로 삼으려고 했다. 그래서 칼 대제는 787년 몬테카시노의 수도사들을 방문해서 그 친필을 수도원이 소유하고 있는 성 베네딕트 규율의 사본을 제공해달라고 부탁했다. 그리고 셋째, 이는 모든 수도원의 하우스스타일과 수도원 종파의 자체 스타일에 담겨 있는 지역 및 지방의 글자 전통이 통일적인 문자체로 대체되어 제국 전역에서 통용되었고 쉽고 읽을 수 있어야만 한다는 뜻이었다. 바로 그런 역할을 한 것이 코르비 수도원에서 개발된 것으로 보이는 〈카롤링거 소문자체〉인데, 780년부터 원고의 메인텍스트에 사용됐고 반면 언셜체와 다른 대문자체는 표제를 표시할 때 혹은 머리말과 주석에만 투입되었다.[72]

"카롤링거 르네상스" 개념은 이 같은 텍스트와 사회적 교정의 맞물림을 뜻하는 것으로 이는—앵글로색슨 수도사 알퀸(Alkuin, 735~804년)과 같은 조언자의 참여로—칼 대제의 아헨(Aachen) 궁정과 궁정도서관에서부터 조직이 되었고 수도원을 통해서 그리고 궁정에서 제국으로 파견된 학식 있는 수도사들을 통해서 전 지역으로까지 영향을 미칠 수 있었다. 이것이 얼마나 성공적이었는지는 그리스도의 탄생에서부터 800년까지 긴 시간 동안 (당시) 로마제국의 서쪽 절반 부분에서는 겨우 1,800여 편의 원고와 원고 단편이 전해진 반면, 800년에서 900년까지 100년 동안 대략 7,000여 편의 원고가 있는 것에서 추론해볼 수 있다. 카롤링거 시대에 이처럼 문학 모사 및 교정 활동이 증가한 뒤에는 고대 전승의 텍스트 토대를 확실히 하고자 함으로써 결국 고대에서 벗어나게 해준 문화적 이행과정이 숨겨져 있었던 것이다. 한편 교정판 제작을 위해 필요한 최대로 가능한 진짜 텍스트를 대제에게 보내기 위한 탐색은 오늘날 우리가 볼 수 있는 고대 이교도 저자들의 텍스트가 담긴 모든 원고가 기본적으로 카롤링거 시대의 것이 되게 하는 결과를 낳았다. 그러나 다른 한편 텍스트와 사회교정이 결합되면서 당시 고안된 텍스트 레이아웃 형태—단어 띄어쓰기와 구두점이 있는 텍스트, 이니셜을 통한 단락구분, 장식 문자와 텍스트 문자의 분리, 낭독할 때 방향설정을 쉽게 하기 위한 러닝타이틀—는 카롤링거 르네상스의 그 문화적 각인력 때문에 중세에만 텍스트레이아웃의 모범적 형태가 된 것이 아니라 오늘날까지 텍스트의 시각적 인지를 형성하는 결과를 가져왔다. 다른 말로 하면 우리가 아름답고 읽기 편한 현대의 책을 펼치면 언제나 후기 고대에 발견되는 것과 같은 코덱스를 여전히 펼친다는 뜻이다. 하지만 그 아름다움과 가독성은 본질적으로 카롤링거 르네상스의 텍스트 혁신에 힘입은 바 크다는 뜻이다.[73]

칼 대제 사후 그의 후계자들은 몇십 년 안에 정치적 중요성을 잃고 사라졌고 그의 제국은 지방통치자의 손에 떨어졌는데, 동프랑크 왕국의 오토 황제들은 칼 대제의 기독교 통치의 개념을 받아들였고 기독교적 규율의 관철을 위해, 따라서 교회의 보호를 위한 노력을 기울였다. 카롤링거가 그랬던 것처럼 그들은 왕의 세속적 권력에 종교적인 기능을 의식적으로 부여했는데 작센 대공 오토(912~973)는 동프랑크 제국의 왕이 되는 대관식 절차를 통해서 이를 공식적으로 문서화하였다. 936년 8월 오랜 기간 칼 대제의 권력의 중심지였던 아헨에서 거행된 대관식은 대관식 장소의 선택을 통해서 카롤링거 왕조의 전통을 계승했을 뿐만 아니라 또한 세속적 지배요구에 더해 종교적인 지배요구까지도 정당화시키는 왕의 성유식에서 그 절정을 이루었다.[74]

오토 시대에 만들어진 코덱스에서는 이 같은 지배의 신성화를 영구화시키려는 표현으로 필사본 세밀삽화나 책 장식뿐만 아니라 제본에도 영향을 미친다. 왕좌에 앉아 있는 그리스도의 묘사ㅡ"마예스타스 도미니(Majestas Domini)*"ㅡ를 카롤링거 시대의 고데스칼크 복음서와 969년 경 라이헤나우에서 완성된 게로 코덱스에서 왕좌에 앉은 그리스도와 비교해보면 이를 즉시 알 수 있다. 고데스칼크 복음서에서 그리스도는 천상의 예루살렘 성벽 앞에 원근법으로 표현된 왕좌 위에, 땅에서 자라난 식물들 옆에 앉아 있는데 풍경을 보여주기 위해서 도시 성벽 지붕 뒤에 4그루의 나무가 계속 이어진다. 게로 코덱스의 그리스도가 자리 잡은 왕좌는 공간적 깊이가 없이 묘사가 돼 있고 또한 더 이상 풍경 속에 서 있는 것이 아니라 군청색 원 안에 원형 장식에 둘러싸여 있는데 그 안에는 4대 복음서 기자의 상징ㅡ독수리(요한), 사자(마르코), 사람(마태오), 황소(루카)ㅡ이 방사상으로 삽입돼 있다. 원 뒤에 놓여 있는 듯한 직사각형 테두리는 식물이 보이기는 하지만 꽃 장식으로서 묘사돼 있고 그 기능은 그림의 테두리를 표시하는 데 있는 듯하다. 다른 말로 하면 3차원의 깊이로 사실적이고 부분적으로는 환상적인 고대의 삽화에 연결돼 있는 카롤링거의 필사본 세밀삽화는 오토 시대에는 2차원의 평면적 묘사로 물러나는데 이는 종교적 상징적 내용 묘사를 부각시키기 위한 것이다. 이는 이니셜의 구성에서 여전히 아일랜드의 책 문화와 연결되는데, 상징과 장식은 텍스트를 낭독하기 전 신앙의 명상을 가능케 하기 위한 수단으로 제공하려는 것이다. 이런 맥락에서 신적인 것을 세상과 그

---

* 미술에서 세계의 지배자로서 왕좌를 차지한 그리스도의 영광을 기념비적으로 표현한 그림. 그 모습은 오른손을 들어서 축복하고, 왼손은 성서를 안고 있으며, 그 주위를 4복음서 기자의 상징인 데트라모르프(마태오는 천사, 마르코는 사자, 루가는 황소, 요한은 독수리)가 둘러싸고 있다

시대와 3차원 공간에서 끌어내 말하자면 평면 속에 불멸로 남기려는 것은 당연한 일이다. 하지만 신의 위대함에 걸맞기 위해서는 양피지 표면을 가능하면 가장 크고 화려하게 구성하도록 애써야만 했다. 그리고 커다란 포맷으로 삽화에는 금을, 제본에는 금·상아와 보석을 아낌없이 사용하면서 신의 절대적 의미를 묘사하려고 했던 데에서 코덱스의 영구화가 존재했던 것이다. 절대적 존재의 자리에는 물론 오토의 왕들 — 962년 이후 그들은 칼 대제의 모범을 따라서 이전 서로마 제국의 황제가 되었고 그들의 권력을 이탈리아로 확장시켜나갔다 — 이 교회의 보호자로 참여했고, 따라서 왕이나 황제가 신성한 인물로 마예스타스 도미니의 자리에 오르는 데에는 별다른 노력이 필요하지 않았다.[75]

물론 신성한 왕 혹은 황제 자리의 요구는 엄청난 것이었기에 당연히 문제로 이어졌다. 이와 더불어 교회를 지배 시스템으로 끌어들인다는 것은 교회의 직책과 교회의 소유물이 왕과 황제에게 뿐만 아니라, 지역이나 지방에 자리 잡고 있는 통치자들에게도 재산으로 여겨졌다는 것을 의미하고, 세상 재산이 다 그렇듯 지배권을 확보하기 위해서는 일정 역할이 필요했기 때문이다. 이는 교회의 소유물과 직책 — 교회, 수도원, 수도원장이나 주교의 직책 — 을 세속의 지배자가 상속받는다는 뜻일 뿐만 아니라 또한 그것을 매매해도 교회에 개입권한이 없었다는 뜻이기도 하다. 그럼으로써 시간이 지날수록 역시 세속화된 교회가 어느 정도까지 신성하고 성스런 업무를 수행하는 기관으로서 그 역할을 떠맡을 수 있는지 점점 더 많은 문제가 되었다. 성직을 돈으로 산 사제의 축복이 제대로 효력이 있을까? 영주가 임명한 주교가 정말로 세례 성사를 베풀고 성령을 선사해줄 수 있을까? 성령과 결혼해서 아이를 낳고 그 아이에게 교회의 재산을 상속시킬 수 있다는 것이 정말일까? 여기에 대한 해답은 개혁운동에 있었는데, 클뤼니 수도원 창립(910년)에서부터 프란체스코 교단(1210년 교황 승인)에 이르기까지 이 운동은 세속과 영적인 것의 혼합을 종식시키고 교회가 다시 본연의 선교와 영혼의 보살핌 역할로 돌아와야 한다는 데 초점을 두고 있었다. 이는 교황권의 강화를 낳았는데 교황은 주교와 달리 지역 및 지방 영주와 결부되지 않았고 따라서 개혁가들에게 지원과 보호를 해주면서 지위를 강화시키고 결국 교회 직책의 매매와 세속 군주를 통한 성직자와 교황의 임명을 금지시키고 싶었던 것이다. 그럼으로써 서임권 논쟁—즉 성직자의 직책임명에 대한 문제—은 교황에게 유리하게 전개됐을 뿐만 아니라, 또한 세속 군주의 종교적 기능 역시 흔들리게 되었다. 그 직접적인 결과 교황권은 일종의 기독교 군주 국가를 설립하고 그 안에서 교황은 베드로의 후계자가 될 뿐만 아니라, 진실한 그리스도의 대리인—신에는 미치지 못하지만 인간 이상인—이 되어야 한다고 강력히 느끼게 됐고 이를 공식화한 것이 교황 인노첸시오 3세(Innozentius Ⅲ, 1160~1216년)였다.[76]

이 같은 권력구조의 이동을 살펴보아야 11세기 중반부터 13세기에 이르기까지 제조되었던 거대 성서의 존재를 이해할 수 있다. 이는 점차 강력해지는 교회의 자의식의 문서로서 세속 권력과 지배권 싸움을 벌이고 그 요구를 매체를 통해서도 뒷받침하려는 것이다. 무엇이 교회가 보물처럼 아껴온 성서보다 더 교회의 힘을 강력하게 표현할 수 있겠는가? 그리고 세속 지배자의 보물들보다 훨씬 더 큰 보물로서 공식적으로 제시하는 것 이상으로 어떻게 더 강력하게 이런 보물의 힘을 표현할 수 있겠는가? 그리고 세속 지배자들의 주문으로 제작된 호화 코덱스를 초라하게 만드는, 지극히 크고 화려하게 빛나는 코덱스를 통하는 것보다 어떻게 더 잘 표현할 수 있겠는가? 이렇듯 거대 성서는 특히 그 순전한 크기를 토대로 성서의 본질적인 텍스트를 수용할 수 있고 그럼으로써 교회의 권위가 성서 텍스트의 권위를 근거로 한 것임을 강조하는 방법이었다.[77]

교회의 권위가 성서의 텍스트에서 나온다면 화려하기 그지 없는 그 일러스트는 물론 텍스트로 가는 우회길에 다름 아니지만 종종 또한 텍스트로부터 멀어지는 옆길이기도 하다. 11세기부터는 점점 더 이런 문제를 인식한 것으로 보이는데, 이 시기에는 일러스트를 점차로 억제하기 시작했고 장식적으로 독립하고 있었던 이니셜은 다시 텍스트 구분의 요소로 투입돼 텍스트의 정신적인 구조를 가시화시키게 되었다. 이런 구조는 물론 이니셜의 도움만으로 밝혀지는 것이 아니라 또 다른 요소들이 가세했다. 텍스트에서는 색채로 강조된 철자는 새로운 중요한 단락을 표시했고 텍스트의 테두리에 기록된 철자 혹은 숫자(litterae notabiliores) 역시 마찬가지였다. 이제 좀 더 잘 구분된 텍스트에 대한 접근을 보다 쉽게 하기 위해서 그 장의 차례를 알려주는 내용 목차표와 알파벳순으로 중요한 개념을 배열해놓고 어떤 텍스트 페이지에서 이 개념을 찾아볼 수 있는지를 알려주는 인덱스도 고안되었다.

하지만 텍스트가 단락과 장으로 나뉠 수 있는 일련의 문장이라고 인식된다면 페이지를 특정한 주제에 따라서 텍스트에서 끄집어내 다른 텍스트의 상응하는 페이지와 함께 편성할 수 있을 것이다. 바로 이런 방식으로 페트루스 롬바르두스(Petrus Rombardus, 약 1095~1160년)는 12세기 중반 그의 4권으로 구성된 〈명제집(Sententiae)〉에서 교부들의 가장 중요한 진술―그들의 "센텐티아"―을 주제 분류에 따라 편성하고 이런 방식으로 쉽게 활용할 수 있는 신학에 대한 개관서를 만들었는데, 이는 중세 신학의 표준작품이 되었고 중세 중요한 신학철학에 의해 우호적인 논평을 받았다. 성서의 주석을 위해 라옹의 안셀모(Anselmo, 1117년 사망) 이래로 주석의 절차가 발달했는데, 교부들과 중세 해설자의 권위 있는 논평이 그들이 논평했던 성서 텍스트와 직접 결합돼 성서 텍스트를 감싸고 있어서 성서 텍스트와 주석을 병행해서 낭독할 수 있었다. 이 두 가지 방식이 결합되기도 했는데, 그라티아누스(Gratianus, 1160년 사망)가 그의 〈그라티아누스 법령집(Decretum Gratiani)〉에서 했던 것처럼 중요한 교회의 권리를 편성하고, 이렇게 편성한 것에 다시 주석을 붙였던 것이다.[78]

이 모든 것은 물론 농촌 수도원 환경에서 시작돼 도시 대성당 학교 환경 안으로 유입되기 시작했다. 그곳에서 사람들은 전승 텍스트의 낭독을 더 이상 명상을 위한 선행과정으로 여기지 않고, 읽은 것을 질문하고 토론하기 위한 선행과정으로도 여기기 시작했다. 이 같은 격변의 원인은 다양하다. 무역 접촉의 강화로 오랫동안 지역에 국한돼 있던 지리가 다시 보다 큰 공간으로 확대됐고, 새로운 지리적 공간 속으로 낯선 타인과 이방인들이 드러나면서 그들과 대결을 벌여야만 했다. 점차로 거대해져가고 많은 곳에서 새롭게 자리를 잡고 번성해가는 도시의 중요성은 날로 커져갔고, 상업 활동을 벌이는 도시시민들은 경제적 과정을 통제할 수 있는 새로운 방법이 필요하게 되었다. 거기서 생겨난 것이 경제의 화폐화뿐만 아니라 또한 복식부기였다. 복식부기는 재정과 재화의 흐름을 장부에 기록하면서 모든 거래를 대변과 차변으로 장부에 기입해 한 기업의 경제 상황을 언제라도 해명할 수 있도록 해준다. 같은 시기 유럽에서는 오랫동안 실종돼 있었던 아리스토텔레스의 텍스트가 다시 입수되었는데 이는 이슬람 세계와의 접촉지대였던 스페인과 시칠리아에서 제작된 것으로 그곳에서 아랍어에서 라틴어로 번역되었다.

 사회적·정신적으로 보다 기동력을 갖기 시작한 바로 이 역사적인 순간에 사람들은 아리스토텔레스의 저술에서 도구를 발견하게 되는데, 그 도움으로 관심 범위 안에 들어온 많은 새로운 것들을 시험하고 판단할 수 있게 되었다. 그것은 바로 우리의 이 세상의 실체에 가능하면 가장 가깝게 다가서고자 하는 시험과 판단이었다. 그 시험과정은 성서의 텍스트에서 구제를 찾는 것이 아니라 인식 대상으로 향해야만 하는 방법에서부터 출발하는 것이기에 그 자체가 의미 있는 시험과 판단이었다. 그럼으로써 자유학예(artes liberales)의 규준은 원칙적으로 초월됐고 완전히 새로운 것으로 대체되었다. 그것은 바로 스키엔티아(scientia), 과학이었다. 과학은 체계적으로 통제된 방식으로 세상의 대상에 대해 자신을 열었고 더 이상 세계 체험을 부족하고 그저 신의 체험 아래 있는 하찮은 것으로 만들지 않음으로써 과학이 되고자 했다. 스키엔티아의 장소는 대학이었다. 11세기부터 세워지기 시작했고(볼로냐 1088년, 파리 1150년 이후, 옥스퍼드 1167년, 케임브리지 1209년 등등) 더 이상 명상이 아니라 연구와 토론에 집중했다. 그러기 위해 대학은 자유학예와 관련하여 전승된 변증법을 채택했는데, 변증법은 체계적 순서로 정(Pro)과 반(Contra)을 통과시켜 쿠아에스티오(quaestio), 즉 질문의 결말에 논거가 확실한 자기 판단을 내릴 수 있도록 해주었다.[79]

이런 맥락에서 조용한 읽기는 아주 새로운 힘을 받았다. 조용히 읽을 수 있는 사람은 더 빨리 읽을 수 있고 텍스트의 의미 파악에 집중하면서 읽힌 단어의 소리를 중얼거리지 않아도 되었다. 새로운 텍스트 레이아웃은 읽기 속도 상승에 대한 이 같은 요구에 다가가기 위해서 러닝 타이틀, 장 타이틀, 단락 표시, 인덱스 그리고 인덱스 리스트와 같은 도구들이 텍스트의 의미적 차원을 직접 겨냥하도록 만들었고, 이들 도구들은 이제 알고 있는 것을 명상으로 반복하기보다는 새로운 것을 찾으려는 목적을 갖게 되었다. 그에 상응하여 책 제작의 현장에서는 다시 고요한 수도원 밀실에서 전념하는 코덱스 모사를 거부하게 되었다. 그 대신 이제는 점점 더 많은 전문 라틴어 작가들이 도시에서 부자들의 주문에 따라 그리고 더 이상 교회 주문자에만 의지하지 않고 코덱스를 모사하게 되었다. 그리고 대학에서 중요한 텍스트는 학생들에게 구술되거나 아니면 페시아 시스템을 통해서 사용할 수 있었다. 페시아 시스템(pecien system)이란 일종의 서적상-출판업자인 스타티오나리우스(stationarius)에게 강의나 다른 텍스트를 조각으로(peciae) 즉 대개는 양면지 2장(따라서 8쪽)으로 나누어 위탁해놓고, 그들에게서 학생이나 전문 필경사들이 이를 수수료를 주고 대여하거나 복사할 수 있게 하는 것이다. 이런 방식으로 책의 생산이 속도를 낼 수 있을 뿐만 아니라,—많은 필경사들이 동시에 페시아로 나누어진 책을 모사할 수 있었다— 또한 유통되는 사본의 품질에 영향을 미칠 수 있었는데 스타티오나리우스를 통해 검토된 모델을 준비했기 때문이었다. 다른 말로 하면, 신과 세계에 대한 보다 많은 것들이 보다 많이 책에 담겨 전달됐을 때, 구술 테크닉과 페시아 시스템 덕택으로 사람들은 적절히 통제된 텍스트가 있는 책을 빠르게 손에 구할 수 있도록 해주는 방법을 쓸 수 있게 됐다는 뜻이다. 그리고 조용한 읽기 덕택에 날로 늘어나고 있는 읽어야 할 책들을 소화해낼 수 있게 됐다는 뜻이기도 하다. 참고로 이들 책들은 넘쳐나게 읽고 써야 할 것들을 새로운 글씨체인 텍스투알리스(Textualis) 내지는 텍스투라(Textura)로 제공했는데, 특정한 음절과 단어에 대해서 축약기호를 사용하는 그 정교한 시스템 덕택에 텍스트를 상당히 압축시킬 수 있게 해주었다.[80]

도시 환경에서 수행된 책 생산의 변화는 물론 보편적으로 책을 읽고 쓰는 사람들에게만 해당했던 것이 아니라 책 생산에 종사하는 모든 배우들의 역할을 바꾸고 정렬하는 것이었다. 수도원 기록실에서 볼 수 있었던 양피지 담당자(양피지 제작과 공급자), 필경사(텍스트를 쓰는 사람), 표제 담당자(텍스트에 색채 분할 요소와 장식요소를 입히는 사람) 그리고 책 제본사(낱장을 코덱스로 결합시키는 사람) 연속체는 이제 코덱스 재료 생산의 현장에서 점차로 개별적이고, 분명히 서로 분리된 수공업공장으로 해체돼 각자 지불을 받으면서 각자의 공장에서 일을 하게 된다. 코덱스의 상업적 유통은 스타티오나리우스의 업무가 됐는데 그 역시 각자 지불을 받으면서 각자의 상점에서 일을 하면서, 양피지 담당자, 필경사, 표제 담당자와 제본사의 일을 구조적으로 묶어내는 역할을 해냈다. 텍스트 생산의 현장에서는 결국 누군가가 필경사의 역할을 제시해줄 필요가 있었는데, 다른 사람의 단어를 가감 없이 베껴 쓰는 필기자(scriptor), 다른 사람의 단어를 베껴 쓰고 자신의 논평으로 보충을 하는 주해자(commentator), 다른 사람의 텍스트를 새로운 텍스트로 편성하는 편집자(compiler), 그리고 본질적으로 자기 자신의 글을 쓰는 저자(auctor)로 구분지어야 했던 것이다.[81]

이 모든 변화와 변동은 책을 점차로 신의 맥락에서 세계의 맥락으로 옮기고 세계 획득의 도구로 만들었다고 요약될 수 있다. 여기서 중요한 차원의 세계는 외부에서 우리에게 대상들이 다가와 스키엔티아의 테두리 안에서 이해되기를 원하는 세계뿐 아니라, 또한 우리의 감정이 우리의 협력을 결정짓는 완전히 다른 차원의 세계이다. 음유시인들은 이런 차원을 발견한 것까지는 아니지만, 그래도 지극히 인위적인 민중언어 연애시를 만들었는데 그 속에서 기사는 자신에게 호감을 가지고는 있지만 이뤄질 수 없는 숙녀에게 구애를 한다. 그것은 귀족들의 경기를 무기의 차원에서 언어의 차원으로 변형시켰고, 헌신적인 봉사라는 이상을 통해서 귀족의 윤리적 기강과 같은 무엇을 성취해냈다. 이것이 얼마나 영향을 잘 미쳤는지는 궁정 문학과 음유시가가 곧 귀족들뿐 아니라 도시 부르주아 구성원들에 의해서도 수집됐던 것에도 알아볼 수 있다. 이런 수집활동의 가장 아름다운 증거는 대략 1300년에서 1340년까지 취리히에서 만들어진 큰 포맷의 〈마네세 가요집(Manessische Liederhandschrift)〉인데, 140편의 중고독어 시인들의 서정시 140편이 들어 있고 — 고대 저자 초상화의 영향이 여전히 미치고 있어 — 텍스트가 전면짜리 저자 초상화로 시작한다.[82]

물론 이런 새로운 형태의 세계 획득 역시 이전과 마찬가지로 대부분의 책을 차지하고 있는 종교 라틴어 서적에 해당되는 말이었다. 수도사의 나지막한 읽기가 주체의 내면의 공간을 열어준 이래로 독서는 3차원적 과정이었다. 책을 읽으면서 신에 대한 뭔가를 체험하길 바랐다. 신의 창조물로서 세계에 대한 뭔가를 체험하길 바랐다. 그리고 그것을 개인적이고 은밀한 과정인 독서에서 체험하면서 정신은 신, 세계 그리고 인간 사이의 중재자로서 나타날 수 있었다. 신

......
발터 폰 데어 포겔바이데, 〈마네세 가요집〉(마네세 코덱스), fol. 124r. 426장의 광대한 코덱스 포맷은 35.5×25cm. 하이델베르크 대학 도서관 Cod. Pal. Germ. 848.

her walther võ der vogelweide. xlij.

······
얀 반 에이크: 〈겐트의 제단화〉, 1432년 완성. 젊은 마리아가 기도서를 읽고 있다. 기도서는 면 커버로 감싸져 있다.

......
베리 공작의 참으로 호화로운 기도서에서 2월 달력 그림. 1410년에서 1416년 사이에 제작. 책 장식은
1485년에서 1490년 사이에 보충. 206장 포맷 29×21cm. 콩데 박물관(샹티이, 프랑스): 책속의 세계.

과 그의 창조물에게 내면으로부터 다가서려는 이 같은 시도에서 13세기부터 기도서가 등장했는데 여기에는 시간 전례를 위한 기도문이 들어 있었을 뿐 아니라, 또한 책 장식이 기도문을 감싸고 있어 기도 안에서 바깥세상을 향하고 있음을 보여주었다. 이는 재력 있는 귀족 신사 숙녀들이 사들이는 비싼 고급 기도서에만 해당되는 것이 아니라 원칙적으로 모든 기도서에 통용된 일이다. 기도서는 모든 계층의 평신도들 사이에서 후기 중세에 가장 사랑받았고 가장 널리 배포된 책이었기 때문이다. 그 이유는 상대적으로 열린 매체였기 때문이었던 듯한데, 텍스트의 자세한 순서나 분량을 규정하지도 않았고(앞에는 항상 교회력이 들어 있다), 월별 그림의 예술적 구성도 규정이 없었다. 다른 말로 하자면 모든 기도서는 이중적 의미에서 개인적 예배 서적이었다는 뜻이다. 평신도의 개인적 예배를 도왔고, 특정한 평신도를 위해 개인적으로 생산된 책의 형태로 이런 예배를 도왔는데 일반적으로 종교적 독서와 기도 실천의 친밀함을 작은 책의 형태를 통해서 강조했던 것이다. 그렇다고 해서 물론 이런 책 장르가 큰 성공을 거두고 그로 인해 재간 있는 수공업자들이 그들의 공장에서 기도서를 대량생산해내는 일을 못한 건 아니었다. 이를 보고 종교의 세속화가 시작되는 상징이라고 볼 수도 있겠지만 또한 종교의 조류가 광범위하게 확산되는 상징으로도 이해할 수 있을 것이다. 성직자의 기도 활동을 평신도들도 채택하는 흐름으로 말이다. 종교적으로 집중된 기도서의 세속화는 어쨌든 미니어처로만 나타나는 것이 아니라 언제나 다시 전면 일러스트로 확대되었고, 그 안에서 예술가는 그 때까지는 아직 포착되지 않았던—어쨌든 고대 이후로는 더 이상 아니었던—방식으로 세상을 포착한다. 이는 꽃 테두리에서도 많이 나타나는데 기도서의 후기 단계에 가면 트롱프뢰유(trompe l'oeil) 테크닉*으로 환상적인 리얼리즘이 발달하고,

---

* '속임수그림'. 실제의 것으로 착각할 정도로 세밀하게 묘사한 그림

텍스트와 일러스트를 파스파르투(passepartout)* 형태로 테두리 짓고 테두리에는 꽃들이 흩어져 있는 모습이 보인다.

 기도서로 코덱스가 대중적이 된 것은 아니지만—후기 중세는 읽을 수 있는 대중이 없었고, 알파벳 문자해독 능력의 비율이 지극히 낮았고 라틴어 지식에 강력하게 묶여 있었다—기도서의 대대적인 성공은 보다 많은 평신도들이 중세 오랫동안 성직자계층의 전유물이었던 경험을 할 수 있게 해주었다. 즉 조용히 코덱스를 읽으면서 책을 읽는 개인의 내면을 둘러싼 주변 세계가 아니라 그 자신이 서 있는 토대를 발견하는 것이었다. 그것이 바로 코덱스의 휴머니티이다. 코덱스라는 매체 형태는 살과 피로 되어 있는 우리의 존재를 읽고 쓸 수 있는 사람으로 만들어주고, 이름을 남긴 사람들은—저자로서, 일러스트 작가로서, 독자로서, 코덱스 주문자로서—자신이 세상에 그리고 시대의 흐름에 닻을 던져 그들의 존재를 보존할 수 있으리라는 희망을 품게 된다.

---

* 액자와 그림 사이의 경계선. 그림을 보호하고 장식적 효과도 나타낸다

Chapter 5

Das mechanische Buch

기계로 만들어진 책

우르비노 페데리코 다 몬테펠트로 공작(Urbino Federico da Montefeltro, 1422~1482년)이 인쇄된 책을 갖는다는 건 수치스러운 일일 것이라고 말했을 때, 그것은 책 하면 호사스럽게 꾸며지고 손으로 직접 쓴 코덱스 이외에 다른 것은 상상할 수 없었던 귀족 예술 후원자의 견해에서 나온 것이었다. 호사스러움이란 소유자의 사회적 위상의 반영이었던 것이다. 그리고 그것은 용병대장으로서 권력과 돈을 획득해 자수성가한 사람으로서 세상과의 관계가 절대로 '명상적이지' 않았던 사람의 견해였다. 우리가 "르네상스"라는 이름을 붙였던 이 새로운 시대가 사실 관심을 가졌던 것은 명상적 세계관계가 아니라 집중적 실행이었다. 여기서의 실행이란 인간이 자연제국과 인간제국이 지닌 내면의 법칙에 귀를 기울여 그 법칙을 인식하게 된 후 그 힘을 빌려 자연과 인간의 발달에 성공적으로 개입하게 해주는 것이다. 이런 개입이 바라는 대로 실질적인 성공을 거둔다면 성공한 사람의 명성을 배가시켜주면서 그에게 권력과 돈을 가져다줄 것이었다. 권력과 돈은 이제 성공한 사람의 권리였다. 마치 중세에 명상적인 사람에게는 신의 치유에 참여할 권리가 주어졌듯이. 하지만 이제 여러 영역에서 성공

적일 수 있었는데―상인으로서 혹은 수공업자로서, 예술가로서 혹은 학자로서
―기술적으로 만들 수 있고 경제적으로 가치가 있고 그리고 적어도 일상생활의
전통 안에 놓여 있거나 교회의 성스런 가르침에 따르면 어쨌든 존재하고, 올바
르거나 유익하다고 여겨지는 새로운 것들에 대한 탐구를 시작하게 되었다.[83]

세계에 대한 이 같은 새로운 태도, 성공노력, 호기심 그리고 명성욕구의 혼합
은 주로 도시 시민들의 관심사였다. 그들은 북부 부르고뉴와 북부 이탈리아의
도시 인구밀집지역에서 그들의 이웃들을 떨쳐버려야 할 사회적 경쟁자로 바라
보기 시작했다. 그 중에서 특히 야심에 찬 사람은 시인, 화가, 건축가 혹은 과학
자들을 후원하면서 후원자들의 작품 속에서 자신의 이름을 영원히 남겨 경쟁자
를 능가하려고 했다. 그리고 혼자서는 사후 명성을 위해 그렇게 비싼 투자를 할
능력이 안 되는 사람들은 조합을 결성했다. 이 모든 것이 그 세속성에 있어서 전
혀 과소평가 될 수는 없지만 그래도 한동안은 종교적 치유를 계속 지향했고, 이
는 날로 증가하는 경쟁의 와중에서 사회를 묶어주는 밴드 역할을 했을 것이다.
그러다가 개혁의 시대에 종교가 갈등의 요소로 등장하고 그 평화유지 기능을
잃게 됐을 때 당연히 이는 종지부를 찍게 되었다.

당시는 유럽이 12/13세기부터 기술적 개화기로 들어서서―무역 접촉을 통
해서 전달된―물레와 베틀에서부터 구조적 톱니시계, 나침반과 안경을 거쳐
석궁과 흑색화약에 이르기까지 근동과 극동의 혁신을 습득했고 발전시켜나간
시기였다. 그리고 당시는 드디어 요하네스 구텐베르크(Johannes Gutenberg,
1400년경~1468년)가 금속으로 된 가동적(可動的)인 활자를 가지고 인쇄술을
발명해낸 시기였다.[84]

모든 다른 발명이 그렇듯 여기서도 선구자가 있었다. 이 중 중요한 것으로는
7세기 혹은 8세기 이래로 이미 중국, 한국 그리고 일본에서는 나무판으로 좌우
가 뒤바뀐 그림과 짧은 텍스트를 새겨서, 텍스트와 그림이 있는 나무판의 솟아

오른 부분에 색을 입히고 그 위에 종이—2세기 중국의 발명[85]—를 얹어서 문질러 그 접촉 면 위에 그림과 텍스트를 복사하는 것이 있었다. 그럴 때 종이에 가해지는 부담이 크기 때문에 문지르기를 할 때 비게 되는 지면에는 텍스트나 그림을 담을 수 없었고 인쇄 기술적으로 말하자면 일면인쇄에 만족해야만 했다. 추측컨대 몽골의 침략과 중앙아시아를 경유하는 무역루트(비단길)는 이런 복제 기술과 종이에 대한 지식을 바그다드와 카이로(그곳에서는 11세기 목판 인쇄의 존재가 입증된다)를 거쳐서, 그러나 또한 타브리즈(13세기 목판인쇄를 사용한 지폐 "인쇄")와 콘스탄티노플을 통해서도 유럽에 도달했는데, 이곳에서 15세기 목판인쇄의 주요 사용처는 트럼프의 생산이었다. 독일에서는 목판인쇄가 책의 제작에 사용됐는데, 15세기 네덜란드와 북부 라인지방에서 블록부흐(Blockbuch*)의 생산에 이용되었기 때문이다.

일면만 인쇄하고 가운데를 반으로 접은 목판본을 빈 면이 마주 오게 해서 붙이고, 이런 지면을 여러 장 묶어 브로슈어 1권을 제작했는데, 그렇게 해서 보다 긴 텍스트를 일러스트와 함께 보존할 수 있었다. 익숙한 코덱스의 생산 기술과 이러한 새로운 책의 생산 기술은 조화를 이루었는데, 목판인쇄를 통해서 일러스트를 생산하되 텍스트는 손으로 쓰거나 혹은 손으로 쓴 것과 인쇄한 텍스트를 혼합시킬 수도 있었기 때문이다. 〈빈자의 성서〉가 그런 경우였는데, 이는 결코 가난한 사람들을 위해 제작된 것이 아니라 오히려 설교 목적을 위해 성서의 일러스트 요약본과 같은 것을 제공하기 위한 것이었다.

구텐베르크의 선구자에 속하는 또 하나의 사실로 11세기 중국에서는 글자

---

* 1430년 경부터 주로 독일, 네덜란드에서 만들어진 목판본으로, 목판화를 주로 하고(손으로 채색한 것도 있음) 짧은 본문을 붙여서 책 같은 체재를 한 것. 대개는 일면 인쇄의 한 장을 둘로 접어서 철해놓고 있다. 『묵시록』, 『아르스모리엔디』, 『비블리아 파우페룸』 등 대중의 교화를 목적으로 한 33종이 알려져 있다. 16세기 초에는 목판삽화가 들어 있는 활판본에게 밀려 완전히 소멸하지만 중세의 사본과 근세의 활판을 잇는 과도적 구실을 했었다

텍스트를 인쇄하기 시작했는데, 처음에는 점토를 구워서, 나중에는 나무를 새겨서 그리고 13세기와 14세기 한국에서는 구리를 주조해서였다. 여기서도 중앙아시아를 경유한 기술이전 방법이 유럽으로 구텐베르크의 시대에 전해진 것인지 아니면 아예 구텐베르크가 개인적으로 금속활자 인쇄에 대한 지식을 갖고 있었는지는 무수히 많은 추측이 있지만 불확실하다. 사실 기술사적으로 특정한 장소에서 특정한 시대에 만들어진 발명품이 다른 장소 다른 시대에 다른 상황으로 다시 한 번 발명되는 것이 그렇게 드문 일은 아니다(바퀴와 4바퀴 수레도 여기에 속하며 아마도 물레 역시 마찬가지일 것이다). 구텐베르크가 이 같은 한 번 더 발명의 대열에 속해 있다고 추측해도 될 것이다. 마지막으로 구텐베르크의 발명은 물론 당시 유럽에서 잘 알려져 있고 보급된 기술에 의거해서 이를 독창적으로 조합시켜낸 것임을 언급해야만 할 것이다. 여기에는 앞서 언급했던 종이가 포함되는데 중국에서 아랍 세계를 거쳐 12세기에 유럽(스페인과 시실리)에 왔는데 그곳에서 종이에 필요한 누더기(넝마)를 수력으로 가동되는 제지공장에서 잘게 부수는 생산과정을 기계화시킬 수 있었다. 종이죽을 큰 통같은 채로 떠서 종이로 말리고 압착하는 것은 물론 여전히 힘든 작업이었다. 구텐베르크가 의지했던 두 번째 테크닉은 압착기였는데 이는 포도송이를 짜거나(포도압착기), 직물을 화려하게 염색하거나 혹은 종이도 매끈하게 압착시키던 것이었다. 구텐베르크는 이를 받아들여 책 인쇄의 특수한 필요성에 맞게 적용시켰다.[86]

    잘 알려진 기술적 과정을 토대로 그것을 책 생산의 완전히 새로운 맥락에서 재조합시키는 일에 있어서 구텐베르크는 물론 그 시대가 낳은 인물이었다. 마인츠 도시 귀족에 그리고 그럼으로써 도시의 지도층에 속해 있는 가문 출신이었고 그 아버지는 아마도 직물거래 상인으로 일하면서 "조폐국"의 일원이었던 듯하다. 이곳은 마인츠에서 조폐에 관한 권리를 갖고 귀금속을 거래하고 은행 업무에 종사하는 곳이었다. 다른 말로 하면 구텐베르크가 태어난 환경은 성공과 명성에 많은 것을 걸고 이런 목적을 위해서 새로운 것을 발견하고 이용할 수 있게 하고자 한다는 것이었다. 이것이 많은 것을 설명해주지만 모든 것을 설명하는 것은 아니다. 구텐베르크가 그의 아버지와 조폐국에 있는 회원들을 통해서 화폐 제조와 금속가공에 대해서 알게 되었다는 사실은 거의 명백하며, 이제 곧 알게 될 것처럼 그의 발명의 핵심으로 이어지기는 한다. 하지만 바로 여기, 이 핵심에서 모든 이미 존재하는 것들과 선구자적인 것들로만 설명할 수 없는 새로운 것이 등장한다.

어쨌든 구텐베르크의 발명가 정신과 경제적 성공노력의 첫 번째 흔적은 슈트라스부르크(Straßburg)에서 나타난다. 이곳은 그가 에르푸르트(Erfurt)에서 공부를 마치고 늦어도 1434년부터 체류했던 곳이다. 슈트라스부르크에서 구텐베르크는 회사를 설립해, 우선 '구원의 거울' 대량생산을 가능케 해줄 기술 개발을 재정적으로 지원한다. 구원의 거울이란 금속 테두리를 한 작고 둥근 거울로 성지 순례 길에 전시된 성유골에서 뿜어져 나오는 은총의 빛을 포착하기 위한 것이었다. 금융회사는 그러나 또한 두 번째 그러나 은밀한 프로젝트를 진행하고 있었는데 어느 선반공이 만든 나무압착기를 배치해서 인쇄를 하려는 것이었다. 우리는 한 소송 덕택에 여기에 대해서 알고 있는데 이 소송은 구텐베르크와 그의 회사 동업자와의 분쟁으로 시작됐고 1439년 12월12일자의 판결문에 그 내용이 담겨 있다. 이 모든 것은 구텐베르크가 슈트라스부르크 시대에 이미 금속가공에 정통해 있었고 1430년대에 인쇄기술을 실험하고 있었음을 의미한다. 물론 이 실험이 성공적이어서 그가 슈트라스부르크에서도 실제로 인쇄를 할 수 있었는지는 의심의 여지가 있다.[87]

의심의 여지가 없는 것은 그러나 구텐베르크가 늦어도 1448년 가을 마인츠를 짧은 간격으로 방문한 후(1448년, 1449년 그리고 1452년 겨울) 세 번 대출을 받았다는 사실인데, 그 액수가 현재로 봤을 때 대략 도시에서 집을 4채 살 수 있는 액수이며 따라서 오늘날에도 상당한 자금 수요가 있었음을 보여준다. 이런 대출 중 두 번째와 세 번째는 마인츠의 후원자 요한 푸스트(Johann Fust, 대략 1400~1466년)에게서 나왔는데, 그는 세 번째 대출로 구텐베르크의 사업파트너가 되었다. 그것도 1455년―슈트라스부르크에서처럼 마인츠에서도 사업파트너 사이에 분쟁이 생겼다―연도 소송기록에서 "책 공장"이라고 칭해진 기업이었다. 여기서 말하는 것은 다른 아닌 42행 성서(B42)의 인쇄였는데 여기에 대해서는 1455년 3월 12일 날짜의 에네아 실비오 피콜로미니(Enea S. Piccolomini, 1405~1464년), 훗날 교황 피우스 2세(Pius II)의 편지로 알려지게 되었다. 피콜로미니는 이 편지에서 그가 1454년 10월 프랑크푸르트 제국의회에서 몇 가지 5장 접기―5번 접은 전지로 생겨나는 층―인쇄 성서를 보게 되었다고 쓰고 있는데, 그 표본은 당시 이미 판매되고 있었다고 했다. 다른 말로 하면 B42 인쇄가 1454년 10월 이전에 완성됐음에 틀림없다는 뜻이다.

이 성서의 표본을 잠깐 보기만 해도 구텐베르크와 푸스트는 책을 인쇄할 때 손으로 쓴 코덱스의 미학적 관습을 받아들였음이 드러난다. "책 공장"은 따라서 미학적 혁신이 아니라 기술적 혁신을 보여주는 것으로 그 핵심은 첫눈에 보기에는 초라한 장비에 있었다. 납 철자―"글자" 혹은 "활자"―를 연속으로 생산할 수 있는 수동 주조 기구였다.

그러기 위해 우선 생산하려는 철자 모양을 뒤집어서 단단한 막대기 형태의 금속 조각에 양각을 한다. 이것이 패트릭스(Patrix, 부형) 혹은 몰드(mold)인데 이것을 망치로 무른 구리판에 대고 두드리면 똑바로 된 음각 철자 주형이 생겨난다. 이것이 매트릭스(matrix, 모형)인데 주형틀로 수동 주조 기구 안에 끼워 넣는다. 매트릭스는 철자에 따라서 폭과 길이가 다양했기 때문에―"m"은 "i"보다 넓었고 "f"는 "a"보다 길다―매트릭스에 맞게 변화시키고 그러면서도 잘 들어맞을 수 있도록 수동 주조 기구를 조절해서 뜨거운 납 합금 액체를 채워 넣을

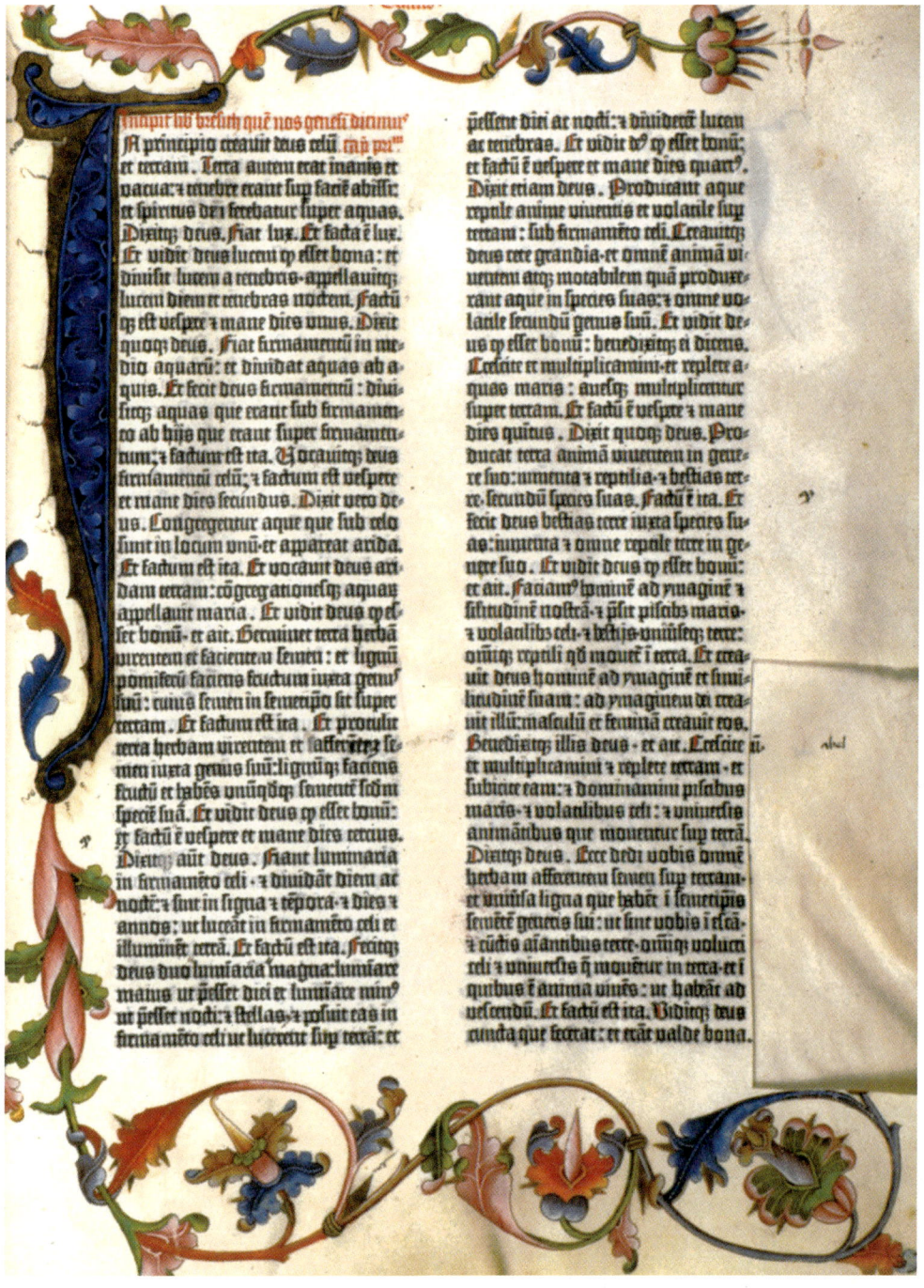

......
42행 구텐베르크 성서(B42)의 지면, 1454년 경 마인츠에서 제작. 이미지는 괴팅겐 주립 및 대학 도서관의 표본에서 대문자 "I" 이니셜로 시작되는 창세기의 시작, Bd. 1, fol. 5r. 포맷 42×31cm, 조판면 29×19.5cm.

……
추정해서 그려본 구텐베르크 인쇄공장. 맨 앞 식자공이 활자케이스에서 글자를 꺼내서 문장으로 맞추고 있다. 맞춰야 할 텍스트는 앞에 있는 클립보드에 있다. 왼쪽에서 장인이 가죽공으로 조판에 색을 입히고 있다. 식자공 뒤에는 인쇄프레스가 있는데 압반 밑으로 조판틀(galley)을 밀어 넣고 있다. 압반이 조판틀을 압착할 수 있도록 해주는 막대기에는 2명의 장인이 일하고 있다. 붉은 외투를 걸친 사람은 구텐베르크를 묘사한 듯한데, 인쇄된 페이지를 교정하는 모습이다. 그의 뒷벽에는 분해된 식자가 놓여 있고 그 위에는 인쇄된 젖은 지면을 건조시키기 위해 줄 위에 매달아놓았다. 1960년 경 학교 벽화의 복사본.

때 항상 같은 두께를 유지할 수 있도록 해야만 했다. 납을 식힌 후 뒤집어진 글자를 수동 주조 기구에서 빼내 이를 줄을 가지고 같은 길이로 만들고 글자별로 활자 케이스에 정리해 넣는다. 활자 케이스에서 식자공은 인쇄하려는 "문장"—인쇄하려는 텍스트 지면이라는 뜻도 된다—을 우선 행대로 식자용 스틱 안에 세워놓고 그리고 나서는 심어진 행을 단으로 혹은 텍스트 지면으로 조립한다.

식자가 심어진 지면을 마지막으로 조판본 위에 올려놓고, 좌우맞춤을 해서 잉크를 묻힌 가죽 공으로 글자 위를 문지르면서 색을 입힌다. 조판본으로 놓여 있는 문장 위에 전지를 적셔서 잉크가 잘 스며들도록 해서 올려놓고 그 위에 틀을 끼워놓는데, 이는 종이의 테두리가 인쇄할 때 오염되는 것을 막기 위해서이다. 그리고 마지막으로 조판본을 인쇄 프레스 안에 압반 밑으로 밀어넣고 긴 막대기로 강하게 종이 위를 누르면 텍스트가 종이 위에 새겨진다. 이렇게 인쇄 과정이 종이 전지의 맨 앞면에 마무리되면 전지의 뒷면에 똑같은 방식으로 반복된다.[88]

어마어마한 자본을 요구하는 이처럼 복잡하고 값비싼 기술 과정이 구텐베르크의 동시대인들이 아주 잘 알고 있는 어떤 것을 만들어내는 데 기여하지 않았을까라는 의문을 던질 수도 있을 것이다. 코덱스, 미학적으로 성공한 다른 코덱스들과 똑같아 보이는 코덱스다. 사실 구텐베르크 발명의 잠재력을 평가하려고 한다면 42행 성서의 외관과 구성에만 시선을 돌릴 것이 아니라 수동 주조 도구의 기술적 논리도 살펴봐야 할 것이다. 우선, 철자를 단순히 재생산할 수 있는 모형으로만 고찰하는 것이 아니라—"a"는 항상 "a"로 식별할 수 있어야만 하고 "b"는 항상 "b"로만 기타 등등—모형의 생산이 인간에게서 기술적 장치로 이전된다는 데 그 논리의 핵심이 있다. 둘째, 기술적 표본의 제작이나 표본을 통해 만들어진 철자의 생산에 있어서 표준규격화 효과가 생겨나서 표본을 통해서 생산된 모든 철자는 그 표본의 똑같은 견본이 되도록 해준다는 것을 의미한다. 즉 특정한 모형으로 주조된 철자, 예컨대 "a"는 특정한 변형글자에 등장하는

Der Schrifftgieſſer.

활자 주물공이 액체 납을 국자로 수동 주조 도구 안에 채워 넣고 있다. 그 앞에 있는 오븐 위에는 액체 금속이 담긴 접시가 놓여 있다. 1568년 목판화.

"a"로 인식되는 것이 아니라, 모든 하나의 같은 모형에서 생겨나는 "a"로서 정확히 똑같은 특성을 갖는다는 뜻이다. 셋째, 하지만 이처럼 표준규격화된 표본을 통해서 진행되는 생산과정에 있어서는 물론 독특한 인쇄물의 제작이 중요한 것이 아니라 똑같은 철자의 연속 제작이라는 미시논리에서 똑같은 책의 대량생산이라는 거시논리로 이전한다는 것이 중요한 것이다. 그 같은 대량생산은 물론 대량으로 생산된 대상이 또한 판매될 수 있을 때에만 의미가 있는 것이다. 하지만 42행 성서의 경우가 바로 그랬다. 콘스탄틴 공의회(1414~1418년)와 바젤(1431~1449년) 공의회라는 개혁의 시대에 교회는 확실하고 모든 곳에서 유통되는 똑같은 텍스트의 성서 혹은 미사경본 견본에 관심을 갖게 되었고 구텐베르크의 발명 덕택에 바로 그런 관심을 최대한 펼쳐나갈 수 있었다.

따라서 구텐베르크가 처음부터 교회에서 사용될 책의 제조에, 즉 처음에는 미사경본(미살레, missale), 나중에는 성서에 관심을 쏟았다는 사실은 하등 의아할 것이 없다. 여기서 그는 한 판에 180부－40부는 양피지, 140부는 종이－가 인쇄되는 그의 코덱스에 필요한 구매층을 발견했고 동시에 그의 발명이 성경인쇄 인증과 교회 측으로부터 책의 구매를 통해서 인정받을 수 있으리라는 사실을 계산에 넣을 수 있었다.[89]

구텐베르크 발명의 진짜 성장 잠재력은 물론 부유하고 따라서 한눈에 들어오는 구매자 층을 위한 값비싸고 호사스런 코덱스의 인쇄에 있는 것이 아니었다. 오히려 그것은 생산자와 구매자가 더 이상 개인적으로 알 필요가 없는, 돈을 수단으로 한 익명의 물물교환으로 들어선 시장을 위한 대량생산의 확산에 있었다. 이는 수동 주조 도구를 토대로 코덱스가 기술적으로 대량생산품이 된 데 그 이유가 있었다. 이는 아무리 강조해도 지나치지 않으며, 우리는 가능한 한 이를 직시해야 한다. 모형에서 인쇄활자를 거쳐 인쇄공장에 이르기까지 인쇄과정의 모든 요소는 기술적 표본을 통해 생산된 대량생산품으로 같이 대량생산됐다면 다른 작품과 완전히 똑같은 것이다. 이 같은 종류의 생산을 위해서는 그러나 대량생산되는 제품의 숫자가 증가하면 그에 상응하는 비율로 제품의 단가가 떨어져야 의미가 있다. 그리고 이는 다시 대량생산된 제품의 판매가격은 떨어지지만 그럼에도 불구하고 수익을 낼 수 있도록 해준다. 이 같은 새로운 생산논리는 아주 초기부터 눈에 뜨였는데 구텐베르크가 푸스트와 함께 경영했던 호화스런 B42의 인쇄－마인츠 훔브레히트호프에 두었던 기업은 약 20명의 노동자와 2년 동안 6대의 인쇄기를 가동시켰던 것으로 보이는데 이를 위해서 모두 6만 개의 글자를 주조했었다－이외에도 별도의 공장에서 유통이 잘 되는 소문자의 인쇄에 착수했을 때였다. 여기에는 교회의 주문과 터키를 통한 사이프러스의 위협을 계기로 1454년에 구텐베르크가 양피지에 인쇄한 31행짜리 면죄부가 포함되는데, 이에 대해 그 동안 구텐베르크와 갈등을 빚고 있었던 푸스트는 30행짜리 경쟁상품으로 응답을 하기도 했었다. 여기에는 아에리우스 도나투스(Aelius Donatus, 약 320~380년)의 라틴어 학교문법이 포함되는데, 정확한 날짜는 없지만 역시 1450년대 초반 구텐베르크가 인쇄한 것이 확실하고 역시 가능한 오랜 기간 학교 수업시간에 쓸 수 있도록 양피지로 인쇄한 것이다. 이런 종류로 다른 것들이 빠르게 이어졌다. 1455년 여름과 1456년 4월 사이 인쇄된 교황 갈리스토 3세(Calixtus III, 1378~1458년)의 〈터키칙서〉, 1457년 인쇄된 대주교구와 주교구 목록(Provinciale Romanum), 1457년의 〈사혈과 배변 캘린더(Aderlass- und Lazierkalender)〉, 1450년대 후반 제작된 1장짜리 인쇄물로, 단식일을 목록으로 만든 것(시지아누스, Cisianus), 이 시기 만들어진 천문학 달력 그리고 빼놓을 수 없는 것으로 역시 1450년대 후반 인쇄된 것으로 보이는 〈시빌의 예언〉 등등이다. B42와는 다른 활자로 인쇄된 이들 소책자는 모두 미학적으로는 "책 공장"과 동떨어져 있다. 하지만 그 직접적인 실용적 활용성으로 시장을 겨냥했는데, 상당한 유통량으로—면죄부의 경우 한 편지당 수천 개의 사본이 유통되고 있었는데, 어떤 경우 19만 개 사본이 확인되었다—이익을 목표로 할 수 있었고 또 사실 그렇게 되었다.[90]

수동 주조 도구와 더불어 인쇄 기술의 미시 차원에서 행해진 대량생산의 논리는 드디어 인쇄소의 증강에서 그 결론을 찾는다. 이는 푸스트와 함께 경영했던 인쇄 공장 옆에 구텐베르크가 직접 두 번째 인쇄공장을 설립하면서 시작됐다. 곧바로 밤베르크에서 알브레히트 피스터(Albrecht Pfister, 약 1420~1466년)의 공장이 그 뒤를 이었는데 1459년 36행 성경을, 그리고 1461년 후기중세 우화집 〈보석〉(Der Edelstein)을 인쇄했다. 그리고 거의 같은 시기인 1460년경 슈트라스부르크에서 요하네스 멘텔린(Johannes Mentelin, 약 1410~1478년)이 49행 성서를 제작했다. 이는 이들이 구텐베르크로부터 인쇄기술의 비밀을 전수받았다는 것을 통해서만 설명될 수 있다. 왜냐하면 푸스트와 그리고 새로운 사업 파트너이자 훗날 그의 사위로 명성과 영예를 누렸던 페터 쉐퍼(Peter Schöffer, 약 1425~1502)는 인쇄기술의 비밀을 유지했던 것으로 알려졌는데 분명 독점적인 책을 통해서 보다 높은 이익을 창출하려고 했던 것이 분명하기 때문이다. 사실 마인츠에서 그들은 호사스럽고 컬러인쇄 때문에 문장테크닉이 까다로워서 구텐베르크의 예비 작업에 직접적으로 의지했을 가능성이 높은 〈마인츠 시편〉을 인쇄했는데, 이 책은 날짜가 정확히 적힌 최초의 인쿠나벨(요람본)—1500년 12월31일 이전에 인쇄된 책을 가리키는 말이다—이다(콜로폰에 따르면 1457년 8월14일에 인쇄되었다). 그리고 적지 않게 호사스런 48행 〈라틴어 성서(Biblia latina)〉가 그 뒤를 이었는데, 이 책은 최초로 출판사 인장을 포함하고 있다. 하지만 상황은 이미 더 이상 제한을 가할 수 없는 지경에 도달했는데, 1462년도 마인츠는 대주교직 임명을 둘러싼 투쟁의 과정에서 약탈을 당했고 패배한 대주교 디터 폰 이젠부르크(Diether v. Isenburg, 1412~1482년)의 추종자들이 추방당했을 때, 그 추방자들 속에 구텐베르크와 그의 노동자들 역시 속해 있었던 것으로 보이는데 그들의 인쇄기술이 이제는 세상에 나와 많은 곳에서 아주 빠르게 인쇄공장이 설립하도록 하는 데 기여했던 것으로 보이기 때문이다. 로마 근교의 수비아코(1465년), 쾰른(1466년), 바젤(1468년), 아우스부르크(1468년), 베네치아(1469년), 파리(1470년) 등등 지리적으로 점점 더 서쪽(사라고사 1475년, 런던 1476년), 북쪽(스톡홀름 1483년), 동쪽(크라카우 1474년) 그리고 남쪽(나폴리 1470년)으로 뻗어나갔다.[91]

기술에 의지하는 수공업에서 다양한 수공업을 공정별로 통합시킨 생산과정이 대기업의 테두리 안에서 얼마나 빨리 만들어졌는지는 1470년 안톤 코베르

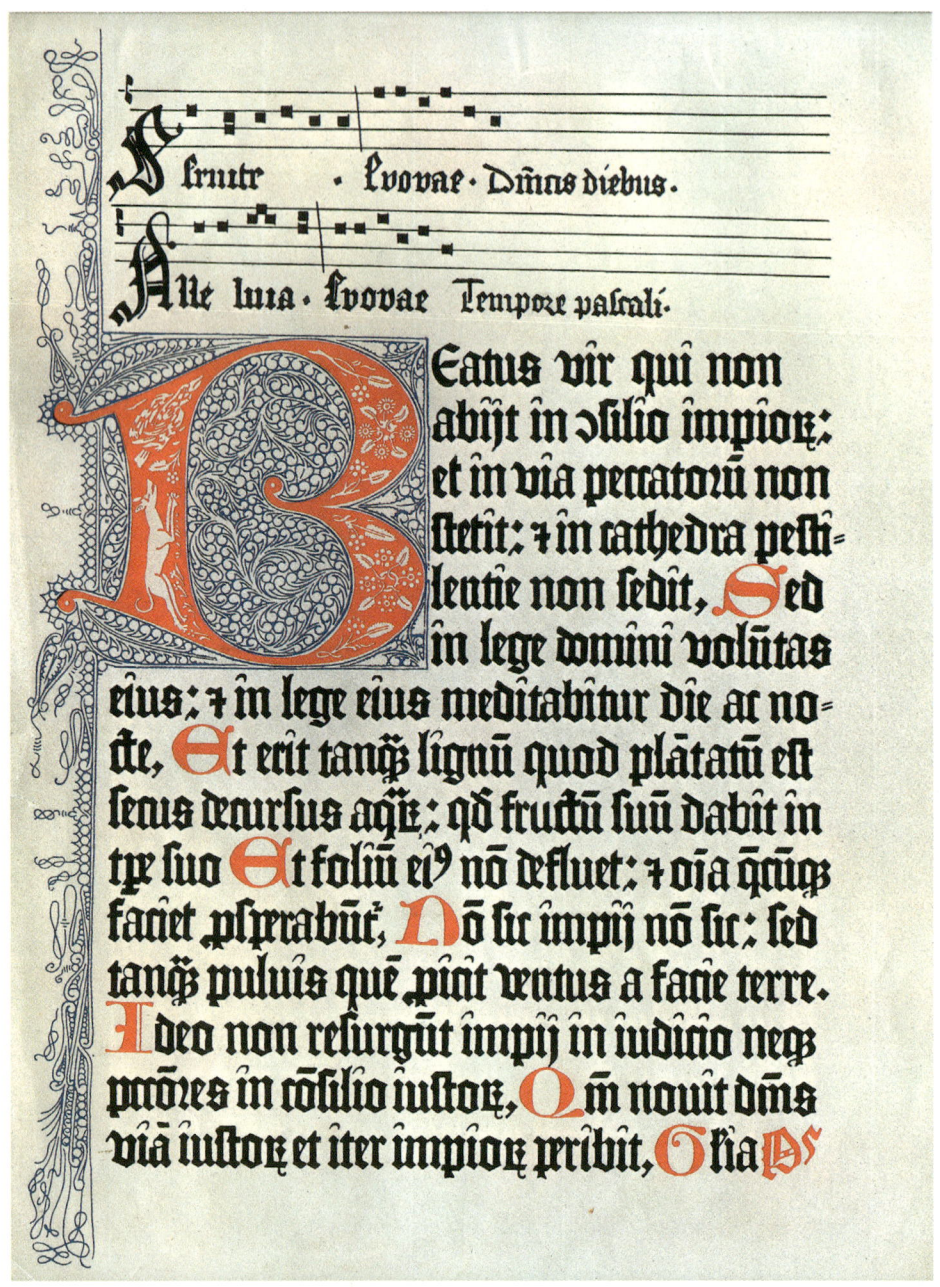

〈마인츠 시편〉. 인쇄의 끝부분에 1457년 8월14일 날짜가 쓰여 있다.

거(Anton Koberger, 약 1440~1513년)가 뉘른베르크에 세운 기업이 보여준다. 이곳은 약 24대의 인쇄기와 활자주조공에서 채식사에 이르기까지 100명의 노동자, 그리고 무수한 유럽도시에 있는 지부(베네치아, 밀라노와 파리 등등)를 가진 인쿠나벨 시대 최대의 인쇄기업이었고, 이 안에서 〈쉐델 세계연대기〉라는 당시 최대의 북프로젝트가 만들어졌던 것이다. 1493년 라틴어 버전과 독일어 버전으로 등장한 이 큰 포맷의 책(대략 47.4×32.5cm)은 많은 저자들의 공동작품이기는 하다. 그 중에는 원래 라틴어 텍스트판의 주요저자로서 하르트만 쉐델(Hartmann Schedel, 1440~1514년) 혹은 가끔씩 일러스트레이터 역할을 한 알브레히트 뒤러(Albrecht Dürer, 1471~1528년)가 있었지만 이들이 생산에 결정적일 만큼 두드러진 것은 아니었다. 오히려 이 책은 또한 높은 비용과 연관된 두 가지 생산방식의 경계선에 서 있었다. 텍스트는 활자 인쇄술로 심어졌는데 이니셜의 완성은 항상 루브리케이터*에게 넘겨졌다―〈마인츠 시편〉은 이를 벌써 달리 해결했다―그리고 1803년에 포함된 일러스트레이션은 목판인쇄로 완성됐다.[92]

물론 도처에 인쇄소가 설립됐던 거대한 에너지에 대해서 참여자들의 성공에 대한 욕심과 경제적 계산만을 고려하려 든다면 지나치게 단편적인 인식이 될 것이다. 신기술은 경제적 기회를 제공하기만 한 것이 아니라 또한 〈쉐델의 세계연대기〉가 보여주고 있듯 시장에서의 성공을 거두지 못할 리스크도 있었기 때문이다. 따라서 경제 이외에도 특히 휴머니즘 정신을 가진 계층의 신기술에 대한 관심을 고려해야만 한다. 물론 일찍이 인쇄기술은 교회로 하여금 관심을 갖게 만들었고―인쇄기술의 도움으로 표준화된 텍스트를 대량으로 준비할 수 있다는 점에서―, 또한 인문주의자들 역시 관심을 갖게 했는데 그들은 고대와 중

---

* Rubrikator, 중세 필사본 및 초기 인쇄본 첫머리의 대문자에 붉은 색을 칠하는 사람

ienn ist ein weiterůmbte statt in österreich an dem fluſs der Thonaw gelegen. Derſelb fluſs taylet Bayer
land/ österreich vnd hungern vnd ſteyget durch Kaſciam vnd Bulgariam mit.lr. ſchifreichen waſſern ab
rinum vnnd bereit vil treffenlicher ſtett. vnder den iſt kein habhafftigere. Kein elter dann
in die hawbtſtatt der öſterreichiſchen ſtett vnd lands. Diſe ſtatt iſt etwenn (als man in den alten freyhaiten d
org findet/Flauianum genant worden. nach Flauio dem landsfogt der diſer gegent vor was vnnd die ſtatt an
oft ſoll diſe ſtatt auſs den gemercken den namen erlangt haben. Wenn nw die teütſchen Flauianum nennen vn
ht hingelegt vnd alſo Wienn bliben. vnd diſe ſtatt dauon Wienn genant worden. Wiewol etlich maynen
e ſtatt vö de klaynn fluſs Wiena genät d zwiſche dd vorſtette ſleuſst vnn namen hab. Diſe groſsmächtig ſtatt iſt
n vmbkrays der mawrn zwaytauſent ſchrit weit vmbfangen. hat auch groſs vnd weyt vorſtett mit ein gra
vnd ſchut bewaret. ſo hat die ſtatt auch einen groſsen graben vnd daran ein faſt hohe auffgewoffne ſchůt.
dick vnd hoh zinnen. vil thürn vn vorweer zum krieg geſchickt. daſelbſt ſind weyte vnd zierliche burgerhew
ſte. hohe vnd ſtarcke gepew. allain iſt das ein vnzierde das der heẃſer vil mit ſchindeln vnd wenig mit zie
zedeckt ſein. Die andern gepew ſind von ſtaynem gemeẃre. ſo ſind die heẃſer gemalet. alſo das ſie innen hö
ſcheinen. wo du in eins yeden hauſs eingeeſt ſo maineſt du ſeyeſt in eins fürſten wonüng kome. Der edeln vn
ten heẃſer daſelbſt ſind frey. Alda ſind auch dem höchſten got vnd den heyligen weyte vnd ſcheinpere vn
wen ſtainen gepawte liechte. vnd ein ordnunge der ſeẃln wunderwirdige gotzhewſer geweihet. Item vil
õſslich heiltumb mit gold ſilber vnd edelm geſtayn bekleidet. vnd ein groſser mächtiger zier de gotzhew
ſe ſtatt iſt in dem Paſſawiſchen biſthumb gelegen/ vnnd die tochter gröſser dan die můter. Daſelbſt ſind die
den der petrlanden. Auch die Schotten. Vnd ſant Auguſtins Canonici regulares. gar reich geachtet. Auch
rawen klöſter. Alda iſt auch ein klöſter zu ſant Theronumus genant. darein bekert gemayn ſündig frawen ge
en werden. die tag vnd nacht in teütſchem geſünge gotlöbliſch geſange ſingen. Welche dañ in widerkerung
ind begriffen wůrde. die wůrde in die Thonaw geſtürtzt. Aber ſie füren daſelbſt alſo ein zůchtig vn heylig lebe
von ire gar ſelten ein böſs gerücht oder leẃmat erhöit werdt. In diſer ſtatt iſt auch ein hohe ſchul der freyen
Euch der heyligen ſchrifft vnd geyſtlichs rechtens. aber doch new. vnd von babſt Vrbano dem ſechſten für

genomen. daſelbſt komt ein mercklich groſſe anzal der ſtudenten auſs hungern vnd ober teüt
ſchen. Man maynt das der die zum heyligen ſacrament geen bey fünfftzigtauſent gefunden werde.
man zům rat gewelet. Auch ein richter der gerichtlichen ſachen vnd hendeln vor iſt. darnach iſt
gemayner ſtatt ſorg tregt. ſunſt ſind nit ander obern alda. daũ allain die die den wein zoll einfodder
hat man in allen ſachen ein auffſehen. vnd ir gewalt weret von iar zů iar. Es iſt vnglewplich zeſ
mancherlay dinge zů menſchlicher ſpeyſs vnd narung teglich in diſe ſtat gebracht wůrdt. Daſelb
wegen vnd karren mit ayern vnnd krebſen. Dahin bringt man gepachen prot.flaiſch. fiſch vögel
pertzet ſind es du nichtz mer derſelben ding fail. da verzeüht ſich als die weinleſen vierzig tag. An ler
nit bey drey hundert mit wein geladen wegen zway vnnd dreymal hineingefürt. Bey zwölfftau
praucht man teglich zum werck des weinleſens. Es iſt vnglewplich zeſagen wieuil weins ij
vnd entweders daſelbſt auſsgetruncken oder auſſer lands auf der Thonaw auffwarts wider d
gepfe můe vnd arbait gepracht wůrdt. Die weinkeller ſind alſo tieff vnd weit. das/ als man maynt)
der gepew vnder der erden dan darob ſein ſol. Die gaſſen vnd ſtraſſen daſelbſt ſind auch alſo
gepflaſtert das das pflaſter mit den raden der geladen wagen nit leichtlich zertriben werden m
ſern iſt vil vnd rayns hawſsgeſchier. weyte ſtůlung der pferdt. vnd allerlay thier. allenthalbe
durchſcheine glaſeine fenſter. ſo ſind die thür gewönlich eyſſnein. do höit man vil vögel geſangs
nerren ſind ſelten alte geſlecht ſunder ſie ſind ſchier alle ein twederes daſelbſthin einkomen oder frem
weil am iungſten keyſer Frederich der drit gegen Mathia dem hungeriſchen könig in feindſchaft
den iſt hat diſe ſtatt Wienn als die fürnemſt in demſelben hungriſchen könig. der dan n
derwertigkeit vnd beſchwerde darunter gelidden vom demſelben hungriſchen könig. der dañ n
ſchadens vnd dem keyſer vil vnrats zugezogen vnd ime diſe ſtatt zů leſt abgedrungen hat. Aber
königs Mathie ka keyſer Frederich der yetz alſo alter diſe ſtatt Wienn widerům durch ſeine
imilianum in ſeinen gewalt gebracht.
Wienn

〈쉐델의 세계연대기〉에 나오는 도시 빈의 모습(뉘른베르크 1493).

세의 진짜 원고를 찾으면서 다양한 사본과 알려지지 않았던 텍스트들과 풍부하게 마주쳤고 이런 원고들을 이제 인쇄를 통해서 접할 수 있게 만들고 싶어 했던 것이다. 그때 중요했던 것은 결코 단순히 전승 텍스트 토대의 확장이 아니라, 오히려 중요했던 것은 다시 신-레키-운니에게서 이미, 그리고 나중에는 알렉산드리아의 문헌학자와 다시 나중에는 카롤링거 왕조의 학자들이 텍스트의 전승에 결정적인 것으로 인정했었던 질문이었다. 특정한 편집자에게서 나온 진짜 텍스트인지에 대한 확인, 즉 유통되는 모델에서 발견되는 텍스트 변형을 비교 대조하고 어떤 저자에게 귀속시킬지가 중요했다. 인문주의자들을 통해서 크게 요구됐던 고대 작가의 "재발견"은 따라서 엄밀히 말하자면 인쇄할 가치가 있는 원고에 대한 탐색이 발견된 텍스트의 진정성과 저작자 확인에 대한 질문과 연결되는 과정이었던 것이다. 여기서 그 진정정과 저작자 확인으로 확실시된 텍스트를 고정시킬 뿐만 아니라 또한 보급시켜야 하는 임무가 책 인쇄에 떨어졌다. 다른 말로 하자면 책 인쇄는 인문주의자의 고대에 대한 애정, 그 중심에 진짜 텍스트와 저자가 서 있는 애정의 본질적인 요소로 발전해나갔다는 것이다.

그 실천에 있어서 이는 문헌학과 인쇄기술 전문지식을 조직적으로 결합시켜서 질적으로 새로운 텍스트 접근을 할 수 있도록 애썼다는 것을 의미한다. 이를 가장 분명히 볼 수 있는 곳이 베네치아 문헌학자 알두스 마누티우스(Aldus Manutius, 1449~1515년)의 인쇄 공장이었다. 당시 베네치아는 해상무역을 통해서 부와 영향력을 획득한 지중해의 강국으로 이탈리아와 발칸 해안을 따라서 엄청난 재산을 확보하고 있었을 뿐만 아니라 크레타도 합병해 그곳에 베네치아의 이주민들이 거주하고 있었다. 이 도시는 스스로를 당시 라틴어 권의 서구와 그리스어 권의 동구 사이에서 문화적 중심축으로 생각하고 있었고 그 안에서는 강력하게 그리스적인 소수가 그리스 문화의 영향력을 유지하고, 1453년 오스만족의 콘스탄티노플 약탈 이후 들어온 피난민들을 통해서 그 영향력이 더욱 강력해지고 있었다. 그것은 알두스 마누티우스가 그리스 책들을 인쇄하는 일에 착수할 수 있는 이상적인 환경이었다. 이런 아이디어는 새로운 것은 아니었고 사실 1476년 이미 밀라노에서는 최초의 그리스 책이 인쇄된 적이 있었다. 콘스탄티노플에서 내쫓긴 인문주의자 콘스탄틴 라스카리스(Konstantin Laskaris, 약 1433~1501년)의 〈그리스 문법〉이 그것이었는데 이 책을 알두스는 1495년 재인쇄했다. 하지만 알두스는 단순히 재인쇄하고 이곳저곳 세부사항을 개선하는 데 그치려고 하지 않고 오히려 그리스 책들의 발행을 새로운 토대에 올려놓으려고 했는데 1495년과 1498년 사이 그가 5권으로 인쇄한 〈아리스토텔레스 선집〉이 이를 잘 보여주고 있다. 이 선집의 획기적인 면은—아리스토텔레스의 제자이자 후계자인 테오프라스트(Theophrast)의 작품도 포함돼 있다—당시까지 알려지지 않았던 완벽함과 그로 인한 프로젝트의 범위에만 있었던 것이 아니라 그가 가능한 최고의 완벽함과 더불어 또한 가능한 최고의 텍스트 품질에 도달하려고 했었던 데 있었다. 이런 목적을 위해서 알두스는 유럽 전역의 통신원과 중개인을 통해서 아리스토텔레스와 테오프라스트의 작품을 베네치아로 가져왔고 부분적으로는 베껴오기도 했는데, 그럼으로써 인쇄공은 조판할 텍스트를 그려낼 수 있었다. 이용 가능한 필사본에서 인쇄 텍스트를 만들어내기 위해서 알두스는 철학자, 그리스 학자와 그리스어를 모국어로 쓰는 사람들의 전문지식을 묶었다. 그리고 프란세스코 그리포(Francesco Griffo, 1450~1518년)의 활판식자 지식에 의존했다. 그리포는 라스카리스 문법책의 재판을 위해 사용된 활자를 새겼고 오늘날의 "아리스토텔레스 활자"를 만들어낸 인물이다.[93]

　이 같은 집단 노력의 결과를 오늘날 보자면 뒤죽박죽이다. 첫째, 알두스로서는 아리스토텔레스와 테오프라스트의 모든 텍스트에 대해 가장 잘 사용할 수 있는 필사본을 발견하는 것이 결코 가능하지 않았고 그렇기 때문에 그의 인쇄물의 문헌학적 품질은 전집에서 전집에 따라, 텍스트에서 텍스트에 따라 변동이 있었기 때문이다. 둘째, 동원된 전문가들이 필사본을 수집해서 최고의 지식과 양심에 따라 텍스트를 수정하고 오류를 솎아내려고 애는 썼지만 그들이 서 있었던 시간적 압박, 편집자와 인쇄업자 사이의 오해, 그리고 이따금씩 분명히 눈에 뜨이는 태만함 등등은 무수히 많은 개선 곳곳에서 개악이 나타나는 결과를 낳았다. 그리고 셋째, 그리포가 새긴 활자는 동시대 그리스 학자들의 필사본을 기원으로 한 것으로 합자(ligature)와 약어가 잔뜩 끼어 있어서 이런 글자로 된 텍스트를 읽는다는 것은 결코 쉽다고는 할 수 없었다.

이런 결함에도 불구하고 알두스 마누티우스가 그의 아리스토텔레스 판으로 인문주의자들이 지금부터 가야 할 길을 제시했던 것은 여전히 분명하다. 이 길에서는 텍스트를 보다 많이 개선시키면서 인쇄본을 위해서 보다 많은 필사본을 고려하고 그럼으로써 보다 광범위한 텍스트 토대를 수집하고 개선할 수 있도록 하는 것이 문제였을 뿐만 아니라 또한 인쇄활자를 더욱더 발달시켜서 개선된 텍스트가 개선된 형태로 전달될 수 있도록 하는 것도 중요했다. 이런 인문주의자들의 노력을 강력히 보여주는 사례가 새로운 글씨체로서 라틴어체(Antiqua)의 확립이다. 고대 저자들을 카롤링거 시대에 만들어진 중세 필사본으로 읽었던 인문주의자들은 카롤링거 소문자가 고대에서 생겨난 글씨라는 데에서 시작했고 그 결과 외형적으로 가장 진짜 같고, 그들이 확신하기에 우아하게 읽을 수 있는 텍스트를 제공할 수 있기 위해 고대 저자의 인쇄본을 위해서는 이 글씨를 투입하고자 했다. 그래서 그들은 카롤링거 소문자와 로마 기념비체의 활자를 조합해서 15세기 후반에 라틴어 활자를 발달시켰는데 이 활자는 특히 베네치아에서 프란초젠 니콜라스 옌슨(Nicolas Jenson, 1420~1480년)이 개발한 형태로 빠르게 널리 보급되었다. 알두스는 15세기말 라틴어 텍스트 인쇄를 위해 라틴어체를 그리포가 새긴 이탤릭체 변형체로 확장시켰는데 이를 두고 에라스뮈스 폰 로테르담(Erasmus v. Rotterdam, 약 1467~1536년)은 "세계에서 가장 깔끔

한 인쇄활자"라고 칭찬했다. 그리고 알두스가 라틴어 고전작가를 작은 옥타브 포맷(8절판)으로도 제공하면서 활판인쇄 부호를 투입했는데, 이는 오늘날까지 계속 그 영향을 미치고 있다. 성서의 책 포맷을 보면 알 수 있듯이 그 때까지만 해도 고급 문학은 커다란 폴리오 포맷(folio, 2절판) 대형서적에서 볼 수 있었는데 그것은 문학의 지적인 무게를 표현하고 동시에 그들의 애정과 관심이 사적인 비즈니스가 아니라 학교와 상급학교의 맥락에서 찾아야만 한다는 것을 표현하기 위한 것이었다. 알두스가 인쇄한 옥타브 포맷과 함께 고급문학은 후기 중세 기도서의 모범을 따라서 이제 공적인 비즈니스의 세계에서 벗어나 자기 집 조용한 서재방 안에서 혹은 고독한 야외 자연 속에서 행할 수 있는 사적인 일이 되었다. 요컨대 옥타브 포맷의 책은 이제부터 사적인 소유물이 되었고 그 독서는 사적인 일이 된 것이다.[94]

인문주의자들이 애썼던 문헌학-활자인쇄 기준의 개선이 달성될 수 있었던 것은 물론 같은 생각을 가진 인쇄업자와 문헌학자들의 접촉을 강화시켜 서로서로 원고와 책을 이용할 수 있게 되고 상대방에게서 배우며 새로운 기준이 유럽 전역에 통할 수 있도록 했기 때문이었다. 여기서 발달된 관계 네트워크를 최소한 개략적으로라도 스케치하려면 지칠 줄 모르고 유럽 전역을 여행했던 에라스뮈스 폰 로테르담에서부터 시작해야만 할 것이다. 그는 1508년 베네치아 알두스의 거처에 체류하면서 그곳에서 알두스가 마련한 플라우투스, 테렌즈 그리고 세네카 작품 텍스트를 편집했고, 같은 해 자신의 격언집 〈아다지아(Adagia)〉을 알두스에게서 새롭게 확대발간했다. 1514년부터는 바젤에 있는 예전 코베르거 직원인 요한 프로벤(약 1460~1527년)에게 머물렀다. 그는 몇 년 전 라틴어체로 된 〈아다지아〉 재판본을 내놓았었고 이제는 그와 더불어 또 다른 이 작품의 증본을 계속 준비하고 있었다. 그리고 프로벤과 함께 에라스뮈스는 신약성서의 신판에 착수했는데, 이 책은 1516년 출간됐고 약 1,000쪽에 걸쳐서 에라스뮈스가 교정한 그리스어 텍스트에 에라스뮈스의 라틴어 번역본을 첨부한 것이었다. 물론 프로벤은 바젤에서 유일한 인쇄업자는 아니었다. 과거 구텐베르크 장인이었던 베르톨트 루펠(Berthold Ruppel, 1495년 사망)이 1468년 바젤에 도착한 이래로 많은 공장이 세워졌는데 그 가장 중요한 것은 요한 아머바흐(Johann Amerbach, 1444~1514년)가 세운 공장이었다. 아머바흐는 코베르거에게서 배운 뒤 파리로 건너가서 바젤 출신의 신학자이자 소르본 대학의 임시 학장이었던 요한 하인린(Johann Heynlin, 1430~1496년)에게서 공부를 한 인물이었다. 하인린과 함께 아머바흐는 바젤로 와서 그곳에서 행해지는 책 인쇄에 대해 알게 되었다. 하지만 하인린이 다시 파리로 돌아가 소르본에 1470년경 최초의 대학 인쇄소를 설립했던 반면, 아머바흐는 우선 로마와 베네치아로 가서 보다 많은 새로운 기술과 그 가능성을 체험하게 됐다. 바젤로 돌아온 그는 직접 인쇄소를 차려 1478년 요하네스 로이힐린(Johannes Reuchlin, 1455~1522년)의 일종의 라틴어 사전 〈보카불라리우스 브레빌로쿠스(Vocabularius breviloquus)〉를 발간한다. 그러다가 몇 년 뒤에는 특히 그 사이 다시 바젤로 귀환한 하인린, 그리고 바젤에서 법률을 공부하던 세바스티안 브란트(Sebastian Brant, 1458~1521년)를 편집자겸 교정자로 일하게 했고 프로벤과 요한 페트리(Johann Petri, 1441~1511년)와는 공동 인쇄기업을 설립하게 된다. 이 같은 관계 네트워크에는 또한 빌리발트 피르크하이머(Willibald Pirckheimer, 1470~1530년)가 뉘른베르크 인문주의자 모임과 함께 있었는데 뉘른베르크 인문주의자에는 특히 하르트만 쉐델, 알브레히트 뒤러 그리고 콘래드 셀티스(Conrad Celtis, 1459~1524년) 등이 들어 있었다. 피르크하이머는 이탈리아에서 공부한 후 고전 텍스트를 독일어로 혹은 그리스어에서 라틴어로 번역해서 이름이 알려졌고 1510년 유대인 문학을 몰수하고 파괴해야 하느냐는 문제를 놓고 로이힐린과 개종한 유대인 요한 페퍼콘(Johann Pfefferkorn, 1469~1524년) 사이에 벌어진 논쟁에서 로이힐린의 진영에 가담했다. 로이힐린은 막시밀리안 I세가 요청한 소견서에서 페퍼콘이 요구하는 파괴에 반대하는 입장을 표명했고 그 때문에 페퍼콘의 맹렬한 공격을 받았다.[95]

이는 당시 학계를 잠시도 가만두지 않았던 논쟁이었는데 황제, 교황 그리고 쾰른, 파리, 뢰벤, 에르푸르트와 마인츠 대학 등등이 연루돼 있었다. 그 가장 강력한 문학적 표현은 1515년 출간되고 1517년 배포된 허구의 편지 모음집 〈반진보주의자들의 편지(Epitaolae obscurorum virorum)〉로 그 안에서 대학 신학자 측근들은—쾰른의 도미니크회 수도사들이 그 모델이 돼 주었다—페퍼콘의 편을 들고 로이힐린 진영을 공격했다. 하지만 그들의 공격 방식은 인문주의자들이 스타일의 이상으로 삼았던 우아한 라틴어에도, 또한 논쟁에 요구되는 지적인 수준과도 걸맞지 않았다. 짧게 말해 페퍼콘의 옹호자와 로이힐린의 적들이 〈반진보주의자들의 편지〉에서 웃음거리가 되었다는 뜻이다. 이 모든 것이 그 대대적인 교회정책 갈등의 서막을 연주했고 서구 기독교에는 분열을 가져왔다. 종교개혁이었다. 왜냐하면 유대-히브리 문학을 어떻게 대해야 할 것이냐를 놓고 페퍼콘이 던진 문제의 이면에는 완전히 다른 문제가 숨어 있었기 때문이었다. 신학대학을 부속기관으로 하고 있는 교회가 이에 관해서 전문적인 판결을 내릴 수 있는지 혹은 그런 판결은 오히려 교회 직책과 대학 밖에서 활동을 하고 있다 하더라도 해당 분야—여기서는 그러니까 유대-히브리 문학의 신학적 연관성—에 대해서 실제로도 잘 알고 있는 사람들에게 맡기는 것이 나을 것인지 하는 문제였다.

이는 결국 기관에서 승인을 받은 전문가(신학교에서 일하는 대학 신학자, 교회 직책을 맡은 사람들)와 기관이 대표하는 교양은 결코 유일하게 가능한, 그리고 결코 가능한 최고가 아니라는 사실을 체험으로 알아야 했던 대중들 사이에 갈등으로 이어졌다. 여기에는 고대-이교도 내지는 기독교 원전텍스트에 방해 없이 접근하고, 이를 아주 빨리 완전히 새로운 테두리 안에 끼워 넣고, 원전 비평을 통해서 새로운 신앙의 토대, 역사적으로 만연해 있는 신앙문장들의 오류해석과 그 때문에 합법화된 남용으로부터 정화된 신앙을 만들어내고자 했던 인문주의자들의 소원이 담겨져 있었다. 그것이 바로 마르틴 루터(Martin Luther, 1483~1546년)의 소원이었고 이런 전망에서-그리고 그의 추종자들의 전망에서-페퍼콘과 로이힐린 사이의 분쟁은 그 자신 전투의 직접적인 배경이 돼 주었던 것이다. 하지만 로이힐린이 페퍼콘과 페퍼콘 진영에서 활동했던 쾰른 도미니크회에 결국은 굴복하고 교황이 1520년 그에게 침묵할 것을 지시했던 반면 루터는 더 이상 교황 혹은 황제의 명령 한마디로 침묵하게 만들 수 없었다.[96]

그것은 루터의 성격이 완전히 달랐기 때문만이 아니라 또한 당시 논쟁에서 대중이라는 동력이 점점 더 힘을 얻었던 데 있었다. 인문주의자들은 텍스트 주해, 원전 비평적인 판단, 혹은 문학적 서열 문제를 둘러싼 논쟁에서 책 인쇄라는 매체를 이용하기 위해 미리 글을 읽고 라틴어를 할 줄 아는 모든 사람들이 이 분쟁에 참여하고 나름대로의 판단을 내릴 수 있도록 준비했었다. 1500년경 그러나 상황이 바뀌었다. 이제는 더 이상 소수 전문가 그룹 내부의 지식인 논쟁이 아니라, 일반인들을 바람직한 교양과정에 편입시켜서 마지막에는 기독교와 교회의 미래를 둘러싼 갈등이 점점 더 고조될 때, 대중이 전문가들에게 반기를 들고 전문가들과 그들을 후원하는 대학 기관 그리고 교회의 위계질서에 반대하는 결정을 내리도록 압박을 가하는 것이 훨씬 더 중요해졌다. 그러기 위해서는 구어체 저작물이 필요했는데 인문주의적 의미에서 그리고 인쇄된 형태로 독일에서 하인리히 슈타인회벨(Heinrich Steinhöwel, 1411~1479년)이 1476년 울름에서 선보인 라틴어-독일어 〈이솝(Aesop)〉이 바로 그런 것이었다. 그 독자는 니클라스 폰 빌레(Niklas v. Wyle, 1415~1479년)가 번역한 인문주의 소설의 독자와 마찬가지로 교양 있는 도시의 독자였다. 이런 소수의 계층을 〈쉐델의 세계연대기〉는 1493년 이미 넘어서려는 시도를 한 적이 있었지만 실제로 가능해진 것은 제바스티안 브란트의 〈바보들의 배(Narrenschiff)〉에서였다. 1494년 바젤에서 출간된 이 책은 소수의 라틴어를 지향하는 인문주의자 서클을 실제로 능가하게 되었다. 〈바보들의 배〉는 단기간 독일에서 책으로 성공했고 1497년 라틴어로 그리고 그곳에서 각국어로 번역이 됐을 때에는 유럽 전역에서도 성공을 거두었다. 이같은 성공의 본질적인 요소는 목판 인쇄였는데―주로 알브레히트 뒤러의 손에서 나왔을 것이다―이는 텍스트를 다소 직접적으로 일러스트로 표현했을 뿐만 아니라 또한 읽을 줄 모르는 독자들에게 무슨 일이 일어나고 있는지 설명을 해주려고 애썼던 것이다. 그래서 브란트는 바로 자신의 서문에서 이를 프로그램으로 공식화시켰다. "누군가 글자를 경멸하려 든다면/혹은 어쩌면 읽을 수가 없다면/그는 목판 인쇄(molem)에서 그 존재를 잘 보게 될 것이다."

덕택에 〈바보들의 배〉는 효과만점의 일러스트를 가진 도덕 풍자집이 되었고, 이런 풍조는 계속 이어졌다. 특히 교회의 개혁을 둘러싼 논쟁에서 그랬는데 사람들은 대부분 겨우 몇 쪽짜리 포괄적인 팸플릿을 선전매체로 삼아―그 가운데 1517년에서 1530년 사이 대략 1만 가지 팸플릿이 거의 1천만 권 인쇄됐었다―싸우면서 한 말을 일러스트를 통해서 강조했기 때문에 교훈적인 풍자뿐만 아니라 종종 대담한 격론까지도 제공되었다.[97]

종교개혁시대 가장 큰 책의 성공이자 인쇄된 책의 입지강화를 위한 실질적 촉매는 물론 루터의 성서 번역이었다. 그 시작에는 1522년 가을 비텐베르크에서 발행부수 3,000권에 폴리오(2절판) 포맷으로 인쇄된 신약성서(9월성서)가 있었는데, 그 해 12월 이미 개선된 판("12월성서")이 나왔고 1529년과 1530년 다시 한 번 개정되었다. 이와 더불어 루터는 개혁운동에 합류한 인문주의자 필립 멜란히톤(Philipp Melanchthon, 1497~1560년) 등의 후원으로 구약성서의 번역에 착수했는데, 그 몇 권이 1524년에서 1533년까지 출간되었다. 1534년 드디어 완전히 구약과 신약성서를 포함한 독일어 성서가 인쇄되었다. 루터가 보살

편 마지막 성서판("마지막 손의 판")은 루터가 죽기 1년 전 1545년 출간됐다.

루터의 성서가 거둔 성공의 비밀은 그 책이 최초의 독일어 성서 번역 출간이었다는 데 있는 것이 아니다. 최초의 독일어 인쇄 성서는 훨씬 전인 1466년 이미 요하네스 멘텔린에 의해 슈트라스부르크에서 출간됐고 그 뒤 또 다른 독일어 성서들이 이어졌는데 예를 들면 1483년 코베르거의 2권짜리 목판인쇄본이 있었다. 성공의 비밀은 오히려 루터가 인문주의적인 자극을 받아들여 전승된 라틴어 성서 텍스트, 불가타(Vulgata)가 아니라 히브리어와 그리스어로 된 원전을 번역했다는 데 있었다. 이를 위해 그는 가장 잘 이용할 수 있는 출간본을 동원했다—신약성서를 위해서는 그것이 1519년 에라스뮈스 폰 로테르담의 두 번째 개정판이었다. 이를 통해 라틴어로 둘러가지 않고 텍스트 원래의 의미에 접근하는 것이 가능해졌고, 여기서 루터는 이런 원래의 의미를 의미에 맞게 (그리고 단어적으로가 아니라) 독일어로 번역하려고 애썼고, 그러면서 "시장통의 천한 자"가 번역하면서 자기만의 언어를 재발견하려고 신경을 썼다—오리지널 텍스트에 가까우면서도 그럼에도 불구하고 잘 읽을 수 있는, 대중의 언어에 충실한 번역을 만들어냈다. 여기에 서문과 방주가 뒷받침을 했는데 그 안에서 루터는 신학적 설명과 더불어 언어 및 전문적인 해설을 제공했다. 그리고 마지막으로 독자들은 루터의 번역에서 루카스 크라낙스(Lucas Cranachs, 1472~1553년)의 공장에서 나온 수많은 목판인쇄를 보게됐는데 목판인쇄는 텍스트의 의미를 이해하고 새기는 데 도움을 주었다.

루터의 성공은 1522년 9월부터 그가 죽을 때까지 300종의 독일어 성서판이 총 50만 권 출간됐다는 것에서 읽어볼 수 있다. 독일어 읽기 능력이 되는 3명 혹은 4명 가운데 한 명은 루터의 성서를 소유했다고 할 수 있다. 물론 도시라고 할지라도 읽기 능력이 되는 사람은 4~5%에 지나지 않는다는 사실을 생각해볼 때, 이는 1500년 경 독일 제국 전체 인구가 1,200만 명 정도 되고 따라서 스스로 책을 읽을 수 있는 사람은 많아야 6만 명이라는 계산이 나온다. 나머지는 모두 남들이 읽어주는 것을 들어야 했다.[98]

따라서 결코 책읽기가 모든 사람의 일이 아니라고 할지라도 적어도 책을 소유한다는 것은 광범위한 사회적 현상이 되었다. 이는 종교개혁에서가 아니라 이미 책 인쇄와 더불어 시작된 경향으로 1500년 말까지 2,000만 권의 책이 시장에 나왔는데 2만에서 4만까지의 다양한 책제목으로 계산해보면 평균적으로 각각 100부에서 500부까지 인쇄됐음을 알 수 있다. 일찍이 중세와 고대에 쓰고 전해진 것보다 몇십 년 만에 더 많은 출판이 이뤄진 것이다. 이는 물론 늘어난 책 수요에 대한 응답이었고 인쇄시대의 시작 훨씬 이전에 감지됐던 일이다. 하지만 동시에 새로운 생산 기술과 인문주의적 교양에 대한 관심이 중첩되면서 인쇄된 책은 1500년경에는 돈을 벌 수 있는 대상으로 도처에 알려졌을 뿐만 아니라, 또한 고대와 기독교의 원천에 대한 새로운 접근을 기대할 수 있는 매체로 인식되었다. 다른 말로 하자면, 책은 더 이상 관조적 세계경험의 맥락에서 희귀하고 성스런 객체가 아니라, 이제는 오히려 세속적 획득의 매체, 바로 이런 세속적 획득의 방법을 둘러싼 논쟁을 끝낼 수 있는 매체였다. 그것은 공동체와 갈등을 만들어냈는데, 공동체 형성의 매체로서 뿐만 아니라 또한 갈등의 첨예화의 매체로서 투입됐기 때문이었다. 하지만 모든 참여자들이 바로 이런 과정이 책 인쇄라는 매체를 통해서 조정된다는 사실에 대해서는 의심하지 않았다. 그러므로 개혁의 시대에 종교를 따르고 싶다면, 원하든 혹은 그래야만 하든, 모든 경우 책과 함께 했다.[99]

상업적 측면과 텍스트적 측면이 중첩된다는 것은 물론 인쇄된 책으로서는 처음부터 문제였고 그 문제에는 이름이 있었으니, 바로 복제였다. 복제는 인쇄업자가 쏟아 부은 상당한 투자를 위협했을 뿐만 아니라 저자의 자기 텍스트에 대한 지배권도 흔들리게 만들었기 때문이었다. 둘 다 연결이 돼 있었다(그리고 오늘날까지 연결돼 있다). 에라스뮈스 폰 로테르담이 바젤의 프로벤에게서 〈아다지오〉와 그리스-라틴어 신약성서를 인쇄할 때 직접 감독을 하면서 중요했던 것은 작품의 질을 보장하는 것이었고, 그리고 그 지속적 보장은 또한 프로벤이 인쇄한 에라스뮈스의 작품이 판매되고 프로벤이 판매를 통해서 다시 자금을 댈 때에만 가능한 일이었다. 공인되지 않은 복제판은 균형을 파괴했다. 이는 저자의 승인을 받은 텍스트가 있는 공인된 인쇄업자가 인쇄한 작품의 판매를 감소시킴으로써 인쇄업자의 재투자를 위협할 뿐만 아니라 또한 신뢰할 수 없는 텍스트의 책들의 비율을 증가시켰는데 이를 두고 루터는 1525년 그의 〈인쇄업자에게 보내는 경고〉에서 "우리[인쇄업자와와 저자]가 노력과 비용을 들이지만 다른 사람들이 그 이익을 갖고 우리는 손해만 본다"라고 쓴 바 있다. 그래서 표시를 해놓기 위해 급기야 루터는 1524년 자기가 공인한 판에는 부활절 양 깃발과 그의 문장, 루터장미를 인쇄해 붙여놓고 이렇게 설명했다. "이 표지는 이런 책들이 내 손을 거쳐 갔음을 입증하는 것이다. 거짓 인쇄와 책의 타락이 오늘날 만연하기 때문이다." 복제 인쇄업자는(2명만 제외하고) 루터의 권위를 존중했고 그가 사용한 공인표식을 위조하지 않았다.

좀더 보호를 하고 싶었을 때에는 도덕적 호소와 공인표식의 차원에서 사법적 정치적 차원으로 갈아타야만 했다. 그것은 인쇄특권이었는데 한 인쇄공장에서 나온 작품 혹은 특정 지역전체 공장의 제품에 대해서 정해진 기간 동안 복제를 보호해주면서 투자 보호에 기여하는 것이었다. 베네치아가 그 선두에 섰는데 베네치아 시 참사회는 1469년 키케로의 〈가족에게 보내는 편지(Epistolae ad familiares)〉를 출간한 요한 폰 슈파이어(Johann v. Speyer)에게 5년간 베네치아 통치령에서는 독점적으로 책을 인쇄할 수 있는 권리를 인정해주었다. 물론 그 정도 보호는 약했던 것이 영토적 제한을 받고 있었기에 다른 지역에서 복제하는 것을 막을 수는 없었기 때문이었다. 그래서 알두스 마누티우스가 자신의 편집본뿐만 아니라 또한 그의 그리스 라틴어 활자를 특권을 통해서 보호하려고 애썼지만 리옹의 인쇄업자들이 1501년에서 1527년 알디넨의 복제본 64종을 생산하는 것을 손톱만치도 제지할 수는 없었다. 〈바보들의 배〉를 인쇄한 제바스티안 브란트에게도 상황은 다를 게 없었는데, 그 책이 출간된 해 아우스부르크, 뉘른베르크 그리고 로이틀링엔에서 복제판이 인쇄됐던 것이다. 1501년 이후 독일 제국 안에서 이탈리아의 인쇄 특권을 본보기로 삼아서 복제를 통제하려던 시도들은 그것이 황제든, 지방영주의 것이든 모두 헛된 일로 그쳤다. 1522년에서 1546년의 기간 동안 비텐베르크에서 인쇄된 책들은 모두 평균 3권의 복제본이 있었다.[100]

물론 1500년경이 되면 더 이상 작가와 인쇄업자만이 인쇄된 책의 유통을 통제하는 데 관심이 있었던 것이 아니다. 인쇄업자들의 분산된 네트워크를 통해서 유럽 전역으로 보급된 책은 여론을 형성하기 시작했지만 기존 기관—교양시설을 가진 교회, 대학, 궁정—들은 더 이상 이를 감당할 수 없게 되었고 오히려 책들이 전승된 교리에 도전하면서 교회와 국가의 불안정한 상호침투에 위협을 가하고 있다는 사실이 분명해지면 질수록, 그만큼 더 책을 통제할 수 있는 적당한 수단을 맹렬히 찾아야만 했다. 사전검열은 그에 적합한 수단처럼 보였는데 출판과정에서 인쇄에 착수하기 전 바로 원천에 개입하고 저자는 자신의 텍스트를 적당한 기관—대학학장, 종교재판소—에 검토를 요청하고 텍스트는 시험에 통과한 이후에야 인쇄가 허용됐기 때문이었다. 쾰른대학에서는 1475년 이후 그런 방책의 존재를 찾아볼 수 있다. 그래서 1515년 종교개혁의 바로 앞마당에서 교황 레오 10세(Leo X, 1475~1521년)는 칙서로 이교도 문서에 대한 검열을 요구하고 1520년 또 다른 칙서로 루터를 사교도로 낙인찍었고 황제 칼 5세(Karl V, 1500~1558년)에게 사교도에 대한 강한 제제를 촉구했을 때, 마침내 황제는 1521년 5월 8일 보름스(Worms) 칙령으로 루터의 책과 교회와 교황을 거스르는 모든 출판물의 일반적인 금지뿐만 아니라 또한 모든 세속적 정신적 저술에 대한 사전 검열의 도입 역시 지시를 내렸다. 이것은 독일 제국 내에서 국가의 서적 검열의 시작이었지만 그 내적인 발달 논리는 있을 수 있는 지방 영주들의 반역과 저항에 대해 황제 감독기구의 사법적 접근을 강화시키고 동시에 감시수단을 단순화시키려는 의도였던 것이다. 그래서 책은 1530년 이후 간행요목에 인쇄업자의 이름과 인쇄 장소를 명기해야만 했고, 1548년 이후에는 편집자의 이름도 그래야 했으며, 1570년부터는 인쇄업자를 보다 쉽게 감시할 수 있도록 이들은 수도, 제국 및 대학도시에서만 거주가 허용되었다. 1579년부터는 황제 도서위원회가 프랑크푸르트 책 시장을 감독했고 1596년부터는 이런 감독이 시장 시즌을 벗어난 시기에까지 확장되었다. 교회의 측면에서 이 같은 정규 안건은 1559년 출간된 〈금지된 책들의 인덱스(Index librorum prohibitorum)〉를 통해서 보완되었는데 예전 각 지역의 금지 카탈로그—1550년경 특히 쾰른, 파리 그리고 뢰벤 대학에 있었다—를 받아들이고 보충했고 교회의 요구에 걸맞게 일반화시켰다. 인덱스에 실린 책들은 모든 시대에 세상에서 파문의 처벌을 받고 누구도 더 이상 인쇄, 보급 혹은 보존이 허용되지 않는다는 것이었다. 작품이 전체적으로 금지된 작가는 603명—그 중에는 특히 루터와 에라스뮈스 폰 로테르담이 들어 있었다—일부 작품이 금지된 작가는 117명, 그리고 모든 제품이 금지된 인쇄업자는 61명에 달했다. 그 밖에도 현지어로 된 모든 성서에 대해 금지령이 내려졌다. 책 검열의 실질적 필요성에 따라 1571년 금서성(禁書省)이 설립됐는데, 특히 "정화가 끝난" 즉 사전검열을 통해서 정화된 텍스트를 공급했다. 그럼으로써 검열은 그 조직적 매체적 과정을 찾아냈다. 금서성과 황제의 책 위원회는 책 리스트를 참고했는데, 그 안에는 금지된 것 혹은 공인된 것(즉 프랑크푸르트 책 위원회에 의해 검토된 인덱스)이 포함돼 있어서 책 시장을 필터로 걸러낼 수 있었던 것이다. 이런 필터가 긍정적이든 아니면 부정적이든, 어쨌든 그것은 이름 필터(편집자 이름, 인쇄업자 이름)였는데 알파벳순으로 배열을 해서 이름 뒤에 서 있는 인물이 책임을 질 수 있도록 기능적으로 매섭게 만들어진 것이었다.[101]

책의 텍스트적 측면과 상업적 측면의 중첩은 물론 앞서 요약한 보호 및 통제 수단으로 이어졌을 뿐만 아니라 또한 활판인쇄술적인 차원에서 표지의 발전으로 이어졌다. 처음 시작은 눈에 띄지 않았는데 1460년대 중반부터는 더 이상 인쇄된 책에 바로 텍스트를 투입하지 않고 그 위에 빈 지면 혹은 빈 종이를 1장 끼워 넣는 것에서부터 시작됐다. 이 빈 종이 위에 1480년대부터 단순히 장식된 혹은 목판으로 보완된 제목이 인쇄돼, 책의 내용을 간략하게 보여주었는데 이것이 이른바 라벨 타이틀이다. 곧 1490년대에 오늘날 보편적으로 사용하게 된 표지 위에 인쇄자의 이름, 인쇄자 표시, 출판연도 혹은 출판장소가 덧붙여졌다. 1520년경에 표지는 간행요목과 함께 책의 확고한 구성요소가 되었다. 이런 발전이 본질적으로 인쇄업자와 책판매상의 필요에 따라 촉진되었는데 일반적으로 통 안에 담겨 묶이지 않은 상태로 수송되는 책을 쉽게 알아보고 그럼으로써 실물경제를 보다 잘 조직할 수 있게 됐음을(어떤 책이 몇 권 포장됐는가? 몇 권이나 배송됐는가?) 잘 보여준다. 하지만 바로 이런 구조적 장점은 광고효과와 연관된다는 것이 분명해졌는데 표지 때문에 그 책의 제목을 표시할 수 있었을 뿐 아니라 표지목판화와 같은 조형적 특징을 통해서 그 책이 교재인지, 팸플릿인지 아니면 풍자집인지 그 소속을 그리고 인쇄소 상표를 표기함으로써 인쇄의 질적인 주장을 표시할 수 있게 되었기 때문이다. 다른 말로 하면 제목은 책임—누가 텍스트를 썼는가? 누가 그 텍스트를 어디에서 언제 인쇄했는가?—을 확인했고 이같은 확인 덕택에 내용적 질적 지표가 되었다는 뜻이다. 바로 여기에 책 검열이 연결될 수 있었는데 표지의 진술을 허가 혹은 금지의 필터로 이용했기 때문에 그 진술을 반드시 기입하게 했다.[102]

검열규정으로 상품으로의 책의 발달은 종결을 맺는다. 인쇄업자와 책 거래상이 간행요목으로 의도했었던 것―텍스트의 진정성에 대한 그럼으로써 그 질과 거래 가치에 대한 지표를 제공하는 것―은 얼마 지나지 않아 검열의 도구가 되었다. 책의 가치를 더 이상 그 내적인 질에서 끌어내는 것이 아니라 정치적 종교적 유용성에서, 간행요목에서 확인할 수 있는 이름을 근거로 거둬들이는 것이다. 1500년 이후 책을 쓰는 사람은 더 이상 내적인 공간을 위해 즉 신을 향해 투명하게 되고 그럼으로써 읽는 사람의 명상을 촉구하기 위해 자신의 이름을 걸고 서 있는 것이 아니었다. 마지막으로 그런 주장을 요하네스 트리테미우스(Johannes Trithemius, 1462~1516년)는 1492년 인쇄된 〈작가의 찬사(De laude scriptorum)〉에서 했었다. 또한 우르비노 공작에게 그랬던 것처럼 호사스런 책의 화려함을 통해서 자기 자신의 이름을 과시하고 싶었던 귀족의 과시 공간에도 더 이상 서 있지 않았다. 이제 책을 쓰는 사람은 오히려 점점 더 종파적으로 돼 가는 분쟁과 냉혹함의 공간에 서 있었고 그 안에서 저자의 이름은 인쇄업자의 이름과 더불어 소송에 휘말릴 수 있는 것이 되었다. 사람들은 인쇄된 책으로 늘 세상과 시간의 강 속에 닻을 던지기는 하지만 종파적 갈등 속에서 시간의 강은 탁해지고 세상은 꺼져버릴 것 같은 위협에 처하게 되었다.

Chapter 6

Das industrielle Buch

산업적 책

구텐베르크 이후 100년 이전에는 손으로 쓴 코덱스로 전승되던 모든 것들이 인쇄된 형태의 책으로 나왔을 뿐만 아니라, 오히려 책은 완전히 다양한 관심사를 위한 매체로서 유지되었다. 책으로 고대 저자의 텍스트내지는 최신 설교, 교회 성가, 대중적인 이야기책 혹은 기사로맨스 등등도 읽을 수 있게 되었다. 이는 교과서 혹은 신학적 과학적 전문서적으로 일러스트가 있거나 없이 유용했다. 그리고 오래된 그리고 새롭게 발견된 세계가 어떤 모습인지 알고 싶은 사람은 게하르트 메르카토르(Gehard Mercator, 1512~1594년) 이래 지도책을 참조했는데 그 위도와 경도 덕택에 세계 어디에 자신이 서 있는지를 정확히 알 수 있었다. 이처럼 책이라는 매체가 다양해진 것은 시장에서 거래되는 모든 다른 재화와 같은 재화로 책이 변형된 것과 결부돼 있었지만 책 시장은 늦어도 17세기 이후에는 여전히 제한적이기는 하지만 유럽공동 시장이었다. 종교개혁 이후 모든 삶의 영역의 종파화는 오랜 기간 심화된 종교적 문화적 분열로 이어졌고 이는 유럽을 프로테스탄트의 북부와 가톨릭 남부로 갈라놓아 결국 신성로마제국의 접촉지대에서 30년 전쟁이라는 긴장상황이 생겨나게 됐다. 그 결과 제국 내

.....
게르하르트 메르카토르의 룩셈부르크와 트리어 지도 투영도: Atlas sive cosmographicae meditationes de fabrica mundi et fabricati figura. 1595년 뒤스부르크에서 제작. 지도포맷: 45×34cm. 지도축적: 1:500000. 아틀라스의 지도는 구매자의 요청에 따라 손으로 채색되었다.

지역 군주들은 정치적 요구와 종파의 간청을 오버랩 시켜서 안정적인 지역 국가를 이루는 데 성공할 수 있었다. 그 안에서는 한편으로는 황제의 권력이 제한된 것처럼 보였고 다른 한편으로는 도시와 시민의 영향력을 제한시켜 신분제에 기초한 군주국가에 자리를 마련하게 되었다. 시민계급은 이 국가에서 이제 관료층을 형성해 점점 더 광범위해지는 입법을 토대로 군주지배를 내적으로 안정시켜나갔다. 그 결과 권력에 접근하게 되었고 그 속에서 시민계층은 "기능 엘리트"로서의 새로운 역할을 획득하고 귀족의 타고난 권리를 제치고 이런 경쟁에서 마침내 시민 자의식을 발달시켜나갈 수 있게 되었다.[103]

인쇄된 책에 있어서 그것은 책이 보편적인 매체가 되었지만 동시에 점점 더 국가화돼 가고 있다는 것을 의미했다. 이런 국가화는 우선 프랑크푸르트 암 마인이 16세기 초반 이래 검증된 유럽 전체의 책 거래 중심지로서의 지위를 잃고 그 대신 남쪽 가톨릭 제국 영토로 가서 가톨릭 유럽에 영향을 미치는 무역의 중심지 역할을 넘겨받았다. 반면 라이프치히는 1600년경부터 프로테스탄트 제국 지역과 프로테스탄트 북유럽의 책 중심지로 발전해나갔다. 이같은 종파적 경제적 분열과 언어적 문화적 분열은 연결이 돼 있었는데, 종교 정치적 변동은 또한 지적인 소통의 언어로서 라틴어의 중요성을 새롭게 부각시켰기 때문이다. 가톨릭 국가에서는 라틴어를 신학과 학문의 언어로서 우선 여전히 고집했던 반면, 프로테스탄트 지방에서는 주민의 전도를 위해 필요한 대중언어의 자극이 이미 신학적 과학적 출간으로도 옮겨 붙었고 대중언어로 된 책의 비율을 꾸준히 상승시켜주었다. 이런 과정은 제국으로서는 긍정적이었는데, 독일어 서적의 비율이 1600년에는 29%에서 1700년에는 62%까지 상승했고 1800년에는 96%에 도달해 라틴어 서적은 거의 완전히 배척당하게 되었다. 프랑크푸르트와 라이프치히라는 도시 모두에게 이는 프랑크푸르트가 가톨릭뿐만 아니라 라틴어 책에 대해서도 종착역이 되었던 반면, 라이프치히는 프로테스탄트와 대중언어 문학을 위한 거래장소로 발달했음을 의미했다. 그럼으로써 라이프치히가 제국의 가장 중요한 책시장 도시로 상승하는 데 초석을 놓게 되었고, 색슨족 책 위원회로부터 후원을 받았는데 위원회는 경제적 가능성을 인식하고 자유로운 검열과 결합해서 라이프치가 출판 장소로서도 매력적이게 만들었고 17세기말에는 가장 중요한 책거래 및 출판의 도시로 자리 잡을 수 있게 해주었다. 이를 간단명료하게 알아볼 수 있는 것이 라이프치히에는 1739년 주민은 28,000명이었는데 이곳으로 20개의 서적거래소, 15개의 인쇄소, 22개의 제본소, 11개의 동판인쇄소, 8개의 동판화 제작공장과 3개의 활자주조소가 왔다는 사실이다.[104]

독일과 유럽의 이 같은 "도서정책 분열"은 활자 인쇄의 영역에서는 로마문자체(Antiqua)와 독일문자체(Fraktur)의 사용구분에서 알아볼 수 있다. 독일문자체가 막시밀리안 1세(Maximilian I, 1459~1519년)의 비엔나 궁정에서 고안된 것은 아마도 〈백색왕(Weißkunig)〉을 위한 것으로 보이는데, 이는 1513년 제작됐지만 미완으로 남아 있는 황제의 자서전이다. 그 후 물론 변형된 형태로 1517년 뉘른베르크에서 인쇄된 〈토이어당크(Theuerdank)〉와 알브레히트 뒤러의 저술에 이용되었다. 그래서 독일문자체는 독일어권역에서는 처음부터 고급스런 글자로 만들어졌다. 그리고 나서 처음부터 작품을 특이한 비텐베르크 활자로 인쇄한 종교개혁이 독일문자체로 넘어갔을 때, 이제는 문자정책상으로도 로마에 대항하는 신성로마제국의 의지를 강조하고 신교영토에서 인쇄활자에 자체 정체성을 부여할 수 있게 되었다. 이는 개신교 지역에서 신속하게 설립된 학교를 통해서 광범위하게 영향을 미쳤고—그곳에서 강의된 종교개혁과 따라서 독일문자체로 인쇄된 글자들의 읽기 그리고 그곳에서 강의된 독일어필기체로 된 저서—가톨릭 제국영역은 그들도 점점 더 교양과 학교에 투자를 하면서 독일어문자체를 유행하는 독일어 글자로서 인정하고 수용하기에 이르렀다. 이런 발전의 결과는 유럽 글자의 분열이었는데 로마 가톨릭 국가는 로마글자의 인쇄를 그리

루트비히 XIVtp 도서관의 책 제본. 부르봉 왕조의 백합문장이 들어 있다.

볼펜뷔텔 자신의 도서관에 있는 아우구스투스 대공 2세(the younger), 콘라트 부노의 동판화, 약 1650년.

고 독일어권, 앵글로색슨족과 스칸디나비아 국가들은 독일어문자체를 선호하게 되었다.[105]

로마문자체와 독일어문자체라는 활자 인쇄의 이 같은 거대공간에서 신분제 군주국가의 형성은 당연히 책을 궁정의 과시매체로 만들기에 이르렀다. 군주와 국가의 영향력은 그가 얼마나 값비싸고 호화스럽게 책을 제본하게 해서 그 미학적 완성도를 관철시키느냐에서 측정해볼 수 있었다. 여기서도 유행이 있었다. 동양의 영향을 받아들인 파리 궁정을 따를 수도 있었고, 경제적으로 번영한 이탈리아의 상업 메트로폴리탄을 중요시하기도 했다. 물론 가능한 가장 완성된 도서관에 가능한 가장 완성된 책을 수집하는 것 역시 중요한데 여기서는 수집품이 직접적으로도 유용한지 여부는 일단 중요한 것이 아니었다. 오히려 정말 중요한 것은 희귀하고 신기한 것, 이전 시대에서 당대로 온 것 따라서 희귀한 텍스트나 희귀한 판본으로 도서관에 있는 것이었고, 바로 그 옆에는 골동품 전시실 혹은 희귀품 진열실 안에 희귀한 박물표본, 동전 혹은 그림이 수집돼 있었다. 동전수집, 그림 그리고 박물표본에서 그 사용이 별로 중요하지 않듯이 책에 있어서 그 책을 읽느냐는 별로 중요하지 않았다. 도서관에 수집품으로 합병돼, 아름다운 제본 속에서 테마별로 체계적으로 분류돼, 신이 세상을 통틀어 배열하고 통치하듯, 통치자 군주에 의해 같은 방식으로 분류되고 통치되는 자연의 왕국에서 인간 사회에 이르기까지 세상의 위계질서 구분을 표현한 것으로 충분했다.

하지만 호사스런 책의 수집이 결국 그 자체가 목적이 아니라 세상의 지배에 대한 표현이라면 책에서 이같은 지배는 두 가지 방식으로 나타났다. 하나는 경험적-세속적인 것의 다양함을 기록하고 이용할 수 있게 만들었다는 것이다. 그리고 다른 하나는 책 덕택에 확인되고 이용할 수 있게 된 세상의 다양성이 카탈로그를 통해서 원하는 목적에 따라 배열된다는 것이다. 그럼으로써 카탈로그 덕택에 도서관에서 특정한 테마 포트폴리오에, 그리고 이런 테마 포트폴리오 덕택에 결국에는 세상에 접근하는 것이 가능해졌다. 따라서 17세기 국가가 이같은 경험적 세속적인 것에서 점점 더 경제적 원천을 발견하고 발굴하기 시작했을 때, 도서관에 수집된 책 중에서 유용한 책들의 독서는 단순히 세상을 보여주는 것이 아니라 이를 개발하고 국가에 유용하게 만드는 것이어야만 하게 되었다.[106]

이런 국가에서 이제는 그러나 시민계층은 관료적-사법적 직능엘리트로 연결돼 있었기 때문에 책에 대한 시민의 시각 역시 변화하게 되었다. 하지만 신분제적인 과시 욕구를 표현할 수 있을 뿐만 아니라 학문적 유효성을 주장할 수도 있었던 대형 폴리오는 이제 점점 더 기본적으로는 지극히 비실용적인 책 포맷임을 사람들은 알게 되었다. 책의 테마가 실용적이고 유용한 것을 지향한다면 쉽게 취급하는 것과는 따라서 실용적인 것과는 전혀 거리가 먼 폴리오 포맷을 가진 책을 가지고 무엇을 할 수 있단 말인가? 물론 한동안은 책 바퀴와 같은 보조테크닉을 통해서 문제를 해결하려는 시도를 할 수도 있었다. 하지만 문제의 본질적인 해결은 책의 포맷을 축소하는 데 있었다. 유럽에서 1620년경 시작돼 1740년경 끝났고 제국에서는 30년 전쟁의 영향으로 훨씬 더 첨예화되었던 경제 불황의 오랜 시기에는 더 작아지고 경향적으로 저렴해진 책이 판매될 확률이 높아졌기 때문에 이는 이미 시대적 맥락에서 쉽게 이해할 수 있다. 작아진 책은 그러나 경제적으로 기회가 더 풍부했을 뿐만 아니라, 또한 시대의 종교적 요구와도 아주 잘 들어맞았다. 신구교로 분열돼 있던 기독교를 대신해서 국가가 통일과 평화의 수호를 떠맡아야 했을 때, 다양한 교리들은 더 이상 서로에 대해서 파괴적이지 않았고 따라서 국가 간 그리고 국가 내에서 종파적 차이에 대한 관용뿐만 아니라 또한 공공질서와 종교적 교리의 분리에 대한 필요성이 등장했기 때문이었다.

 교리는 그 어느 때보다 더 자신의 존립근거를 모든 국가 질서보다 먼저 그리고 그 위에 서고 싶어 하는 신자들의 의식 안에서 찾았지만, 국가 안에 있는 개인의 의식 속에서는 직접적인 관철 요구를 더 이상 내세울 수 없게 되었다. 이런 의식은 프로테스탄트 영역에서 물론 루터의 저술원칙을 통해서 강력히 느껴지는데 본질적인 구원 복음의 전달을 위해서는 복음서를 읽는 것으로 충분하다고 여기고, 그럼으로써 의식의 매체의 역할은 우선은 성서에, 그리고 나서는 그러나 책에 넘겨졌던 것이다. 읽는 사람은 읽은 것을 분석하면서 신과 세상에 대해 완전히 자신만의 시각을 발달시키고 자신의 의식을 날카롭게 만들 수 있었다. 그리고 그건 좀 더 작은 포맷의 책으로 특히 잘 할 수 있는 일이었는데 이런 책은 후기 중세의 기도서 이후 자아와 세계경험의 개인과 연결돼 있었다. 단지 이같은 개인의 경험공간은 이제 공적인 교리와 교조적 신학이 차지하는 부분이 점점 더 줄어드는 듯 보였다. 다른 말로 하자면, 작은 포맷의 책은 의식의 매체에서 개인의 세계 획득과 자기주장을 위한 매체로 발전해나갔다는 것이다.[107]

이같은 보편적 경향에 물론 차별적 요소들이 가세했다. 첫째 유럽의 오랜 정체기간 동안에도 경제적 문화적으로 번영한 국가와 중심지가 있었다. 네덜란드, 영국, 그리고 그 베르사유 궁정이 문화적 척도가 된 프랑스 등이 그것이었다. 이런 나라에서 제작된 책들은 제국에서 인쇄된 대부분의 책들이 따라갈 수가 없었는데, 제국에서는 경제적 문제가 좀 더 싼 제품을 강요했고, 그래서 질 나쁜 종이에 종종 닳아빠지고 손상된 글자로 인쇄를 해야 했고 또한 인쇄오류의 근절을 위한 세심함도 기대에 부응하지 못했기 때문이었다. 둘째, 하지만 작아진 책들도 계속해서 포맷의 차이로 그 다양한 등급을 명시했다. 그래서 그 명예로운 지위를 강조하고자 하는 텍스트에는 콰르트(4절판) 포맷을 기꺼이 사용했다. 다니엘 캐스퍼 폰 로엔슈타인(Daniel Casper v. Lohenstein, 1635~1683년)이 지었지만 그의 사후인 1689년에 출간된 〈아르미니우스(Arminius)〉처럼 귀족 고객을 위해 지어진 궁정-영웅소설이 됐든, 사서, 정치관료, 할레 대학 학장 그리고 무엇보다도 "결실을 맺는 사회"의 멤버로서 영향력이 풍부했던 인물이었던 루트비히 폰 제켄도르프(Ludwig v. Seckendorff, 1626~1692년)의 〈루터교의 역사와 변론에 대한 해설(Commentarius historicus et apologeticus de

포맷	전지판	지면수	페이지수	대략치수
Folio(2°)	1×	2	4	21×33cm
Quart(4°)	2×	4	8	22×29cm
Oktav(8°)	3×	8	16	14×22cm
Duodez(12°)	4×	12	24	8×12cm

책포맷

Lutheranismo)〉(1688년)과 같은 사료적 신학적 작품이었든간에 말이다. 그보다 작은 옥타브(8절판) 혹은 두오데즈(12절판)는 반면 궁정이 아닌 문학을 위해 사용됐는데, 예를 들면 1610년 4권짜리 옥타브로 발간된 요한 아른트(1555~1621년)의 〈진실한 기독교 정신에 대하여〉와 같은 종교적 교화적 텍스트, 혹은 1668년 12절판으로 인쇄된 그림멜스하우젠(Grimmelshausen, 1622~1676년)의 성공작 〈독일인 천치〉와 같은 악당소설에 사용됐다. 그리고 마지막으로 더 작고 경향적으로 더 저렴한 책도 실제로는 저렴하지 않았다. 로엔슈타인의 〈아르미니우스(Arminius)〉—1,300 콰르트 쪽을 가진 물론 대작—를 위해서 도시 관리는 어쨌든 1달치 월급을 바쳐야만 했다. 그림멜스하우젠의 〈천치〉에 대해서 페르디난트 알브레히트 1세(Ferdinand Albrecht I, 1636~1687년)는 1671년 24 그로셴을 지불했는데, 이는 오늘날 조심스럽게 그리고 시험적으로만 계산해보자면 60~90유로〔약 72,000~108,000원〕 사이의 금액—구매력에서 보자면 꽤 높은 액수인 듯하다—에 해당되는 것이었다. 그리고 가능한 최대의 매출을 올리기 위해 값싸게 장정한 종교서라고 할지라도 쉽게 토끼 2마리 혹은 버터 1킬로의 가격에 육박했고 그건 결코 모든 사람에게 저렴한 것은 아니었다.[108]

따라서 이 시대의 독자 수에 대해서 우리는 지나치게 큰 환상을 가져서는 안 된다. 처음에는 개신교 국가에서 장려된 학교와 점점 더 많은 나라에 도입된 보편적 의무교육—물론 19세기까지는 거의 관철되지 않았다—을 통해서 예전보다 점점 더 많은 사람들이 글자와 접촉을 하게 되었고 자기 이름을 쓰거나 학교에서 배운 텍스트를 반복해서 읽을 수 있는 상황에 이르렀다. 이런 능력은 1700년경 제국의 영토에서 살고 있었던 약 1,500만 인구 가운데 5% 정도가 지닐 수 있었다. 그러나 상당한 읽기와 쓰기 능력은 여전히 귀족, 도시 상류층, 학식 있는 사람들 그리고 (소수의) 라틴어학교 졸업생에 국한돼 있었는데, 즉 어쨌든 어느 정도 양의 책을 구입할 수 있는 사람들이었다. 그럴 수 있는 사람은 제국 전체에서 10만 명 혹은 인구의 0.7%가 채 되지 않았다. 이런 계층 사람들은 성서와 더불어 무엇보다도 직업 관련 서적을 읽었는데 상황에 따라 달라졌다. 국가 혹은 도시 직책을 가지고 있으면 법률을 읽었고, 교회 직책을 차지하고 있으면 신학을 읽었고, 영지를 경영해야 하는 사람은 경제를 읽었다. 그리고 그래도 읽을 시간이 남는 사람은 고대 고전이나 교화적인 것, 때에 따라서는 새로운 소설도 읽었다.[109]

18세기 중반 경 그러나 상황이 달라졌고, 그것도 급속하게 달라졌다. 첫째, 박람회 카탈로그에 광고되는 책의 양이 증가했다. 17세기 후반에 매년 800개가 넘는 신간이, 그리고 18세기 초반에는 매년 1,100여 개의 신작이 광고됐다면, 18세기 후반 신간의 숫자는 급속히 늘어나 18세기 말 경 독일어권(오스트리아 제외)에서는 약 5,000권의 책이 해마다 새롭게 시장에 출시되었다. 둘째, 신작의 테마별 정돈 역시 변화했는데 신학과 대중문학의 위치 이동은 가장 두드러진 것이었다. 1740년 신간에서 신학이 차지하는 비율이 38.5%였다면 1770년에는 겨우 25%로 떨어졌고, 1800년에는 신학 신간은 겨우 13.5%에 지나지 않았다. 대중문학의 경우는 완전히 정반대였다. 1740년 6%에서 1770년에는 16.5% 그리고 1800년에는 대략 21% 이상으로 상승했는데, 순수 문학 안에서 다시 소설은 뚜렷한 증가세를 보였고 1800년에는 무려 책 공급의 12%를 차지했다. 같은 시대 작가의 수는 약 2,000명에서 거의 11,000명으로, 그리고 독자의 수는 대략 10만 명에서 아마도 30만 명으로까지 치솟았다는 사실을 덧붙인다면—장 폴(Jean Paul)이 대중문학에 대해 아마도 재량껏 지나치게 높이 평가했듯이—사실 "읽기 혁명"이라고 말해야만 할 것이다.

그 근거는 본질적으로 계몽주의의 진행과정에서 시민계급은 귀족의 교양노력과는 달리 사회적으로 신분 강화를 목표로 한 교양이 아니라, 지식인이 공공의 영역에서 "공동의 선"에 대해 토론하고 결정할 수 있는 상황에 있기 위한 교

양을 목표로 삼은 것이었다.[110]

그러기 위해서 사람들은 책에 의지했지만 또한 대량으로 새롭게 창립되고 부분적으로는 대량으로 인쇄된 신문과 잡지에도 의존했다. 둘 다 새로운 미디어는 아니었다. 그 기원은 궁중 관청과 대형상점의 편지통신으로, 편지의 부속물 없이 수집해서 최종적으로 인쇄해 동맹, 사업파트너와 친구들 그룹에서 유통시킨 것이었다. 17세기 시작 이후 처음에는 슈트라스부르크에서 월 1회 발간된 〈릴레이션(Relation)〉이, 그리고 1609년 이래 볼펜뷔텔에서 출간된 〈아비조(Aviso)〉가, 그 후에는 1650년 이래 매일 라이프치히에서 출간된 〈아인콤멘트 차이퉁(Einkommend Zeitung)〉이 새 소식(이것이 "신문"이라는 단어의 기본의미다)의 보급 매체인 신문으로 활약했다. 보다 시간간격을 오래 두고 출간된 잡지는 반면 특별한 흥미에 중점을 두었다. 학구적 연구에서부터 (파리에서는 〈Journal des Scavans〉, 런던에서는 〈Philosophical Transactions of the Royal Society〉, 둘다 1665년부터) 계몽주의적-도덕적 질문(〈Die Discourse der Mahlern〉, 취리히 1721~1723년)을 거쳐 패션에 이르기까지(〈Cabinet des Modes〉, 파리 1785~1793년) 모든 것이 잡지의 대상이 될 수 있었다. 그럼으로써 책을 읽는 시민 대중은 다양한 테마를 빠르게 번갈아 읽으면서 습득하는 데 익숙해졌을 뿐만 아니라, 또한 신문과 잡지를 번갈아 읽은 반작용으로 드디어는 책이 이 세계에서 자신의 입지를 발견하는 데 도움을 줄 수 있는 매체로 인식하게 되었다. 세상에 대해 새로운 것을 경험하면서, 다른 사람과 같이 읽으면서 이런 경험을 나누고, 거기에 대해서 모임에서 말하고 토론하고—이를 위한 플랫폼은 이제 도처에서 모임을 토대로 생겨난 독서회가 제공했다—읽은 것에 대한 토론으로 공동의 가치관을 발전시키고 그럼에도 불구하고 동시에 자신을 세계의 시민, 국가의 시민 그리고 개인으로 생각했다.[111]

책이라는 매체에서 발견되는 이 같은 세계와 자기 성찰은 양극단 사이에서 펼쳐지는데, 세계 인식과 습득의 도구로서 백과사전 그리고 시민적 자신감의 매체로서의 소설이다. 여기서 백과사전에 필수적인 것은 세계의 대상을 자연 언어적 명명을 토대로 알파벳 순서로 배열한다는 것이었다. 이는 사전의 원칙으로 백과사전은 사전에서 이런 원칙을 빌려 왔을 뿐만 아니라 동시에 이를 능가했는데, 더 이상 한 언어의 범위를 확인하는 목적에서 단어의 질서가 아니라, 가르침을 받고 싶은 대상의 질서가 중요하게 된 것이다. 그럴 때 18세기까지 영향을 미친 모델은 피에르 베일즈(Pierre Bayles, 1647~1706년)의 1697년 2권으로 된 〈역사와 비판 사전(Dictionnaire historique et critique)〉였는데, 역사적 인물에 대한 정보를 제공했을 뿐만 아니라 또한 최초로 이런 정보에 완전히 모순되는 원전을 제공해서 독자가 원전을 토대로 스스로 판단을 내릴 수 있게 하였다. 이것은 완전히 계몽주의 정신에 입각한 것이었지만, 관계의 복잡성 때문에 중세처럼 주해풀이를 한 주석을 옆쪽에 구성하는 레이아웃으로 표현하면서 이를 통해서 새롭게 다성성(多聲性)을 연출하였다. 그러면서 그 자리에 머물지 않았는데 알파벳 배열 원칙은 보다 많은 대상을 참고서적에 수용함으로써 좀더 세속적이 될 수 있게 만들었고 세속성이 증가하면서 결국 객관성도 증가해서 제시되었는데 이런 객관성은 세상에 대한 많은 의견을 억누름으로써 표현되었다. 따라서 1728년 에프라임 챔버스(Ephraim Chambers, 1680~1740년)가 런던에서 〈백과사전: 혹은 예술과 과학의 보편사전(Cyclopaedia: or, an universal dictionary of arts and sciences)〉를 출간했을 때, 백과사전─챔버스의 작품이 이 장르에 이름을 붙여주었다─은 첫째, 모든 사람을 위해 참고할 가치가 있는 참고 서적이 되었다. 둘째, 참고지시를 통해서 백과사전 안에서 세상의 대상의 연관성을 재생산하는 참고서적이 되었다(그래서 "카오스"라는 표제에는 특히 "세상을 참조하라", "신을 참조하라", "혜성을 참조하라" 등등이 있었다). 그리고 셋째, 백과사전은 이제 논쟁적 토의보다는 신뢰할 만한 지식─챔버스의 말을 빌자면 "건전함"-의 제시에 더 관심이 있었다. 그럴 때 중요한 것은 정확히 지식으로 가치가 있는 것을 지극히 완벽하게 서술하는 것이 물론 아니었다. 챔버스와 그의 후계자들에게 훨씬 더 중요했던 것은 "교양"(학습)이었는데, 드니 디드로(Denis Didérot, 1713~1784년)가 1751년부터 35권의 폴리오 제본으로 발간했던, 최고의 성공을 거둔 〈백과전서 혹은 과학, 예술 그리고 기술에 관한 체계적 사전(Encyclopédie ou Dictionnaire raisonné des sciences, des arts et des métiers)〉에서 밝혔듯이, 뒤에 오는 세기를 보다 고결하고 보다 행복하게 만들기 위한 것이었다. 이것 역시 물론 계몽주의적 낙관주의로 써진 것으로 보다 많은 지식을 보다 높은 수준의 자결권과 같은 가치를 두면서 그릇된 전통의 권위 —특히 교회—에 맞서려고 했던 것이다. 하지만 동시에 급속히 확장돼 가고 있던 직업적 기술적 지식과 능력의 영역을 그에 걸맞는 백과사전 항목을 통해서 통제하고 소환할 수 있게 만들어 그 유용성과 관련하여 검토, 판단 그리고 재생산할 수 있게 하는 것이 그 목표였다. 이는 〈백과전서〉에 왜 그토록 광범위한 공간, 즉 직업적 기술적 일상이 들어있는지를 설명해주고, 이런 광범위함은 특히 그 유명한 일러스트 책에서 인상적으로 기록돼 있었다. 이 책들은 직접적으로 유용한 지식으로 가는 새로운, 즉 시각적 통로를 보여주었는데, 그런 장르에는 어떤 권위가 거기에 대해 무슨 말을 해야 했다는 것이 그다지 중요하지 않았다. 중요한 것은 오히려 시각적으로 나타나는 지식의 자명함이었고 이는 직업적 능력으로 실현되었다. 이같은 자명함을 고려할 때 백과사전을 쓰는 작가의 역할 역시 약해진다. 백과전서에서 작가들은 그들의 기고에 이름이 아니라 약자를 표기했고 1732년부터 1754년까지 독일에서 64권으로 발간된 요한 하인리히 체들러(Johann-Heinrich Zedler, 1706~1751년)의 〈모든 학문과 예술의 완전한 보편적 대사전(Grossen vollständigen Universal-Lexicon Aller Wissenschaften und Künste)〉은 완전 익명의 기고로 작성되었다. 백과사전의 컨셉트가 얼마나 성공적이었는지는 폴리오 포맷으로 발간된 〈백과전서〉가 곧 증쇄되었을 뿐만 아니라, 제네바와 뇌샤틀에서 콰르트 판으로 그리고 로잔느와 베른에서는 옥타브 판으로 출간됐을 때, 그 판매부수가 명백히 원래 판보다 늘어난 것을 통해 알 수 있다. 이는 백과사전적 지식을 더 소형의 매체로 소유하고자 하는 시민 독자들의 욕구를 보여준다.[112]

소설은 이런 세계인식과 획득의 확대를 도와주었는데 세계인식을 자아인식과 결합시키고 궁정의 영역과 시민의 영역을 대비시키면서 시민의 영역 안에서 온전히 "자신"으로 존재할 수 있음을 강조했다. 이런 자아에서 이제 하나의 세계를 발견하고자 한다는 것은 그러나 자존감이 그 사람이 속해 있는 신분의 지위에서 나오는 궁정 중심의 신분제 사회에 대한 저항이었던 것만은 아니다. 오히려 사람들은 자아에서 내 자신과 세계의 무차별점을, 즉 세계가 안에서부터 열리고 인식될 수 있을 곳을 찾았다. 요한 볼프강 폰 괴테(Wolgang v. Goethe, 1749~1832년)가 1774년 출간한 소설 〈젊은 베르테르의 슬픔〉에서 세계의 충만과 같은 의미로 그토록 강력히 "심장의 충만"을 외쳤던 것이다. 하지만 그것은 일상 건너편의 충만이었고, "궁정" 혹은 (시민적) 비즈니스라고 할 만한 것이었다. 그것은 예술을 후원하고 소설을 읽으면서 바로 이런 충만을 약속하는 충만이었다. 초기 낭만주의자들은 로맨틱한 시를 "진보적 보편시"라고 선전하면서 이를 고조시켰고, 시적으로만 될 수 있는 모든 것을 포용해야 한다고 말했다. 그 말은 현실을 끝없는 시적 강화의 과정에 예속시킨다는 뜻으로, 프리드리히 슐레겔(1772~1829년)이 〈아테네움 단편〉에서 공식화했듯이 "시인의 자유의지는 자신에 대해 어떠한 규칙도 허용하지 않는다." 따라서 자유란 문학 속에서의 자유 그리고 문학을 위한 자유—그리고 독서의 자유다. 여기서의 독서란 소설 속에서 진실한 세계와 진실한 자아를 발견하고 자아와 세계가 항상 이런 진실을 따르는 것은 아니라는 사실을 소설 속에서 위로받게 해주는 것이다. 소설이 옥타브 혹은 심지어 두오데즈 포맷으로 이런 위로를 준다는 사실이 소설을 설교집, 성가집 그리고 기도서의 매체적 승계자가 되게 만들었다. 하지만 그것은 야외에서 홀로 책을 읽고 스스로 선택한 사회에서 독서에 대해 의견을 주고받는 것으로 종교 공동체의 의례적 예배를 대체시킨 승계였다. 이를 토대로 마침내 시인 공동체가 결성됐는데, 종교 공동체가 제단을 둘러싸고 모였듯이 마찬가지로 한 작가의 작품을 둘러싸고 모인 것이었다. 그곳 테이블 위에는 소설이 "친구"로 놓여 있었고 작가의 메시지는 옥타브 혹은 두오데즈 포맷 덕택에 쉽게 독자들로부터 세상에 전달되었다.[113]

따라서 의심의 여지가 없다. 그 안에서 세계 그리고 자아와 조우할 수 있는 책은 성공한 매체였고 너무나 성공적이어서 동시대인들은 마침내 책을 읽는 사람들에게 "독서중독" 그리고 "독서광"이라는 진단을 내리게 되었다. 책의 성공은 물론 그것이 상품으로 시장에서도 접할 수 있기에 가능한 것이었지만 이는 18세기가 되기까지는 아주 제한적으로만 해당되는 경우였다. 그 때까지는 프랑크푸르트와 라이프치히에서 열리는 도서박람회가 신간의 교환에 기여했는데, 기본적 교환수단으로 인쇄된 종이다발이 있어서 원칙적으로 개별 출판사들 사이에서 1:1의 비율로 교환됐기 때문이다. 그것은 경제적으로 당연한 일이었다. 왜냐하면 교환을 통해서 사람들은 제국 영토의 많은 지역의 환전과 국제적으로 통용되는 화폐시스템에서 등장하는 어려움을 해결했기 때문이다. 동시에 교환거래는 출판사들에게 상대적으로 부족한 자본투입으로—자기 생산 비용만 충당하는 정도였다—박람회 동안 교환할 수 있는 책 생산에만 전념했다가 교환한 작품을 고향으로 가져와서 책 거래상을 통해 판매할 수 있게 되었다.

이런 방식으로 박람회에서 교환된 많은 책들이 아주 멀리 떨어진 지방까지 갈 수 있었지만, 그곳에서도 판매될 수 있는지 여부는 완전히 다른 문제였다. 대부분 교환된 책 가운데 한 작품만이 판매되었고, 이는 실제로 교환은 됐지만 판매되지 않은 책들의 재고가 끊임없이 상승해 결국에는 책 경매를 통해 경매에 넘겨지는 것 말고는 달리 도리가 없는 지경에까지 이르게 됐음을 의미했다.

그래서 18세기 중반 경 책 거래상 필립 에라스뮈스 라이히(Philipp Erasmus Reich, 1717~1787년)의 제안으로 사람들은 라이프치히 도서박람회에 나온 신간을 더 이상 교환하지 않고, 반품권 없이 25%를 할인해주는 대신에 현금을 지불하게 되었다. 이를 통해 점점 더 커지면서 동시에 가치를 잃어가는 재고의 문제는 구조적으로 제거됐지만 제국이 주도하는 교환에서 화폐거래(실거래)로의 이

······
구스타프 타우베르트의 1832년 작 〈모두 모든 걸 읽는다〉에 나타난 베를린 독서카페.

전은 비(非) 작센계 출판사에는 불이익을 안겨주었다. 이는 그들이 라이프치히에서 책 한 권에 대해 지불해야 했던 할인된 가격에, 여기에 더해 수송비용, 라이프치히 박람회 경비, 그리고 특히 화폐거래이기 때문에 이제는 환율비용도 감당해야만 했기 때문이다. 덧붙여서 책 가격은 화폐거래를 거치면서 일반적으로 더 비싸졌다. 교환거래는 발행부수를 높게 잡는데 경비를 회수하기 위해서는 천천히 판매해야만 했다. 현금거래에서는 그러나 리스크를 줄이기 위해서 빠르게 판매될 수 있도록 판매부수를 줄이고 그 대신 개별 책의 단가는 두드러지게 비싸졌던 것이다. 따라서 특히 제국의 남부지역이 교환거래를 고집하면서 무엇보다도 라이프치히 출판사의 반독점을 복제를 통해서 제거하는 일에 전념했다는 사실은 놀라울 게 없다.

예를 들어 칼스루에(Karlsruhe)에서 복제업자 크리스티안 고트리프 슈미더(Christian G. Schmieder, 1750~1827년)에 의해서 복제된 책이 라이프치히에서 주문한 원본보다 더 쌌고 슈미더는 라이프치히에서 주문한 책의 중개상으로서는 한 번도 벌어보지 못했던 수익을 내게 됐던 것이다. 이를 통해서 라이프치히 도서시장과 경쟁하면서 합법적 복제 경제가 자리를 잡았는데 책 거래상과 출판사의 판매망을 통해서 신간을 특히 제국의 남부에서는 상당히 유리한 가격으로 제공할 수 있게 되었다. 이는 카를스루에의 슈미더나 비엔나의 요한 토마스 폰 트라트너(Johann Thomas Trattner, 1717~1798년)와 같은 복제 인쇄 거물만을 만들어낸 것은 아니었다. 폰 트라트너는 26대의 인쇄기계, 자체 활자 주조소, 제본소와 동판인쇄공장 내지는 오스트리아, 유럽동남부에 무수한 지사와 창고를 그리고 막데부르크와 볼펜뷔텔에는 거래선을 가지고 있었던 인물이었다. 복제 경제는 특히 오늘날 우리가 "고전주의"나 "낭만주의"로 분류하지만 당시로서는 새로웠던 문학이, 예전의 "독서열기"가 한 번도 번지지 않았던 지역들에서조차 경제적으로 유익한 재화로—어쨌든 복제 인쇄업자들에게는—보급될 수 있

제본공장 모습. 19세기 석판화.

게 해주었다.

역사적으로 끝까지 관철된 것은 제국이 원했던 실거래도, 규제되지 않은 북제도 아니었다. 관철된 것은 오히려 조건부 교역(제한 거래)이었는데 여기서는 책 거래상이 출판사나 서적중개상이 미리 합의하고 공급하는 신간을 특정한 기간까지—일반적으로 다음 번 부활절 장—반품하거나 아니면 다른 정산기한까지 "처리"할 수 있었다. 이것은 확실히 교환 교역과 현금 거래의 타협안이었다. 전자는 지불기한과 따라서 리스크를 거의 자의적으로 미래로 연기할 수 있었고, 후자는 즉각 현금지급을 요구하면서 기업의 리스크를 책 거래상에게 전가하는 것이었다. 그리고 그것은 점차로 복제를 불필요하게 만든 타협안이었다. 조건부 교역에서 허용된 할인―대체로 33%였다―은 책거래상에게 본전을 뽑고 이익을 남기는 일을 가능하게 해주었기 때문이었다. 그리고 마지막으로 그것은 출판인의 역할을 이제 완전히 책 거래상의 역할과 분리시킨 타협안이었다. 출판인은 이제 더 이상 교환거래의 시대처럼 (교환된) 책의 판매 때문에 걱정할 필요가 없었고 커버해야 할 부수―즉 경비를 벌어들이기 위해 필요한 최소한의 책 분량―를 계산하고 책 거래상에게 전달하면, 책거래상은 자기 매상을 계산하고 팔리지 않는 것은 1년 뒤 출판인에게 반품시켰다. 그럼으로써 본질적으로는 오늘날에도 존재하는 책 판매형태가 도입되었다.[114]

재화로서의 책은 물론 이 제품으로 이익을 얻기 위해서 동시대인들의 독서중독에 접근했던 출판인과 책 거래상의 경제적 계산과 투기에만 의존한 것은 아니었다. 재화로서의 책은 오히려 순수한 실용가치의 차원을 능가해 계몽주의자들이 "교양"이라고 명명했던 독점적인 가치를 표현하고 있었다. 이런 가치를 시인들은 옹호했고 그들의 작품은 교양을 쌓고 자유를 향해가는 진실한 자아의 다큐멘터리로서 읽혀질 수 있었다. 자신들이 가치의 원천이며, 거기서 책의 경제적 교환가치를 끌어낼 수 있다는 사실을 작가들이 이해하자마자―그리고 이런 생각은 18세기 후반에 들기 시작했다―그들에게도 적당한 만큼의 교환가치가 흘러 들어와야 한다는 데 관심을 갖기 시작했음에 틀림없었다. 하지만 이것은 교환 거래와 현금 거래로 대체된 책 시장에서 그들이 작품의 원저자로서 출판과 복제업자의 활용이해관계에 맞서 자신들의 권리를 관철시키고 보장시켜야만 한다는 것을 의미했다.

철학자 임마누엘 칸트(Immanuel Kant, 1724~1804년)와 요한 고트리프 피히테(Johann G. Fichte, 1762~1814년)에 의해 전개된 고전적 논쟁은 물건으로서의 책과 특정한 형태의 생각으로서의 그 내용(생각의 결합의 방식, 언어적 사용과 합성)을 분리시켰다. '발행인을 원고의 구매자로 혹은 독자를 책의 구매자로 광고하는 것은 물질적 대상이지 책의 내용은 아니다. 내용은 돈으로 교환되는 것이 아니라 독서를 통해서 수고롭게 획득할 것을 요구하는 일이기 때문이다. 따라서 책에서 발견하는 생각의 형태는 독자의 생각형태에 예속되며 따라서 그에 따라 변하기 때문에 작가가 생각하고 쓴 것은 결코 독자의 것으로 획득될 수 없다. 언제나 작가의 정신적 소유물로 남아 있다.' 이것으로 인격권으로서의 저작권이 시작됐다. 즉 문학 혹은 학문적 저작에 대한 지배권이 저자라는 개인과 결합되고 물질적 대상으로서 원고 혹은 책에 대한 소유권보다 상위에 위치한 권리인 것이다. 이후부터 권리의 보호는 재화로서 책에 대해서가 아니라 원저자의 정신적 업적에 대해 유효한 것이 되었고 저자만이 그의 정신적 재산이 어떤 환경에서 어떤 조건으로 발행인에 의해 활용되어도 좋은지 결정할 수 있게 되었다. 사법제도가 이런 논쟁의 뒤를 이었는데 우선 1809년 「바덴 지방법」에서 그 577조항은 다음과 같다. "저작권은 원고뿐만 아니라 그 내용에까지도 미치는 것이다. 따라서 여기에는 사본 혹은 인쇄를 통한 복제에 대해서 스스로 판단을 내릴 수 있는 권리가 포함한다." 그 다음 1837년에는 프로이센이 「재본과 복제에 대한 학문과 예술 작품의 소유권 보호에 관한 법」으로 뒤를 이었는데, 보호기간을 저자의 사후 30년으로 정해놓았다. 이런 규정을 독일 연방은 1845년 이어받았고, 독일 제국은 1934년 50년으로, 독일 연방공화국은 1965년 70년 보호기간으로 이를 대체하였다.[115]

19세기 초반 돈 형태의 조건 거래 그리고 저작권의 확장이라는 새로운 경제는 "복제의 시대"에 종지부를 찍고 오늘날 우리가 당연하게 여기는 책시장을 형성했다. 밥벌이를 위한 직업 없이, 궁정에서 부양할 자리 없이 그리고 자기 재산 없이 글을 쓰는 것으로만 생계를 유지하려고 애쓰고 그럼으로써 "자유롭다"라는 형용사로 치장할 수 있는 작가들이 익명의 대중을 위해 글을 쓰는 것이다. 작가와 대중 사이에는 출판사가 중개를 해주는데, 팔릴 만한 원고를 책으로 만들려고 애쓰고 책의 판매부수에 따른 사례금을 통해서 저자에게 몫을 나눠준다. 작가가 돈을 받고 책을 써주는 대중은 이제 그러나 더 이상 계몽한 시민 대중이 아니다. 계몽한 시민대중이란 독서 안에서 자아와 세계 경험이 결합돼 있고, 읽은 것에 대해 사교적 대화를 나누면서 "이성의 공적인 사용"을 검증해보고, 이런 이성의 사용을 다시 "독서계 전체 대중 앞에" 책의 형태로 확장시킨다고 임마누엘 칸트가 1784년 발간한 논문 〈계몽주의란 무엇인가? 라는 질문에 대한 답변〉에서 상세히 밝힌 바 있다. 그러나 이제 18세기의 "독자혁명"은 시민 자결권의 강화로 이어지는 것이 아니라, 다만 책이 다른 재화처럼 돈으로 소비할 수 있는 재화로서 자리잡고 있음을 보여준다. 간단히 말하자면 "독서혁명"에서 익명 대중의 "독서소비"가 되었고, 이는 더 이상 사교를 목표로 하는 독서사회에 등장하는 것이 아니라, 상업적 대여도서관에서 소설을 대여해, 그 독서가 일상으로부터의 작은 도피가 될 수 있게 해주거나 직업적 번영을 위해 전문서적이나 참고문헌을 읽는 것이다.[116]

 독서소비는 물론 19세기에 이르러서야 속도를 내기 시작했다. 통계에 따르면 실제로 글을 읽을 수 있는 사람의 비율—즉 독서소비를 재정적 지적으로 어쨌든 할 능력이 되는 사람들—은 1800년 약 10%(이것은 장 폴의 30만 소설독자다)에서 1850년 25%로 상승했고 1차 세계대전 직전에 이르러서야 전 국민의 3분의 2에 달하게 됐다고 한다. 이런 증가는 분명 의무교육의 점차적인 시행 덕택이었고, 이는 특히 1810년대에 아동도서 출판사 설립 붐이 일었던 것에서 잘 드러나는데, 아동을 책 독자와 소비자로 발견하기 시작했기 때문이었다. 책시장의 확대—1805년 박람회 카탈로그에는 4,181권의 신간이 실렸고, 1845년에는 13,008권 그리고 1900년에는 24,792권의 작품이 있었다—는 하지만 또한 구

텐베르크 이래 도입된 수공업적 과정에 근거한 인쇄기술이 산업적 과정으로 전환된 덕택이었다.[117]

책의 산업화의 출발점은 구텐베르크 발명의 본질, 즉 수동 주물 도구였는데 이는 납글자를 규격통일해서 생산하고, 그 규격통일로 글자가 대량생산될 수 있는 잠재력을 가지고 있었다. 이런 기술적 토대 위에서 가능한 글자의 대량생산은 물론 구텐베르크의 발명이 삽입된 수공업적 맥락에 제한을 받는 여전히 소박한 것이었다. 노련한 활자주조공이 혼자서 하루에 주조해낼 수 있는 글자는 대략 600개 정도로 추산되기 때문이었다. 여기에 더해 규격통일의 과정이 아직 멀리까지 미치지 못했기 때문에 수동 주물 도구는 대량생산의 잠재력을 충분히 발휘하지 못했다. 한 인쇄소에서 생산해내는 글자는 이 공장에 투입된 주물 도구와 인쇄활자의 통일을 통해서 모두 단일하기는 했지만, 그럼으로써 생산과정은 바로 이 인쇄소에서만 규격이 통일된 것이었다. 또 다른 인쇄소는 완전히 다른 관례를 따라서 그렇게 할 수도 있었다. 여기에 대한 구제책을 만든 것은 프랑스인 프에르 시몽 푸르니에(Pierre S. Fournier, 1712~1768년)와 프랑스와 앙브르아즈 디도(François Ambroise Didot, 1730~1804년)로 거슬러 올라가는 활판인쇄 폰트－크기는 대략 0.376mm－를 글자등급, 즉 글씨크기의 척도로서 도입한 것이다. 그 후 19세기에 이르러 글자의 생산을 연속적으로 기계화시켰고(1838년 수동주조기계, 1862년 완전주조기계, 1884년 고속주조기계), 그러면서 글자의 생산량은 증가－1885년 퀴스터만 & Co의 완전주조기계는 하루에 5만 개의 활자를 생산해냈다－하기에 이르렀는데, 그러면서 활자인쇄 폰트와 그에 근거한 활자인쇄 시스템은 기계화된 생산과정공장과 회사를 망라해 규격을 통일하는 데 적합한 수단으로 입증되었다. 그 덕택에 19세기말 수행된 규격통일은 각기 다른 글씨 주물공장의 활자재료를 각기 다른 제작자의 활자 주조틀에 부어넣을 수 있게 되었다.[118]

그리고 점점 더 많이 늘어나는 텍스트의 양에 필요한 글자를 합리적으로 심을 수 있기 위해서는 식자기가 필요했다. 이는 활자주조의 기계화만큼이나 기계적이고 어려운 일임이 드러났다. 왜냐하면 기계 식자에 있어서 중요하고 중요했던 것은 예전의 손 식자나 중세의 필사본에서처럼 단순히 글자를 행과 문단에 맞춰 병렬하는 것이 아니라 텍스트의 진술의도를 그 기술적 형태—레이아웃, 실행된 식자—와 가능한 가장 완벽한 균형을 이루도록 해야 했기 때문이다. 따라서 식자기계는 19세기 후반에 가서야 즉 칼 카스텐바인이 1869년 특허를 낸 식자기계에서 시작해, 특히 그러나 오트마르 메르겐탈러(Ottmar Mergenthaler, 1854~1899년)가 1883년에서 1886년 사이에 개발한 "라이노타이프"로 산업적으로 식자를 심을 수 있게 되었다. 후자는 글자를 하나씩 주조해서 행으로 심은 것이 아니라 한 행씩 주조된 지형이었다. 톨베르트 란스톤(Tolbert Lanston, 1844~1913년)이 발명해 1897년부터 식자를 할 수 있었던 "모노타이프"는 드디어 천공테이프 위에 식자를 기입해서 활자주물과 자동 식자를 아주 유연하게 조종할 수 있게 해주었다.[119]

활자주물과 식자의 기계화와 나란히 인쇄기의 기계화가 진행되었다. 여기에 18세기 말에는 처음에는 인쇄기의 재료였던 나무가 철로 대체되었고 롤러는 더 이상 근육의 힘으로 당기는 막대기를 가지고 종이를 누르는 것이 아니라, 오히려 이제는 플라이휠과 크랭크 시스템을 통해서 보다 효율적인 힘의 전도가 일어나게 되었다. 본격적인 기술 혁신은 그러나 19세기 초반 요한 프리드리히 고트로프 쾨니히(Johann F. G. Konig, 1774~1833년)가 납작한 장대를 처음에는 1개의 그리고 다음에는 2개의 회전 실린더로 대체해 그 실린더 밑으로 조판을 통과시켰고 나중에는 이 기계가 종이의 양면을 동시 인쇄할 수 있도록 구성했다(1814년부터 완전기계).

쾨니히가 인쇄기 판매를 위해서 처음부터 근육의 힘이 아니라 증기에 의지

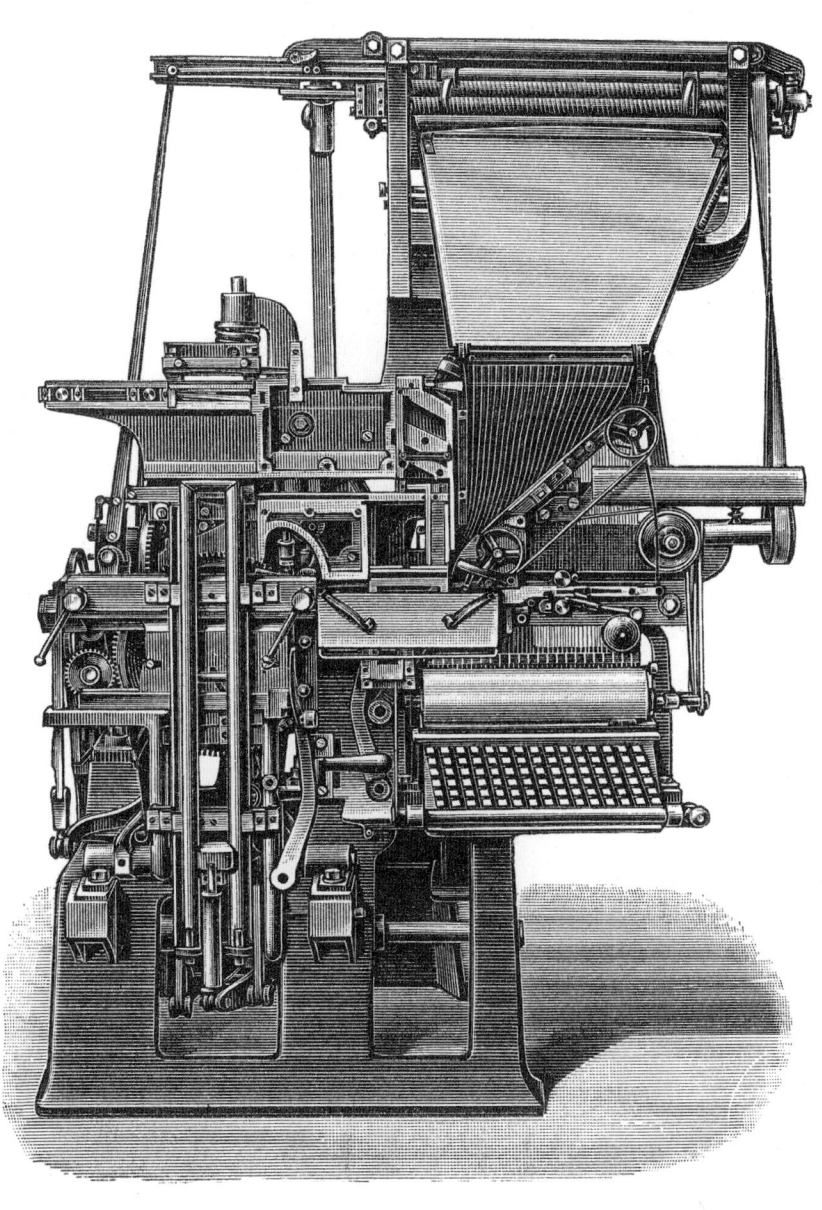

오트마르 메르겐탈러의 "라이노타이프".

했다는 것은 인쇄과정을 촉진시키는 데 또 다른 기여를 했고—쾨니히 이후 "고속인쇄"라는 말을 하게 됐다—인쇄기가 완벽하게 19세기 산업화과정에 삽입될 수 있도록 해, 인간의 노동력은 대규모로 기계에 의해 대체되었다. 또 다른 촉진제는 회전기계였는데 이 역시 조판을 회전 실린더 위에 설치해서 롤러에 감긴 종이가 회전 실린더 사이를 통과하게 하는 것인데 이로써 1836년 이미 시간 당 1만2천장의 인쇄실행을 목표로 삼을 수 있게 했다.[120]

이처럼 거대한 종이소비는 더 이상 재래식 종이생산 방식으로는 충족시킬 수 없었다. 즉 여기서도 산업적 해결책이 필요했고 그 첫 번째 단계는 1798년 프랑스인 니콜라-루이 로베르(Nicholas-Louis. Robert, 1761~1828년)이 발명해 영국에서 기술적으로 완벽해진 장망기(長網機)에 있었다. 이는 섬유를 원통 위를 굴러가는 흔들채 위에 올려놓고 압축롤러로 매끈하게 하고 건조시키는 것인데 최고 길이 5m의 초지를 만들 수 있었다. 물론 종이에 필요한 넝마가 항상 어디서나 충분한 양으로 사용가능한 게 아니라는 문제점은 여전히 남아 있었다. 이 문제를 프리드리히 고트로프 켈러(Gottlob Keller, 1816~1895년)는 1843/44년에 자신이 발명한 쇄목 펄프법을 통해서 해결했는데 이는 껍질을 벗긴 나무를 숫돌로 갈아서 섬유로 만들어 부드럽고 종이생산에 적합한 펄프를 만들어내는 것이었다. 그가 19세기 중반 이후 영국, 미국 그리고 독일에서 나무 섬유를 화학적 과정을 통해 녹여서 펄프 죽을 만드는 데 성공했을 때 그것은 거의 무한대로 값싸게 쓸 수 있는 종이생산 원자재를 획득한 것이었다.[121]

보충해야 할 것은 이제 물론 책제본의 생산도 산업화하는 것뿐이었는데 (1855년 책 본문을 위한 바퀴절단기, 1849년 접지기, 1873년 철사기), 이는 요판인쇄방법(동판화, 강판화) 덕분에 책에 인쇄된 단색 일러스트를 그리고 평판인쇄방법—그 최초는 알로이스 젠네펠더(Alois Sennefelder, 1771~1834년)가 1790년대 개발한 리소그래피로, 그 뒤를 19세기 후반에 오프셋과 콜로타이프가 이

뉴욕에 있는 미국의 거대 고속인쇄기.

었다—덕택에 또한 인쇄된 컬러일러스트를 구비할 수 있게 해주었다. 이로써 책은 원칙적으로 디지털화가 되기 전까지 유지된 생산기술 수준에 도달하게 되었다. 책은 시장형태의 재화로서 소비될 수 있는 대량물품이 되어 산업적으로 생산되었다.[122]

이처럼 책이 소비재로 변형되는 과정은 1867년 "고전작가의 해"와 그 결과에 상징적으로 압축되어 있다. 독일 동맹이 1845년 작가 사후 30년의 저작권 보호기한을 도입했을 때, 이는 다양한 보호기한을 낳게 했는데, 즉 동맹에 속하는 지방이 그런 30년 보호기한을 1845년 이전에 이미 알고 있었는지 아닌지에 따라서 달라졌던 것이다. 그래서 30년 보호기한 시행일을 전 동맹적 차원에서 통일적으로 1867년 11월 9일로 하기로 결정했고 1837년 11월 9일 이전에 사망한 작가의 작품은 1867년 9월 9일 동맹 전체에서 권리소멸 상태가 되었다. 그 결과가 어땠는지는 코타 출판사의 운명에서 읽어볼 수 있다. 요한 프리드리히 코타(Johann F. Cotta, 1764~1832년)는 원칙적으로 모든 중요한 그 시대 독일어 작가를 그의 출판사에 묶어 놓을 수 있었는데, 출판사의 제품이 저작권을 통해서 보호를 받고 있었기에, 작가들에게 상당한 보수를 지불했고 그 자신은 한 재산을 벌 수 있었다. 그러면서 코타는 그 시대 인쇄기술의 가능성을 끊임없이 이용했다. 1815년 그의 출판사에서 발간한 쉴러의 〈작품모음집(Sämmtlichen Werke)〉을 그는 다양한 품질의 종이(특히 125권은 비싼 피지*에, 1,800권은 값싼 회색 종이에)에다 한 판에 6,000권을 인쇄해 다양한 구매층을 겨냥하였다. 1835/36년 발간한 12권짜리 일러스트 쉴러 작품 〈문고판(Taschenausgabe)〉은 반면 코타 출판사에서 고속 인쇄기로 이미 10만 권 인쇄됐고, 7년이라는 기간 안에 판매되기도 했다. 물론 코타의 출판 동료들도 고전작가의 해 이전에 기

---

* 양·염소·송아지 가죽을 가공 처리하여 그 위에 글을 쓸 수 있게 만든 비싼 종이

술적으로 무장하기 시작해 보다 많은 부수를 보다 값싸게 생산할 수 있으려고 했고 그래서 오늘날까지도 돌고 있는 소용돌이를 일으켰다. 비싼 작가에게 구애를 해서, 그들에게 높은 보수를 지불한다. 하지만 확대되고 경쟁이 치열한 시장에서 책값은 중요한 판매요인이고, 그 때문에 책을 가능한 유리하게 만들려고 하는데 그 말은 산업적으로 많은 부수를 생산한다는 뜻이다. 그리고 바로 그런 일이 작가의 해에 생겼는데 지금까지는 저작권의 보호를 받았기에 경쟁자가 없었던 코타를 출판사들은 자신들의 값싼 고전작가 간행물로 그만의 고유의 시장부분에서 경쟁하기 위해 서둘러 인쇄기를 가동시켰다. 레클람 출판사는 아직도 성공적인 "세계문고(Universal Bibliothek)"를 1867년 괴테의 파우스트 간행으로 시작해 몇 달 만에 2만 권을 판매했다. 구스타프 헴펠(Gustav Hempel, 1819~1877년)의 "독일 고전작가 모음 국민문고(Nationalbibliothek sämmtlicher deutscher Classiker)"는 심지어 처음에 15만 권으로 시작했다. 코타는 결국 이런 경쟁에 굴복해 독립출판사로서는 시장에서 사라졌다.[123]

산업적으로 공급되는 책 시장은 이제 불과 몇 년 뒤 고전작가의 간행물로 포화상태였고, 신간발행에 있어서도 고전작가의 해 이후에는 예전 상황으로 돌아왔다.

뛰어나고 유명한 작가의 평균 발행부수는 다시 2,000~3,000권 사이였고 무명작가 혹은 휠덜린처럼 까다롭게 여겨지는 작가들은 1,000권 훨씬 아래였다. 출판사업에 있어서 예전 상황의 회귀란 그러나 이를 통해서 독서소비의 행렬이 저지됐다는 뜻은 아니다. 고전작가의 해는 고전작가들을 독서활동 과정으로 빠르게 통합시키면서 행상들이 팸플릿으로 만들어서 문 앞에서 판매하는 값싼 상품의 대열에 편입시켰다. 행상의 주요 품목은 그러나 고전작가가 아니라 싸구려로 만든 오락소설과 대중잡지였는데 〈가르텐라우베(Gartenlaube)〉 같은 잡지의 경우 1870년대 중반 38만부가 넘는 간행물이었다. 여기에 신문이 힘들이

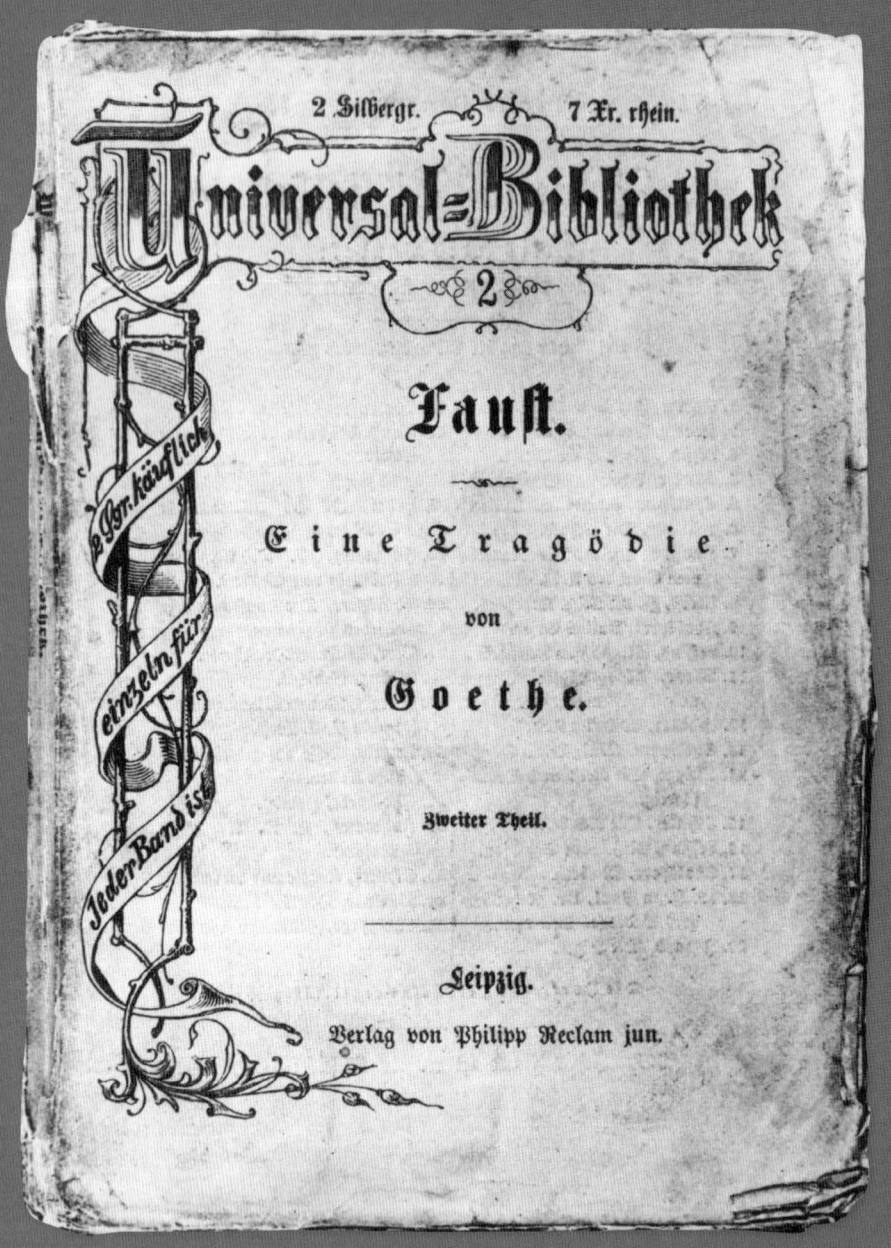

파우스트 간행본 2권 표지, 1867년 Reclams Unversal-Bibliothek에서 발간.

지 않고 합류할 수 있었는데, 뉴스의 비율을 르포, 오락면 그리고 무엇보다도 연재소설로 확대시키고 그럼으로써 독서활동을 고조시켰으며 발행부수에 있어서 책의 평균 발행부수보다 엄청나게 높은 자리를 차지했고 오늘날까지도 그 자리를 유지하고 있다. 1883년 창간된 〈베를린 지역 광고신문(Berliner Lokal-Anzeiger)〉는 하루 평균 발행부수 15만 부였고 1898년 창간된 〈베를린 아침 신문(Berliner Morgen-Post)〉는 1900년 이미 일일 발행부수가 25만 부에 달했고, 1930년에는 40만 부에 달했다. 하지만 이 말은 점점 더 많은 독자층을 확보한 독서활동이 매체상으로는 인쇄된 책보다는 언론에 의해 주도됐다는 것, 그래서 언론은 결국 통속언론으로서 완전히 오락에 전념하게 됐다는 뜻이다.[124]

19세기 말 책은 따라서 오락산업에 편입됐는데, 산업적으로 생산된 결과물을 다양한 판매경로—책을 파는 책 거래상, 3류 소설을 파는 가판대(행상판매의 후계자로서), 연재소설을 위한 신문—를 통해서 사람들에게 전달했다. 이는 책이 부족하고 소득도 빈약했을 때 독서활동을 가능케 해주었던 대여도서관의 종지부를 의미했다. 그 자리에 대량생산품의 판매망이 들어섰는데, 이런 책들은 소비재로서 더 이상 낭독과 대화를 위해 시민들을 한자리에 모으거나 혹은 작가 공동체도 설립하기를 원하지 않았고 익명의 독자가 원하는 텍스트 소비 욕구를 텍스트의 기계 공급을 통해서 충족시켜나갔던 것이다. 대량생산 서적에 있어서 이것이 의미하는 바는 책이 대중적 전문서적이 아니라 이제는 특히 대중 소설로 출간됐다는(그리고 출간되고 있다는) 것을 의미하는데, 스타작가—그들은 시장에서 롤모델 그리고 그럼으로써 상표 역할을 했다—예를 들면 칼 메이(Karl May, 1842~1912년), 루드비히 강호퍼(Ludwig Ganghofer, 1855~1920년), 헤드비히 쿠르스-말러(Hedwig Courths-Mahler, 1867~1950년) 혹은 요하네스 마리오 짐멜(Johannes M. Simmel, 1924~2009년) 등등에 의해 생산되고 출판사에 의해 엄청난 부수로—짐멜의 작품은 전 세계적 판매부수가 7,300만 부에 달한다—

삼류소설 시리즈 141권 〈유명한 인디언 추장(Berühmte Indianer Häuptlinge)〉(1910)

시장에 뿌려졌고, 지금도 뿌려지고 있다.[125]

　소비적 독서에는 사실 여전히 검열이 걸림돌이 되고 있었는데, 특히 사전검열로서 시장과정에 개입했다. 1848년 3월 혁명이 실패한 후 검열조치에 대한 정치적 정당화는 형법을 통해 달갑지 않은 책과 작가들을 처벌하는 도덕적 그리고 사전 사후 검열로 바뀌었다. 그 이후 원칙적으로는 자유롭게 글을 쓰고 인쇄를 할 수 있었지만 물론 독신(오스카 파니차, 1895년 그의 드라마 〈사랑위원회(Liebes Konzil)〉), 불경죄(〈천치(Simplicissimuus)〉 1898 빌헬름 II세의 팔레스타인 여행에 대한 그의 기고문 때문에), 혹은 포르노그래피(1900년의 "하인체법(Lex Heinze)" 때문에 법정에 서게 된다는 사실을 염두에 둬야만 했다. 이는 시장으로 하여금 스타작가를 양성하고 대중들에게 읽을거리를 대접하기에 충분한 활동무대를 마련해주었다. 이따금씩 어떤 책이 압수당했고 당한다는 것은 (마지막은 2003년 막심 빌러(Maxim Biller)의 소설 〈에스라(Esra)〉) 전체적으로 봤을 때 경제적으로 더 이상 중요하지 않았고 심지어 광고효과까지 더해져 작가와 그 출판사를 유명하게 만들기도 했다.[126]

　금전시장에 맞는 재화로서 책의 길을 이해했다면 1900년경 책이 재화로서의 특성 중에 두 가지 대조적인 모습으로 등장했다는 사실도 이해하게 될 것이다. 한편에서 책은 값싸게 생산된 대량재화로서 존재했는데 질적으로 최하위 등급에서 싸구려 잡지로 전락했다. 다른 한편에서는 그러나 대형 포맷에, 일러스트에 값비싼 호화장정이 있었는데 부유한 시민계층이 즐겨 살롱의 테이블 위나 더 좋게는 설교단 위에 펼쳐 놓았다. 이는 물론 중세 수도원 도서관 독서대에서 읽었던 폴리오판을 상기시키는 것이었다. 하지만 과거를 상기시키기에 그것은 무의미한 제스처였는데, 황제제국의 부유한 시민계층들은 책의 문화적 가치에는, 더더군다나 종교적으로 다시 책을 펼쳐놓는 데에는 거의 관심이 없었고 그러나 아마도 산업화 단계에서 획득한 부를 과시하기 위해 이런 책을 펼쳐놓는

데에는 관심이 있었을 것이다. 따라서 호사스런 폴리오판은 문화적 가치를 과시하기 보다는, 다분히 호사스런 작품의 소유를 통해 우회적으로 부를 표현하려는 시도였을 것이다. 하지만 값싼 대량서적이든 비싼 고전서적이든 두 경우 모두 책은 여전히 상업적 재화였다. 그리고 그것은 이제 책표지라는―19세기 초반 영국에서 처음 생겨났고 독일에서는 1890년대부터 채택되었다―광고 포장을 장착해, 구매자로 하여금 재화에 관심이 쏠리도록 해야 했음을 의미한다.[127]

상업화에 대해 영국에서는 수공업자, 예술가 그리고 식자공이었던 윌리엄 모리스(William Morris, 1834~1896년)가 반대했었다. 그는―그로서는 예술사가이자 사회철학자 존 러스킨(John Ruskin, 1819~1900년)의 작품에 영향을 받았다―산업화 과정을 통해서 과소평가된 수공업적 능력을 다시 예술 창조와 연결 짓고 싶어 했다. 산업화 과정은 삶의 많은 영역과 또한 책 시장에서 질적으로 떨어지는 제품을 생산하는 결과를 낳았는데, 그 때문에 모리스는 1891년 켈름스코트 프레스를 세우고, 수공업적 기준에 맞춰 다시 아름다운 책을 인쇄하고자 했다. 그럴 때 모리스는 책의 품질은 활자와 조판면 그리고 사용된 재료의 조화로 이뤄낼 수 있다는 사실을 인식하고 있었다. 따라서 그가 직접 활자를 구상해서, 풍부한 장식 등등을 통해서 중세 필사본의 미학과 접목시키고, 이를 자기가 넝마로 직접 만든 종이에 수동 인쇄기를 이용해 소량부수로 인쇄한 것은 당연한 일이었다. 식자 및 책 역사가들은 의견이 일치한다. 모리스가 켈름스코트 프레스로 행한 작업은 당시 인쇄된 것 가운데 가장 아름다운 것이었다고. 그리고 이 가장 아름다운 것 중에 가장 인상적인 것은 분명 1896년 출간된 〈초서 작품집(Works of Geoffrey Chaucer)〉였다고.[128]

모리스의 사례는 전세계적으로 지지를 받았는데, 독일에서도 일련의 공장들이 그의 아이디어를 받아들였다. 1900년 세워진 슈테글리츠 공장은, 라이프치히의 야누스-프레세(1907년), 다름슈타트의 에른스트-루드비히-프레세(1907

.....
19세기 말의 전설적인 상류층. 1897년에서 1900년 사이에 제작된 콘스탄틴 안드래예비치 소모프
(Konstantin A. Somow)의 그림 〈푸른 옷의 부인〉.

년), 브레머 프레세(1911년) 그리고 바이마르의 크라나흐-프레세(1913년) 등과 같이—이들은 모두 "프레세"라는 이름으로 이미 켈름스코트 프레스와 연결돼 있었다—아름다운 책에서 다시 문화적 공간을 획득하려고 하였다.

대중 편에서도 책 예술적인 관심이 그들을 찾아왔고 이는 1899년 애서가 협회(Gesellschaft der Bibliophilen) 그리고 1911년 막시밀리안 협회(Maximilian Gesellschaft) 등 애서가 협회의 창립에서 표출되었다. 이는 처음에는 엘리트들의 관심사로 머물렀는데, 훌륭한 장정에 수동 인쇄기로 인쇄한 책들은 물론 비쌌고 다수의 독자를 고려한 것이 아니었기 때문이었다. 독일어권에서 출판의 잠재적 대상으로 조직된 애서가 협회는 1차 세계대전 초기 겨우 그 회원이 1천 2백 명에 불과했다는 사실은 이를 잘 보여준다. 하지만 특히 윌리엄 모리스 같은 작은 공장에게 중요한 것은 대량매출이 아니라 문화적 각인을 새기는 일이었다. 스스로를 문화출판사로 자리매김 하려고, "가장 아름답고 가장 중요한 미션"으로—출판인 사무엘 피셔(Samuel Fischer, 1859~1934년)의 유명한 격언을 인용했다—여기는 모든 출판사들이 이를 받아들이게 된다. "대중에게 그들이 원하지 않는 새로운 가치를 강요하는 것"이었다. 쿠르트 볼프(Kurt Wolff, 1887~1963년)와 오이겐 디더리히(Eugen Diederichs, 1867~1930년)와 같은 출판인들이 그런 노선을 추종했는데, 후자는 슈테글리츠 공장에서 함께 일하면서 그 출판사에서 러스킨의 작품을 독일어로 번역해 출간했었다.

그리고 그것은 1901년 세워진 인젤 출판사가 모리스에서 시작된 도서미학적 그리고 사회적 관심사를 실재로 대중적으로 영향을 미칠 수 있도록 해준 노선이었다. 1912년 시작된 "인젤-도서관" 문고로 구매자들은 적은 돈으로 표준적으로 인쇄된 품위 있는 텍스트를 오늘날까지도 갖게 되었다.[129]

물론 켈름스코트 프레스가 관심을 가진 도서예술에 대해 곧 문제가 제기되지 않을 수는 없었다. 아돌프 로스(Adolf Loos, 1870~1933년)과 바우하우스(1919

1919년의 보호커버

년 창립)의 시대에 이제 그것은 다음과 같은 뜻이었다. 어떤 대상의 아름다움이 형태가 그 기능을 따르는 것에서 나온다면 이렇게 순전히 기능적인 형태에 어울리지 않는 모든 것은 불필요하고 하찮은 것이다. 그리고 이런 하찮은 것을 제거하는 것은 건축가 디자인에서 기능에 방해요소가 되는 장식을 제거하는 것이며 마찬가지로 책에서는 책 제작을 전적으로 활자에 의지하는 것, 철자의 미시적 차원에서도 스크롤*이 없는 따라서 세리프**가 없도록 하는 것이었다. 그것은 "뉴 타이포그래피"의 탄생의 시간으로 그로테스크한 글자로—세리프가 없는 글자를 그렇게 불렀다—책의 미학을 개선하고 동시에 그 가독성을 향상시키려고 했던 것이다. 그렇게 이른바 혁명의 열기가 멀리 미치지 못했다는 것은 "뉴 타이포그래피"의 옹호자들은 러스킨과 모리스라면 도덕적으로 불가능했을 일을 하는데 거리낌이 없었다는 것에서 알아볼 수 있다. 바로 광고 산업을 위한 플래카드를 구상하는 일을 했던 것이다. 분명 그 순전히 기능적인 형태는 당시 사람들이 생각했던 것만큼 그 자체가 혁명적이었던 것이 아니었고, 스크롤과 장식을 제거했기 때문에 기본적으로 기계에 적합하게 따라서 산업논리 속으로 완전히 통합될 수 있었다. 그렇게 봤을 때 얀 치홀트(Jan Tschichold, 1902~1974년)와 같은 혁명적 정신은 1930년대 이미 "뉴 타이포그래피"에 다시 등을 돌리고 후대에게 알려주기 위해 새롭게 고전적 타이포그래피 원칙을 탐색했다. "좋은 타이포그래피란 유행하는 타이포그래피가 아니다. 유행하거나 혹은 유행하는 듯 거동하는 타이포그래피가 항상 좋은 것은 아니다. 좋은 성과는 드문 것이다."[130]

어쩌면 제 1차 세계대전 이후 독일에서 시작된 초 인플레이션이 화폐가치를 떨어뜨리고 그럼으로써 문화전달계층으로서 시민계급을 왜소하게 만들지 않았더라면, 추는 아직 몇 번 더 산업적으로 완성된 책과 수공업적으로 아름다운

* 장식으로 새기는 소용돌이 무늬
** 영문활자에서 알파벳 상하의 가는 선

책 사이를 왔다 갔다 할 수도 있었을 것이다. 이런 상황에서 수공업적으로 탁월한 책을 통한 사회적 변형은 더 이상 생각할 수 없는 일이었다. 그 대신 산업화 과정이 계속됐는데, 한편으로는 문학 생산자와 소비자를 조합으로 조직해 자본과 기계의 협박에 어느 정도는 질적으로 대항해나갔다. 여기서 언급할 만한 것으로는 1909년 이미 작가조합으로 설립된 독일 문인 보호단체(Schutzverband Deutscher Schriftsteller) 그리고 1924년 설립된 독자조합으로서 구텐베르크 도서길드(Büchergilde Gutenberg)라고 할 수 있을 것이다. 다른 한편 출판사의 유통시스템은 산업적 시장메커니즘에 적응해나갔는데 경영, 편집부, 광고부서 그리고 제작에 있어서 내부적으로 세분화되기 시작했고, 동시에 외부적으로는 합병을 추구했는데 그 결과 트러스트가 형성되는 결과를 낳았다. 그런 트러스트 하나가 신문, 뉴스에이전시, 포토에이전시, 출판 그리고 인쇄소를 가진 울슈타인 출판사다. 이를 통해 울슈타인은 제품의 활용을 극대화시키고 당대 최고의 베스트셀러를 목표로 삼을 수 있도록 해주는 수단을 이용할 수 있게 되었다. 에리히 마리아 레마르크(Erich M. Remarque)의 소설 〈서부전선 이상 없다〉는 처음에는 울슈타인 소유의 〈포시셴 차이퉁(Vossischen Zeitung)〉에서 먼저 발표됐고 그 후 1929년 역시 울슈타인 소유의 〈프로피랜(Propyläen)〉 출판사에서 제본된 책으로, 울슈타인 인쇄소에서 인쇄됐다.

   책의 경제화가 한계에 다다른 것은 1929년 주식시장 붕괴 후 시작된 세계경제공항에서였는데, 이로 인해 대량생산 시장은 무너졌고 유럽에서는 파시즘 정권이 기반을 넓혀나갔다. 독일에서는 1933년부터 나치의 독재가 시장의 자유에 종지부를 찍게 했고, 그러면서 문인들의 조합적인 자율기구를 강제기구인 제국문인협회의 형태로 계승해서 이를 홍보부 산하에 두면서 책 거래상의 직업금지령과 출판사의 "아리아인화"를 통해서 유통시스템에 개입하고—울슈타인은 1934년 이미 타격을 받았다—당연히 광범위한 검열을 통해서 그 세계관이 허

락된 것만 책 시장에 나가고 공공도서관에서 이용할 수 있도록 했다. 1939년 시작된 전쟁경제는 이제 점점 더 부족해지는 자원의 관리를 위한 명백한 계획경제였는데 그런 자원가운데에는 책 생산에 필수적인 종이도 포함돼 있었다. 그럼으로써 남아 있던 책 생산은 1941년 반포된 출판사 설립금지령 그리고 1943년 반포된 출판사의 3분의 2 강제합병 등에 의해 통제를 받았다.[131]

전쟁 후 독일에서는 처음에는 시장에 대한 통제가 지속되었다. 한편으로는 전쟁으로 파괴된 산업시설 때문에 계속해서 자원이 부족했기에 시장에 대한 개입이 필요했기 때문이다. 다른 한편으로 그러나 연합국은 시장과정에 처음부터 별 관심이 없었는데 서독 국민을 민주주의로 그리고 동독국민을 공산주의자로 교육시키는 일에 몰두하고 있었기 때문이었다. 시장통제의 종지부는 서독에서는 1948년 화폐개혁에서 분명히 드러나는데, 이는 구매력을 안정시키고 그럼으로써 다시 시장메커니즘을 세울 수 있게 해주었다. 그 결과는 물론 나치즘과 전쟁을 통해 파괴된 출판의 통합과정을 다시 소생시키고 그럼으로써 산업적 대량서적은 그 승리의 행진을 이어가면서 현대의 문고본으로 변모하게 되었다.

물론 문고본의 역사는 알두스 마누티우스가 옥타브 포맷으로 인쇄한 책들로 거슬러 올라가며 더 멀리로는 중세의 소형 기도서까지도 미친다. 작은 옥타브 포맷은 18세기 이래 소설 포맷으로 선호되었지만 "문고본"이라고 불리는 모음집의 포맷으로도 되었는데, 이것은 오늘날의 문고본과는 달리 단단히 묶은 그저 작은 포맷의 책을 가리킨다. 하지만 1946년 로볼트-출판은 윤전기로 신문포맷의 책을 인쇄하는 일에 착수했다. "로볼트 윤전 소설"은 1946년 10만부에서 15만부 사이의 발행부수로 시작했다. 이 같은 제품방식의 결정은 당시 상황 때문이었는데, 연합국의 폭격으로 라이프치히는 전국적 책 거래 및 책 인쇄 중심지로서 거의 완전히 지워졌고 또한 그밖에도 1946년에는 많은 인쇄소와 인쇄 기계들이 여전히 파괴된 채였기 때문이다. 신문을 위한 윤전기는 그러나 도처

..... 투홀스키의 그립스홀름 성(Schloss Gripsholm), "로발트의 윤전기 소설" 신문포맷, 1946년 발간.

에서 찾아볼 수 있고 따라서 소설 인쇄를 위해 선택한 수단이었다. 여기에 더해 신문형태로 인쇄함으로써 부족한 종이를 보다 쉽게 확보할 수 있었는데 신문 인쇄용 종이는 우선 분배됐기 때문이었다. 로볼트는 계획경제의 제한이 철폐된 후 1950년 신문포맷을 문고본 포맷으로 바꾸면서도 여전히 "로로로 문고본"이라고 명명한 시리즈를 계속해서 윤전기로 그리고 값싼 본드제본으로 시장에 내놓아 성공을 거두었는데, 이 때 도입된 현대 문고본 책의 형태는 생산 기술적으로는 신문의 윤전인쇄를 받아들이면서 1900년경 이후 신문이 차지하던 독서소비를 책으로 되돌리게 되었다. 그럼으로써 로볼트는 문고본을 지배적인 책 형태로 정립했는데, 이는 책 시장에서 전체 매출의 35%를 차지하고 있었던 대중문학 가운데 70% 이상이 문고본으로 발간됐다는 사실에서 알아볼 수 있었다. 따라서 서점에 가면 우리는 우선 그리고 대부분은 산더미처럼 쌓여 있는 값싼 문고본과 마주치는 데 오랫동안 익숙해왔다.

그리고 그럼에도 불구하고 어쨌든 서점에서 제본된 책을 집어 들어보면 "하드커버"라고 그 분야 은어로 표시된 이런 종류의 책들이 사실은 그저 빳빳한 종이커버를 가지고 "소프트커버" 제본 문고본과 차이를 두고 있을 뿐임을 확인하게 될 것이다. 나머지는 그러나 따라서 다음과 같이 너무나 황량하다. 촉각학을 약속하는 천 커버도 없고, 지속성을 장담하는 실 스티치도 없고, 태양빛으로부터 보호받을 수 있는 엣지 컬러링* 도 없고, 그리고 독서의 기쁨 혹은 심지어 계몽의 순간이었던 지점을 표시해줄 북 리본도 존재하지 않는다.[132]

그 경향은 명백했다. 신문의 생산기술적 토대로 생겨난 현대의 문고본은 신문처럼 1회용 물품이 되었다. 1회용 물품으로서 책은 더 이상 예술과 계몽과는 상관이 없었고 바로 그 현란하게 화려한 제본 때문에 규격화된 대량생산 제품

---

* 가장자리 착색

으로서 곧장 오락산업의 도구적 수단으로 편입되었다. 오락산업은 물질적 형태를 갖춘 기호전달자로서 책이 어떤 것을 가지고 있는지 알려고 하지 않았고, 그저 소비적 "콘텐츠"를 위한 중간 전달자로서의 문고판의 활용성에만 관심이 있었다. 콘텐츠는 언제라도 "책"이라는 물질적 형태를 갖춘 대상으로부터 풀려날 수 있고, 상업적 상황에 따라 다른 판매경로를 통해서 상품화할 수 있다고－예컨대 오디오북, 영화, 비디오게임으로서－사람들은 생각했고, 그럴 때 중요한 것은 대량 판매가능성이었다.[133]

공교롭게도 디지털 미디어와 인터넷에서 시작된 압력이 이런 재화 미학의 트렌드에 역행하고 있는 것처럼 보인다. 책의 역사와 그 매체적 특성에 대한 재고는 곳곳에서 새로운 품질인식을 만들어내고 거기서부터 그 산업화 과정에서 잃어버렸던 책의 특성이 조금 되돌려지는 것을 알 수 있다. 종종 등한시했던 타이포그래피가 다시 강력하게 고려되고, 일러스트가 다시 책으로 돌아온다. 가끔씩은 심지어 엣지 컬러링과 실 스티치, 북 리본, 천 커버까지도 볼 수 있다. 디지털 미디어의 옹호자들은 물론 이를 짚더미에 떨어진 바늘로 여기면서, 지금까지 책 형태였던 "콘텐츠"가 지구별 디지털 네트워크로 이전하는 것에서 볼 수 있듯 역사의 경향을 깨뜨리지는 못할 것이라고 생각한다.

그들은 말한다. 미래에 필요한 것은 물질적 미디어로서의 책이 아니라 어디서든 인터넷에서 소환할 수 있는 연속기호로서의 디지털북으로 그 안에서 디지털화될 수 있는 것은 모두 편하게 결합시킬 수 있다고. 더 나아가 그럼으로써 계몽주의 시대 이래 약속해왔던 모든 것들이 드디어 충족될 거라고 그들은 말한다. 사물은 지금처럼 다감각적, 3차원적으로 우리에게 매체를 통해 모습을 보여주면서 분명히 열리게 될 것이라고. 어떤 책 어떤 인간도 말할 수 없는 방식으로 한 마디 말없이 스스로에 대해 말하게 될 것이라고.

Chapter 7

Das digitale Buch

전자책

문자와 책이 과연 인간의 사고, 즉 기억과 사유과정의 다채로움과 풍부함을 온전히 담아낼 수 있는 것인지에 대한 의심은 플라톤(서기전 428/27~348/47년)에게까지 거슬러 올라간다. 그에 따르면 문자기호는 인간이 함께 이야기를 나누고 생각하면서 의미를 싣지 않는 한 그 자체로는 의미를 담지하지 못한다. 기독교 역시 이런 의심을 받아들여 서양에 전달했는데 사도 바울(서기 약 62년 사망)의 말에 따르면 글자는 죽이고 영혼은 살리라는 것이었다. 이것은 윤리학과 종교의 견해에 어긋나는 말과 글이었는데, 교조적으로 해석된 규준 텍스트에서 벗어나 무엇이 보다 올바른 것인지를 도출해내려는 것이었다. 살아 있는 영혼과 죽은 글자를 대조시켜서 철자와 글의 차원에서 죽은 것과 산 것을 분리시키고 "생명의 책"을 선택해 교조적으로 해석된 텍스트 안에 살고 있는 죽음으로부터 그 책을 지켜 내리라는 것이었다.[134]

죽은 글자에 대한 살아 있는 텍스트(살아 있는 정신을 가진) 대안은 미디어 기술적으로 오랫동안 계속 성과가 없었다. 죽은 텍스트에 대해 살아 있는 텍스트를 표시할 수 있는 수단이 없었기 때문이다. 두 가지 경우 모두 중요한 것은 텍스트였다. 점토판, 파피루스 혹은 양피지 두루마리, 코덱스 혹은 인쇄된 책 등등의 매체 형태로 된 텍스트를 읽고 공부하는 것만으로 생명력을 어떻게 유지할 수 있을지를 찾아낼 수 있어야 했다. 우선 계몽주의 전야에 상황이 바뀌기 시작했는데 1680년 철학자, 역사학자이자 도서관학자인 고트프리트 빌헬름 라이프니츠(Gottfried W. Leibniz, 1646~1716년)는 자기 지방 통치자인 에른스트 아우구스트(Ernst August, 1629~1698년) 공작에게 제안하기를 도서관을 "핵심 = 책"으로만 구성할 것이 아니라, 서너 개의 방 안에 장소를 두고 지적인 호기심이 있는 사람 누구나 모든 중요한 물건을 통해서 정보를 얻을 수 있도록 해주자고 했다. 여기에 더해 라이프니츠는 카탈로그를 비치하고 싶어 했는데 "핵심 = 책"에서 발견할 수 있는 생각과 주장을 객관적으로 정리해서 이를 통해 책에 흩어져 있는 "자료"에 대한 인덱스가 돼 주기를 바랐던 것이다. 라이프니츠는 따라서 기존의 많은 책을 어쨌든 세계라는 대상에 대해 실질적인 것(그리고 가짜가 아닌 것)을 찾을 수 있게 해주는 것으로 축소시키려고 했을 뿐만 아니라 또한 그것이 다루는 "소재"와 그 표기에 따라서 전문 카탈로그 안에 모듈로 해체하고자 했던 것이다. 그것은 라이프니츠가 기획한 "발명기술"의 미디어 기술적인 대응이었는데 단순하고 진실한 문장에서 수학적 규칙에 의해 복잡한 문장을 유도해내려는 것이었다. 세상의 대상에 대해 진실하고 통제할 수 있는 진술을 할 수 있으려면 진실한 진술의 총량을 높이는 것으로 충분할 것이다―이는 "핵심 = 책"에 저장될 것이고 카탈로그에 인덱스로 정리된다―그래서 계산을 토대로 인덱스에 링크된 진술을 서로서로 연관 짓고 그 연관의 결과는 다시 책에서 참조할 수 있다. 이런 절차로 어쨌든 다시 책에 의지한다는 것은 물론 그 시대 미디어 기술적인 상황에 힘입은 바 크다. 라이프니츠에게는 복잡한 내용을 단순한 진술로 축소시켜 기록하고 인덱스로 만들기 위해 가진 것이 책이었을 뿐이었던 것이다. 하지만 여기서 새로운 점은 그가 책의 차원에서 저장매체("핵심 = 책")와 인덱스(카탈로그)를 구분하고, 계산을 토대로 삼아 인덱스를 통해서 저장매체에 대한 접근을 조정하려고 했다는 데 있다. 그럼으로써 라이프니츠의 제안은 근본적으로 책이라는 매체를 토대로 데이터뱅크를 구축하려는 것 그 이상이었다―본질적인 것만을 담고 있고, 계산을 통해서 진실한 것에 도달할 수 있게 하며, 따라서 학문적으로 쓸데없는 책들의 죽은 철자에 저당 잡히지 않는 데이터뱅크다.[135]

라이프니츠의 군주는 신하의 조언을 받아들일 생각이 없었고, 라이프니츠는 자신의 아이디어를 대중과 공유하기 위해 어떤 일도 하지 않았기에, 사람들은 불필요한 책을 제거해가면서 책의 양적 증가와 도서관의 성장과 계속 씨름해 나갔다. 그래서 프랑스 문인 루이-세바스티앙 메르시에(Louis-Sébastien Mercier, 1740~1814년)는 2440년으로 가는 시간여행을 꿈꾸었다. 그 속에서 파리 왕립도서관은 작은 방 하나에 몇 권 안 되는 책으로 구성돼 있었다. 중요한 책들에 대해서 요약본을 갖춰놓았기 때문임을 시간여행자는 경험하는데, 이 요약은 "진실한 도덕의 원칙"에 따라 수정되고 전체가 인쇄됐지만 다른 모든 것들은 무시무시한 바벨탑에 쌓여 소각되었다. 여행자의 설명에 따르면 그럴 때 기본적으로 꽃에서 향료를 추출하기 위해 사용하는 증류법과 같은 절차를 적용한다고 한다. 가열을 통해서 조야한 재료에서 섬세한 힘―프랑스 텍스트로는 "베르튀(vertu)"―을 분리시켜 증류액은 플라스크에 담고 찌꺼기는 처리해버린다. 그리고 바로 이런 방식으로 책의 정수를 담아왔다. 증류를 위한 책의 소각은 파괴 행위가 아니라 본질적인 것에 대한 집중이다. 이는 참된 것을 붙잡아 두는 것인데 참된 것은 많은 책들의 이런저런 물질성에 존재하는 것이 아니라 그 "비르투스(virtus)"―이는 바로 프랑스어 "베르튀"에 해당하는 라틴어다. 힘이라는 뜻―안에 존재하는 것으로 조야한 물질에서 분리시켜 그 결과 "가상의" 힘과 정수를 보존하게 해주는 것이다. 이로써 200년 뒤 큰 성공을 거두게 되는 개념과 단어가 세상에 생겨나게 되었다.

거기 도달하기 전 물론 미디어 상황은 달라져야만 했다. 1900년 경 도서관에서 충분히 경험했던 이른바 "카드식 카탈로그"가 여기에 해당한다. 보통 12.3×7.5cm 크기―당시 우편엽서 포맷이다―의 카탈로그 카드의 한편에는 책의 저자를 알파벳 순서대로(이것은 알파벳 저자 카탈로그가 된다) 표기했고, 그리고 다른 한편에는 그 책과 논문에서 다뤄지는 대상을 학문 분류 기준에 따라 체계적인 질서(이것은 체계적 카탈로그가 된다)로 기입해두었다. 그럴 때 어떤 척도에 따라―그리고 이 말은 모든 학문과 그 방법에 대해 어떤 사전이해를 갖고 있느냐에 따라 라는 뜻이었다―모든 것에 대해 그런 체계적인 질서를 서로 연관성 있게 세울 수 있을 것인지를 둘러싸고 논쟁이 생긴 것은 당연한 일이었다. 이런 문제를 해결하기 위해서 벨기에 서지학자 폴 오틀릿(Paul Otlet, 1868~1944년)은 미국인 멜빌 듀이(Melvil Dewey, 1851~1931년)의 10진법―이는 다시 라이프니츠에게서 영감을 받은 것이었다―을 토대로 "국제십진법"을 수립했다. 이것은 사실, 해석, 통계 그리고 자료출처에 대해서 책과 잡지에서 찾아볼 수 있는 모든 것을 100개 혹은 10개 블록을 토대로 형식적 배열 시스템 안에 넣는 것이다. 이 시스템은 분류에 익숙한 사람이면 누구나 자기가 필요로 하는 "정보"(갑자기 이런 말이 쓰이게 됐다)를 찾을 수 있게 해주었다. 심지어는 책과 논문에서 해당 단락의 참조로서도. 그럼으로써 오틀릿이 생각했던 것처럼 체계적으로 정리된 카탈로그는 지식의 "국제 서적"이 되었고 새로운 정보를 새로운 색인카드에 쓰고 카탈로그에서 맞는 10진법 자리에 갖다놓기만 하면 언제라도 쉽게 확장해나갈 수 있었다. 다만 이런 방식에 따라 일하는 모든 기관들을 조직적으로 서로 결합시키고 국제 도서 협회의 형태로 협력센터를 세워서 마지막으로 글로벌 차원에서 "세계기억"을 실행해야만 했다. 바로 그런 것을 오틀릿은 정치가 앙리 라 퐁텐(Henri La Fontaine, 1854~1943년)과 함께 브뤼셀에 세운 "문다네움(Mundaneum)"에서 의도했던 것이다.

물론 기본 아이디어와 방법론에서 봤을 때 이는 라이프니츠 프로젝트의 재수용이었지만, 그것은 새로운 미디어 기술적인 해결을 의도로 하는 재수용이었다. 첫째, 오틀릿이 자신의 주제별 도서 목록에 붙인 이름이었던 "국제 도서관 카탈로그"는 이제 모든 지식의 인덱스로서 실재로 미디어를 교체시켰고, 책에서 찾아볼 수 있는 대상을 기능적으로 가장 우아하게 정리하는 것은 책 차원의 일이 아니라 메타미디어에 있음을 보여주었다. 이런 메타미디어는 표준화된 카탈로그 카드를 토대로 한 도서관 국제 카탈로그였고, 1차 세계대전 전야에 이미 1,100만 항목이 표기돼 있었다. 둘째, 그러나 새로운 미디어 기술적인 접근은 책을 저장매체로서 현미경으로 복사하고 그럼으로써 증가하는 책의 양으로 인한 도서관에서의 공간문제를 해결할 수 있을 뿐 아니라 또한 책의 유통비용을 절감시키고 가능하면, 오틀릿이 상상한 바에 따르면, "텔레비전"을 통해서 쉽게 조회해볼 수 있도록 하는 데 있었다. 오틀릿이 이런 기회에 있어서 또한 저장매체를 책으로 국한 짓는 것을 포기하고 사진, 오디오매체 그리고 영화를 지식저장고로서 받아들이고자 했기 때문에 이 모든 것들은 거기서 더 나아가 일종의 하이퍼미디어 메모리 공간을 구축하게 되는데, 그 프로세스는 국제적 도서관 카탈로그의 색인카드에서 생겨난 것이었다.[136]

십진분류법과 실질적 테크닉에 힘입은 "세계의 기억" 혹은 "세계의 두뇌", 여기에 더해 이런 토대 위에서 그리고 그에 걸맞은 기억 기관의 국제적 조직을 통해서 세계 평화를 촉진시키겠다는 약속, 여기에 더해 세계를 단지 언어로만 인도하는 것이 아니라 보고 들을 수 있게 만들기 위해 책을 넘어선 미디어 토대의 확장. 이 모든 것은 1920년대와 1930년대에 한 벨기에 기인의 옆길로 빠진 아이디어가 아니라 드디어 시대를 만나 성취할 수 있는 것으로 여겨졌고, 많은 사람들이 열광적으로 받아들이고 선전했다. 1938년 발간된 책 《세계두뇌(World Brain)》에서 오틀릿의 아이디어를 대중적인 것으로 묘사한 영국의 소설가 H. G.

......
파리 왕립도서관 확장을 위한 스케치. 1785년 에티엔-루이 불레의 펜화. 루이-세바스티엥 메르시에는 이 도서관을 그 진실한 크기로 축소시키게 된다. 바로 작은 방 하나의 크기로.

웰즈(1866~1946년)를 비롯해 오스트리아의 국민경제학자 오토 노이라트(Otto Neurath, 1882~1945년)도 그 중 하나였다. 그는 철학 및 과학사에서 중요한 "빈학파(Wiener Kreis)"를 창립했을 뿐만 아니라, 성인교육에 참가하면서 통계 데이터를 위해 새로운 시각화 테크닉을 실험했던 인물이다. 그 모든 것을 추진한 상당한 에너지에도 불구하고. 제대로 불이 붙지 않았음은 도서관 국제 카탈로그를 채택했던 "문다네움"이 1934년 문을 닫아야만 했다는 사실에서 알아볼 수 있다. 아마도 라이프니츠가 도입한 데이터뱅크를 위해 오틀릿이 발명한 미디어 기술적인 해결책이 설득력이 약했기 때문인 듯한데, 책이 카드식 카탈로그로 그리고 그와 더불어 색인카드로 교체되기는 했지만 증가하는 책의 양과 도서관의 성장과 결부돼 있는 공간의 문제를 실제로는 해결하지 못했던 것이다. 왜냐하면 책의 양과 그 안에서 취급하는 대상의 양과 더불어 그 모든 것을 표기하고 지배할 수 있게 만들어줘야 하는 카드식 카탈로그 역시 증가했고, 카드식 카탈로그가 늘어나면 늘어날수록 카드식 카탈로그를 프로세스로 삼아 데이터 검색을 위해 사용해야만 하는 조사는 그만큼 더 시간 소모적이고 지체됐기 때문이다.

책에 대한 미디어적 일격은 따라서 오틀릿이 아니라 1945년 미국의 자연과학자이자 과학조직가인 바네바 부시(Vannevar Bush, 1890~1974년)를 통해서였다. 그는 〈애틀랜틱 먼슬리〉라는 잡지에서 "우리가 생각하는 대로"라는 제목의 논문을 발표했었다. 거기서 그는 "메멕스(Memex)"—"memory extender"의 약자—라는 이름의 기계에 대한 아이디어를 밝혔는데, 이 기계는 더 이상 지식을 주어진 분류법이라는 뻣뻣한 코르셋 안에 강제로 집어넣는 것이 아니라, 우리가 생각을 할 때 따라가는 연상 트랙을 기술적으로 모사함으로써 지식에 접근할 수 있게 만들려는 것이었다. 이를 위해 부시는 전통적인 미디어를 마이크로필름으로 대체했고 독자들에게 마이크로필름 안에 존재하는 문서를 원하는 대로 붙일 수 있는 표제어를 통해서 서로 연결 지을 수 있고—오늘날 우리는 그것을 "태그"라고 부른다—자신의 주석과 논평을 통해서 보충할 수 있는 가능성을 부여하고자 했다. 이것을 기술적으로 변환하면 "메멕스"가 책상 서랍 안에 자리를 잡고 있고, 책상 위에 문서가 펼쳐져 처리될 수 있게 된다.[137]

부시의 제안은 시대와 맞아떨어졌다. 영국에서 수학자 앨런 튜링(Alan Turing, 1912~1954년)은 막 한 기계를 위한 이론적 토대를 마련해놓았다. 사람들이 곧 "컴퓨터"라고 부르게 될 기계였다. 그리고 미국에서 부시는 경제적으로 번영하고 있던 전후 시기에 과학(그는 워싱턴 카네기협회 회장이었다), 정치(트루먼 대통령의 고문이었다) 그리고 경제(특히 AT&T 이사회에 있었다)와 연관을 맺고 막 생겨난 정보처리학에서 "메멕스"의 아이디어가 실종되지 않도록 애썼다. 따라서 "책상"이라는 비유—여기서 영어 "데스크톱"이라는 말이 생겨났다—는 1970년대부터 점차로 확장해가는 "개인계산기"(퍼스널컴퓨터, PC) 위에서 승리의 행진을 시작하고 부시가 구상한 것을 기술적으로 이행했다는 것이 조금도 이상할 게 없었다. 컴퓨터 모니터 위에서 원하는 문서를 띄우고 처리하는 것이다. 여전히 결여돼 있던 전 세계적인 컴퓨터의 네트워크화는 1990년대 중반부터 인터넷이 제공해주었고 거기서 변환된 아이디어, 텍스트 혹은 텍스트의 일부—그리고 그것은 곧 텍스트 이상을 의미했는데, 즉 음향, 사진 그리고 영화다—은 참조(링크)를 통해서 서로서로 하나의 "하이퍼텍스트"로 연결되고 궁극적으로는 사람들이 그토록 오랫동안 꿈꿔왔던 바로 그 "세계기억"을 만들어내게 해주었다.

이는 1960년대 문예학과 철학처럼 기술에 익숙하지 않은 학문들로부터도 점점 더 박수갈채를 받았는데, 이들 학문은 문학적 예술 작품과 곧 또한 모든 종류의 텍스트에서도 (혹시라도 천부적인) 활동작가를 더 이상 보지 못했던 것이다. 그 대신 자기 맘대로 선택할 수 있고 자기 맘대로 서로 연결할 수 있는 리더유닛(reader unit)을 발견했는데—프랑스 문학이론가 롤랑 바르트(Roland Barthes, 1915~1980년)는 이를 "렉시(Lexien)"이라고 명명했다—그 안에서는 저자가 책임을 지는 문서로서의 책의 개념은 종지부를 찍는다.

하지만 또한 저자는 이제 비개인적이고 불길한 "진실에의 의지"였을 뿐이고 이런 의지를 텍스트에서—위대한 문학적 그리고 과학적이고 철학적인 그리고 일상의 작은—축약시키려는 바로 그 순간, "글자" 이외에는 아무 것도 그런 것으로 남아 있지 않게 되며, 렉시로 붕괴하고 스스로 무한히 재결합한다. 스스로 재결합하는 과정을 가리켜 프랑스 철학자 자크 데리다(Jacques Derrida, 1930~2004년)는 그에게는 이것이 인공두뇌학과 "전자 데이터 프로세싱 그리고 리딩머신"의 프로그램이 하고 있는 "게임"으로 여겨진다고 말했다.

이 모든 것은 컴퓨터와 인터넷이 승리의 행진을 하기 전에 쓰인 것이었다. 하지만 어쨌든 그렇게 쓰고 생각했기 때문에 사람들은 승리의 행진 이후에도 몸을 뒤고 기대고 만족스럽게 놀라운 "비평 이론과 테크닉의 합류"를 확인할 수 있었다. 세상은 영원히 질서 잡힌 듯 보였고 하이퍼텍스트 인터넷에서 현대의 비판적 사고는 그 텔로스*를 발견한 듯 보였다.[138]

이 지점에서 짚고 넘어가야 할 것은, 몇몇 특히 선진적인 사상가들은 이런 테크닉적인 텔로스를 아주 환상적이라고 여기고 있었다는 사실이다. 그들은 자연적 과정으로부터 기술적 변형 과정에 이르기까지 지금까지의 역사의 전환점을 그 안에서 알아볼 수 있다고 믿었기 때문이다. 이같은 전환점으로서의 인터넷에서 정치는 기술—자연의 진화적 연속으로 이해되는—을 통합해서 완전히 새로운 경험 공간을 꿈꾸게 되는데, 이러한 "사이버스페이스"는 프랑스 예수회 신부이자 고고학자인 테야르 드 샤르댕(Pierre T. de Chardin, 1881~1955년)이 예

---

* telos, 아리스토텔레스의 철학에서 말하는 목적

측했던 "누스페어(noosphere)"* 처럼 이 세상에 내려와 정신에 종말론적인 "새로운 고향"을 제공할 터였다. 그러면 인간의 정신을 사이버스페이스의 테크닉 네트워크로 옮겨서 그곳에서 혁명을 안식처인 새로운 예루살렘으로 이끌어가야만 한다.[139]

이것이 과도하고 모험적인 견해라고 거의 여겨지지 않았다는 것은 구글이 시작한 과학 도서관의 수백만 권 도서의 디지털화―독일에서는 바이에른 주립 도서관이 구글 협력 파트너에 속한다―가 구글이 설명한 것처럼 "가상 카드식 카탈로그"의 건립만 의도한 것이 아니라 또한 궁극적으로는 가상 국제도서관을 건립해 모든 디지털 텍스트의 네트워크화 덕택으로 1권의 책만 존재하면 충분하게 하려고 했다는 데에서도 나타난다. 구글 서버에 1개의 거대한 하이퍼텍스트(여기서 구글은 거대한 국제도서관 역할을 하게 될 것이다). "인터넷 커뮤니티"가 유효한 저작권의 파괴와 텍스트 전승의 사유화 때문에 많은 비판을 받는 것이 아니라―주지하다시피 구글은 "무료로" 텍스트를 인터넷에 제공한다―오랫동안 품어왔던 꿈의 실현으로 환영받는 한은. 이런 꿈에는 기술적 수단을 가지고 혁명을 계속 이어가는 것도 포함되기 때문에 구글이 생명연장 연구에 투자를 하고 페이스북과 애플이 난자를 냉동시킨 여성 직원들에게 사회보장연금을 지불해주면서 그들이 자유롭게 선택한 시점에 재생산을 하고 따라서 그들의 임신시기를 마음대로 연장할 수 있도록 해주는 것에 의아해할 필요는 없다. 물론 아직은 그런 일이 사이버스페이스로 넘어가는 문턱 이편에서 일어나고 있지만, 어쨌든 지금은 벌써 생물학과 테크닉이 교차하고 있으며, 누스페어 사이버스페이스가 새로운 지평을 열고 있다.[140]

우리가 이 웅장한 파노라마 속에서 길을 잃기 전에 몇 가지 사실을 환기할 필

---

* '정신'을 뜻하는 '누'(noo)와 '시공간'을 뜻하는 '스페어'(sphere)의 합성어로, 인류가 오랫동안 집적해 온 공동의 지적 능력과 자산을 바탕으로 사이버 공간에서 이루어가는 새로운 세계를 뜻한다.

요가 있다. 우선 전자책은 종이책의 동시대적인 기술적 연속이 아니라는 점이다. 이런 차원에서 발생하는 모든 논쟁, 그리고 종이책의 장단점과 전자책 리더기의 장단점을 서로 상쇄하려는 모든 논쟁은 전자책이 기본적으로는 물체가 아니라 출력장치—컴퓨터 모니터 혹은 전자책 리더기—로 읽어야만 하는 전자 텍스트라고 잘못 이해하고 있다. 물리적 책에서 전자책으로의 교환은 따라서 우리를 사물의 왕국에서 데이터의 왕국으로 이동시키고, 바로 이런 근거에서 디지털북에 대한 논쟁을 인터넷에서 전달기기로 패스되는 데이터세트에 대한 논쟁으로 이어진다. 이런 패스는 네트워크 인프라가 기술적으로 어쨌든 접속가능하다는 것—이는 결코 사소한 조건이 아니다—뿐만 아니라 또한 데이터의 패스와 수신이 정치적 사법적으로 인가된 방식으로 행해지는데 달려 있다. 네트워크 추종자들이 스스로에게 그리고 다른 사람들에게 설득하고자 하는 것과 달리 이는 결코 기술적 혁명적인 재산의 포기 방식으로 국가적 기본 틀을 벗어나서 행해지는 게 아니다. 오히려 국제적으로 활동하는 출판콘체른 엘제비어(Elsevier)* 타입과 그의 디지털 경쟁자 아마존과 구글 타입은 일반적으로 데이터임대(그리고 소유권을 이전하는 구매로서가 아니다)로서 데이터 패스를 구성하고 있어서 사법적·경제적으로 데이터를 지배하고 있다. 여기에 더해 콘체른의 데이터임대는 영구적으로 감시되는데, 데이터소환의 합법성을 확인하기 위해서뿐만 아니라, 어떤 텍스트가 어떤 사용자 그룹에 의해 어떤 나라에서 특히 즐겨 그리고 얼마나 자주 읽혔는데 그리고 어떤 텍스트 단락이 가장 빈번하게 소환됐는지를 전달하기 위해서다. 이 지점에서 사법적 감시는 어떤 제품이 보다 잘 소비되는지를 알아보려는 목적으로 소비행동을 감시하는 것이고 이는 다시 전자책을 오락산업에 완벽한 재화가 되게 해준다. "구매자"는 익명으로 비물

---

* 1880년에 창립된 네덜란드의 세계적인 출판기업

질적 재화를 보유하고 그걸 사용하면서 자신의 사용행동을 공개해야만 하고 그럼으로써 상업적 통제구조의 일부분이 되는데, 이런 구조는 언제라도 정치적인 것으로 확장될 수 있다.[141]

이는 피할 수도 있었던 발달기술적인 사고가 아니다. 그 알고리즘 깊은 곳에는 바로 디지털 현실이 하고 있는 일을 하기 위해 발명된 것이 들어 있기 때문이다. 바로 데이터소통을 통제하고 조종하는 것이다. 이것이 책의 경우에는 길고 복잡한 텍스트를, 데이터기술자들과 정보과학자들의 말을 빌자면, "불연속적" 단위로 분해해서, 수량화 규범화 시키고, 이런 단위를 수량화 규범화된 존재로 저장해서 데이터 결합을 통해서 전송할 수 있도록 함으로써 가장 잘 이뤄진다. 따라서 라이프니츠는 이미 텍스트를 가능한 가장 단순한 진술로 분해하려는 관심이 있었는데, 왜냐하면 그렇게 해야만 불연속적 단위로 저장해서 알고리즘을 통해서 복잡한 진술로 조합하고 그럼으로써 동시에 다시 링크를 걸 수 있기 때문이다. 데이터기술과 의미론적인 축소는 여기서 손에 손을 잡는다. 책은 전체로서 관심을 끄는 게 아니며, 또한 그 맥락에서 관심을 끄는 것이 아니라 그 안에서 발견할 수 있는 가장 단순한 진술, 즉 사실과 직접적으로 연결돼 있다고 생각되는 것이 관심을 끄는 것이다. 이런 상관관계는 오틀릿과 함께 "정보"라고 부를 수 있다 — 불연속적 데이터로서 명백한 사실 한 조각, 가장 단순한 진술로 저장돼 있는 것.[142]

여기서부터 우리는 왜 디지털 제국이 그토록 통계에 집착하는지 그리고 세계적 정신과학의 최신 흐름인 "디지털 휴머니티"도 전승된 (아름다운) 문헌을 통계적 알고리즘적인 절차를 위해 불연속적 존재로 분해하는 일에 착수했는지만을 이해하게 되는 게 아니다. 우리는 그보다 더 많은 것을 — 좀 더 주목할 가치가 있는 현실 — 이해하게 되는데, 왜 디지털 제국은 물질적인 형태와 진술의 합성이 본질적인 (예술)작품으로서의 책에 더 이상 관심이 없는가 하는 것이다.

·····
테크닉 재생산 공간으로서의 사이버스페이스. 영화 〈매트릭스 리로디드〉에서는 그 모습을 화면에 담았다.

임의의 전자책 리더기가 텍스트를 제시하는 것을 들여다보면, 독자들의 가독성을 기하면서 중세 이래 코덱스를 위해 완성됐던 활자 인쇄술의 관습이 단번에 폐기됨을 확인하지 않을 수 없다. 어떤 글자가 어떤 텍스트에 가장 적합한지 하는 질문, 활자의 간격, 조판면, 텍스트를 해체하는 파생텍스트—이 모든 것을 디지털북은 활자 인쇄와 관련된 것일 경우 "독재적"이라고 할 만큼 무시했다. 당연히 그건 아니고 또 그래도 안 됐다. 왜냐하면 감시받는 소비재로서 전자책은 감각적 초감각적 자질을 통해 깊은 인상을 주는 것이 아니라 가능한 최대로 싼 가격에 가능한 최대로 대량 판매되는 소비재의 역사에 완벽하게 들어맞아야 하기 때문이었다.

그럴 때 이윤의 극대화에 대한 고려는 동시에 품질극소화에 대한 심사숙고였는데 재화의 순조로운 대량판매를 위해서는 바로 그런 게 필요했기 때문이었다. 전자책은 그런 고려에 특히 적합했다. 비물질적 텍스트를 마케팅 할 수 있도록 할 뿐 아니라, 또한 전자책-리더기를 통해서 비물질적 텍스트의 독서를 지속적 소비재로 연출하면서, 텍스트를 모니터에서 말끔히 사라져 새로운 텍스트가 새로운 소비사이클로 자리잡을 수 있게 해주기 때문이었다.[143]

이같은 미디어 환경에서 집중적인 독서가 불가능하다는 것은 하등 이상할 것이 없다. 그것은 단지 전자책이 읽기 적합한 활자를 거절했기 때문만은 아니다. 전자책이 기술적으로 현재 독서소비의 가속화를 위해 가장 적합한 수단이기 때문만도 아니다. 오히려 그 이유는 바로 디지털 텍스트로서 전자책이 소비적 렉시로서 모든 다른 렉시와 함께 하나의 큰 하이퍼텍스트 안에 결합돼 있기 때문이었다.

그곳, 하이퍼텍스트적인 누스페어에서는 그러나 모든 것이 뒤섞여서 "유저"(독자가 아니다)에게 가능한 가장 힘들이지 않고 데이터파도 위에서 "서핑"(읽기가 아니다)이 가능할 수 있도록 해야만 한다. 이런 서핑의 방법은 그러나 쉽고 재미있어서 한 세계에서 다른 세계로 옮겨 탈 수 있고 어디선가 오래 기다려야할 필요가 없다. 방향을 바꾸면서 편안함을 느끼고, 더 이상 혼자일 필요가 없다.[144]

소비주의적 편향은 그러나 바로 하이퍼텍스트의 사이버스페이스를 지배하는 투명한 커뮤니케이션처럼—모든 것이 모든 것과 접촉하고 언제라도 보이고 경탄의 대상이 될 수 있다—동전의 앞면이고, 그 뒷면은 모두 서로서로 관찰하고 알고리즘의 소비와 커뮤니케이션이 감시되는 곳이다. 따라서 여기서 유통되는 동전은 자유의 동전이 아니라 미디어의 전체주의로서 모든 서퍼에게 투명성을 위해 자기포기를 요구하고 그 포기된 자기를 통제한다. 테야르 드 샤르댕이 누스페어로 이어진 진화적 "정신화의 힘"이 "테크닉적 사회적 전체주의화"를 통해 발생했고 강화될 것이라고 1950년대에 말했을 때, 그 말은 여전히 절반쯤은 해롭지 않고 긍정적으로 들렸을지도 모른다.[145]

디지털 소비를 하는 우리가 처음에는 물표, 그리고 나서는 점토판과 파피루스를 행정통치의 매체로 삼았던 시대로 되돌아가는 것처럼 보인다. 약 5천 년 전에 형성되고 있었던 영토국가 안에서 아날로그적 통계 기입으로 시작했던 것이 오늘날에는 기술적으로 디지털 데이터 뱅크의 형태로 구현돼, 상업적 계획으로 영토의 한계를 고려하지 않고 그 데이터를 글로벌하게 거둬들이고 판매한다. 하지만 그렇다고 누스페어 사이버스페이스에서 책이 그 사명을 발견하고 드디어 데이터테크닉으로 실현됐으며, 이는 한 때 메소포타미아와 이집트에서의 아날로그 데이터프로세스에서 그 싹을 보였던 것이라고 결론짓는다면 이는 물론 오류에 빠졌다고 할 수 있을 것이다. 왜냐하면 책의 역사는 데이터프로세스의 역사와 같지 않고 단지 데이터처리를 할 수 있는 독자적인 매체가 없었기 때문에 장부기록의 테두리 안에서 모든 데이터가 책에 기입되고 결산을 맞추었던 것뿐이다.

하지만 데이터프로세스가 목록카드, 펀치카드, 천동테이프, 자기와 전자 데이터 장치로 자기만의 미디어를 발견한 이후 책은 다시 데이터프로세스 이전에 그리고 동시에 존재했던 것으로 나타날 수 있다. 바로 사람들이 자신의 세계를 의미있게 만들어가는 매체인 것이다. 거기서는 기호를 사용하는 것으로는 충분치 않다. 오히려 중요한 것은 인류가 자신의 기호를 매체에 위탁할 수 있고, 그 물질적 지속성에 기호 그 자체를 심는 것이다. 왜냐하면 물질적 대상인 매체 안에서 문자는 의미를 전달하는 형태의 요소인데, 단지 기호를 볼 수 있게 만드는 것일 뿐만 아니라 또한 확고하게 서서 다음 세대에 전달될 수 있어야 하기 때문이다. 따라서 책은 인간이 만든 작품으로, 과거의 물질적 추억의 기호로서, 가치 있고 유지 계승돼야 하는 것으로 이해해야만 한다.[146] 책은 고고학자들이 연구하는 예술작품처럼 과거에서 벗어나 미래를 이야기하며, 헛되이 흘러가는 지금에 의미를 부여해주고, 바로 지금을 초월해서 시간과 공간의 경계선까지 도달한다. 책은 인간의 작품으로서 말하고, 인간의 손의 작품으로 손으로 인쇄하고 이름을 지어준 작품임을 보여준다. 그러면서 사람들은 작품을 생산하고 인식하면서 창조자로의 경험을 하게 되고 그들의 작품 속에서 그들의 작품에 대해 말하면서 공동의 문화공간을 만들어간다. 그 문화공간은 상징적인 예술품의 공간으로서는 한계를 갖고 있지만 그것은 공동체의 한계, 그리고 여기저기서 의미 있다고 느끼는 것의 한계인 것이다. 과거에 그랬고 지금까지도 그렇다 — 책 덕택에.

·····
손과 책은 혁명적 앙상블을 이룬다. "손으로 생각할 수 없다는 것은 그 정상적이고 계통발생적 사고의 일부분을 잃어버린다는 것을 의미한다."라고 인류학자 앙드레 르루아 구랑은 1964년 이미 글로 썼다. 그리고 그는 이렇게 덧붙였다. "개인 예술 분량의 문제는 운동 빈곤의 문제만큼이나 호모 사피엔스의 미래에 중요하다." 알브레히트 뒤러의 〈손 연구〉(1506년작).

후주 Anmerkungen

1 독일 서적에 관한 수치는 증권협회를 인용한 것이다: 2014년도 서적과 서적거래. 또 다른 자료는 인터넷 URL http://de.statista.com에서, 특히 http://de.statista.com/statistik/studie/id/10912/dokument/buchmarkt--statista-dossier-2012 에서 사용할 수 있는 자료를 인용했다.

2 Schrenk: Die Frühzeit des Menschen, Bosinski: Die Entwicklung des Menschen 그리고 Weniger: »Von der Entstehung des Neandertalers«의 개요를 참조하라. 빌징스레벤 출토 뼈에 대해서는 Steguweit: Gebrauchsspuren an Artefakten, 115~134쪽.

3 호모 사피엔스는 가장 오래된 형태가 아마 40만 년은 됐을 것인데 그 출현에 관한 질문에 대해서는 Hershkovitz 특히: »Middle Pleistocene dental remains« 그리고 Schrenk: Die Frühzeit des Menschen, 104~122쪽 참조. 훗날 이름이 붙여진 블롬보스 동굴의 발견에 대해서는 Henshilwood: Holocene prehistory of the Southern Cape.

4 동굴 회화의 "창조적 폭발", "폭발적 증가" 내지는 후기 구석기 시대의 "문화적 폭발"이라는 토포스는 널리 확산돼 있다. Pfeiffer: The creative explosion, Donald: »Hominid enculturation and cognitive explosion«, 8쪽, 혹은 Weniger: »Von der entstehung des Neandertalers«, 74쪽을 보라. 구석기 동굴 회화는 잘 기록된 일러스트 서적이 많다. 그 중 Leroi-Gourhan: Prähistorische Kunst 그리고 Vialou: Frühzeit des Menschen. 동굴 회화의 모든 면모와 그 연구에 대해서는 Lorblanchet: Höhlenmalerei를 참조. 쇼베 동굴은 인터넷 사이트에 잘 밝혀져 있다. http://www.culture.gouv.fr/culture/arcnat.chauvet/en/index.html. 보충 자료는 Chauvet/Deschamps/Hillaire: Chauvet Cave에서. "사자인간"에 대해서는 Bosinski/Wehrberger: Der Löwenmensch.

5 필자의 설명이 따른 것은 Leroi-Gourhan: Hand und Wort, 237~270쪽 (같은 책 247쪽 기호의 "방사형 구조"에 관한 담론), 그리고 d'Errico의 작품: »An new model«, d'Errico 공저: »Archaeological evidence«, d'Errico: »Palaeolithic origins of artificial memory systems«. 묘사적 기호와 추상적 기호의 관계에 대해서는 Leroi-Gourhan: Prähistorische Kunst, 555~585쪽, Pfeiffer: The creative explosion, 152쪽 그리고 Lorblanchet: Höhlenmalerei, 64f쪽. 기호의 분류에 관해서는 Ruspoli: Die Höhlenmalerei von Lascaux, 154~160쪽.

6 d'errico/Cacho: »Notaion versus decoration«, 185쪽은 사실 이 책에 적어둬야 하는 다양한 해석에 대한 통찰을 담고 있다. 천문학 표기법에 대해서는 특히 Alexander Marshack이 밝히고 있다. Marshack: The roots of civilization. 라스코 동굴의 유명한 장면—바닥에 누워있는 남자가 들소의 공격을 받고 있다—에 대한 다양한 해석 모음: Rappenglück: eine Himmelskarte aus der Eiszeit?, 25~28.

7 아이콘, 인덱스 그리고 심벌의 기호학적 개념은 Pierce: Phänomen und Logik der Zeichen. 배설물 흔적으로서의 점 기호 해석에 대해서는 Guthrie: The nature of paleolithic art, 270f쪽.

8 미토그램과 그래피즘의 개념에 관해서는 Leroi-Gourhan: Hand und Wort, 237~249쪽. 중국 문자에 관한 언급은 같은 책 255~260쪽.

9 의례 장소와 공명기로서의 동굴에 대해서는 Lorblanchet: Hohlenmalerei, 200~210쪽 그리고 Pfeiffer: The creative explosion, 174~190쪽.

10   공동 관심 상황에서의 학습에 관해서는 Tomasello: Die kulturelle Entwicklung des menschlichen Denkens. 동굴 속 그림-기호가 언어적 기호학적 메타 차원을 묘사한다는 것은 Malafouris: »Before and beyond representation«이 강조했다. 유사하게는 Lowe: »Personal experience and belief«.

11   본문에서 요약한 개인의 개념 출처는 Spaeman: Personen.

12   메소포타미아에서의 신석기화와 그 결과에 대한 필자의 요약이 근거로 삼은 것은 Zimmermann: »Neolithisierung und frühe soziale Gefüge«, Schmidt: »Von den ersten Dörfern zu frühurbanen Strukturen«, Neuman: »Mesopotamien« 그리고 Van De Mieroop: A history of Ancient Near East와 Edzard: »Geschichte Mesopotamiens의 논평이다.

13   괴베클리 테페와 그 발견에 대해서는 Schmidt: Sie bauten die ersten Tempel. 오늘날 아나톨리아 지방의 신석기화에 대해서는 바덴 지방박물관 전시집을 참조하라: vor 12000 Jahren in Anatolien. 초기 신석기 기호의 문제에 대해서 토론한 것은 Köksal-Schmidt/Schmidt: »Perlen, Steingefäße, Zeichentäfelchen« 그리고 Schmidt: Sie bauten die ersten Tempel, 198~226쪽. 빙하기의 이동 가능한 기호 전달체에 새겨진 금과 최초의 문자로서의 분류 문제에 대해서는 La Marche in d'Errico: »A new model and its impacts for the origin of writing« 그리고 Marshack/d'Errico" »La Marche Antler revisited«의 사슴뿔 논쟁을 보라.

14   글자의 생성에 관한 필자의 간략한 서술은 Schmandt-Besserat: How writing came about 그리고 Nissen/Damerow/Englund: Informationsverarbeitung vor 5000 Jahren을 참고한 것이다. 이에 대한 비판은 Robinson: Writing and script, 6~8쪽. 수메르인들을 통한 글자 발명의 문제에 대해 비판적인 것으로는 Whittaker: »The dawn of writing and phoneticism«. 쐐기문자에 관해서는 Edzard: »Keilschrift«. 글자의 역사에 관한 광범위한 지식은 Haarmann: Universalgeschichte der Schrift 그리고 Stein: Schriftkultur. 연대기적으로 잘 정리해놓은 글자 모음집은 Hussmann: Das kleine Buch der Schrift.

15   관료적 통제 테크닉의 세부사항은 Nissen/Damerow/Englund: Informationsverarbeitung vor 5000 Jahren 그리고 Hudson.Wunsch: Creating economic order.

16   필자가 참고한 것은 Radner: Die Macht des Namens.

17   점토판 번역은 Nissen/Damerow/Englund: Informationsverarbeitung vor 5000 Jahren, 146쪽. 점토판 발견 장소와 텍스트의 최초 발간에 대한 진술은 같은 책 215쪽. 그 서식에 대해서는 Schmidt-Besserat: How writing came about, 105쪽도 참조하라. 또 다른 자료는 Sallaberger: Ur III-Zeit.

18   우르 3세 시기 문서의 숫자에 관해서는 Sallaberger: Ur III-Zeit, 128쪽 그리고 (약간 수치가 낮은 것으로) Van De Mieroop: »Why did they write on clay?«. 매체의 이동성은 Ehlich: »Funktion und Struktur schriftlicher Kommunikation« 30쪽의 "lokostatisch"와 "lokomobilien"의 차이를 참조하라.

19   리스트 테크닉에 대해서는 Küster: Geordnetes Weltbild. 초기 보관소에 대해서는 Jochum: Geschichte der abendländischen Bibliotheken, 22~26쪽의 목록. 세부사항은 Brosius: Ancient archives and archival traditions에서.

20   필경사의 사회적 기능과 그들의 칭호에 대해서는 »필경사« 조항을 보라.

21   이집트 역사에 대해서는 Graefe: »Das Alte Ägypten«, Van De Mieroop: A history of Ancient Egypt 그리고 Bommas: Das Alte Ägypten. 늘 여전히 교훈적인 Friedell: Kulturgeschichte Ägyptens und des alten Orients 그리고 Erman: Ägypten(호칭에 관해서는 이 책 125쪽 f). 이집트 초기 왕조 행정에 관한 세부사항은 Wilkinson: Early dynastic Egypt.

22   이집트 글자에 대해 아주 훌륭한 설명을 제공하는 것으로는 Davies: »Egyptian hieroglyphs«. 이집트 가장 초기 글자유물에 대해서는 Dreyer: Das prädynastische Königsgrab U-j 그리고 이것을 근거로 한 Morenz: Bild-Buchstaben und symbolische Zeichen. 거기에 대해 이따금씩 비판적인 Baines: Visual and written

culture in ancient Egypt. 상형문자의 형성 이론에 관한 논쟁을 제공하는 것은 Schenkel: »Wozu die Ägypter eine Schrift brauchten«. 상형문자예술의 역사는 Forman/Quirke: Die Macht der Hieroglyphen. 히에라틱에 대한 표준연구는 Möller: Hieratische Paläographie.

23 나르메르 팔레트에 대해서는 Schlott: Schrift und Schreiber in alten Ägypten, 104~113쪽. 팔레트의 아이콘그래픽적인 프로그램 배열에 대해서는 Bains: Visual and written culture in ancient Egypt, 281~297쪽. 그리고 역사적 의미에 대해서는 Wilkinson: »What a king is this«. 질서라는 테마에 대해서는 Assmann: Maʼat.

24 필자의 조세르 피라미드 해석의 토대로 삼은 것은 Friedman: »The underground relief panels« 그리고 Friedman: »Notions of cosmos«. 영생을 기원하는 글자의 기능에 대해서는 Schlott: Schrift und Schreiber im alten Ägypten, 95~118쪽 그리고 Davies: »Egyptian hieroglyphs« 89쪽.

25 피라미드와 관 텍스트에 대해서는 Bickel/Mathieu: Textes des pyramides & textes des sarcophages 그리고 Barta: Die Bedeutung der Pyramidentexte. 〈죽음의 서〉 독일어 번역은 Hornung: Das Totenbuch der Ägypter, 이에 대한 광범위하고 탁월한 일러스트는 Hawass/Vannini: Bilder der Unsterblichkeit.

26 네페리르카레 신전과 그 파피루스에 대해서는 Schlott: Schrift und Schreiber im alten Ägypten, 79쪽, Van De Mieroop: A history of Ancient Egypt, 63f 쪽. 그리고 파피루스에 대한 자세한 설명은 Posener-Kriéger: Les archives du temple funéraire. 이집트 서류 양식에 대해서는 Helck: Altägyptische Aktenkunde.

27 파피루스 생산에 대한 고전적 원전은 Plinius Secundes: Naturkunde, XIII, 77. 서류용 파피루스 양식은 Helck: Altägyptische Aktenkunde. 파피루스 생산에 대한 간결한 현대의 개요는 Schlott: Schrift und Schreiber im alten Ägypten, 62~76쪽과 Blanck: Das Buch in der Antike, 56~62쪽. 상세한 설명은 Diringer: the book before printing, 125~140쪽. 여전히 항상 유용한 더 오래된 설명은 Gardthausen: Das Buchwesen im Altertum, 45~90쪽.

28 임호텝과 그의 인정에 대한 출처는 Wildung: Imhotep und Amenhotep.

29 고대 동방 문학의 문학적 지위에 대해서는 Ägypten Bd. I von Burkard/Thissen/Quack: Einführung in die altägyptische Literaturgeschichte 그리고 Helck: »Zur frage der Entstehung der ägyptischen Literatur«. 메소포타미아 문학에 대해서는 Brisch: Tradition and the poetics of innovation.

30 필경사 항목에서 필자의 설명이 참고한 것은 Visicato: The power and the writing, Nissen/Damerow/Emglund: Informationsverarbeitung vor 5000 Jahren, 147~152쪽, 그리고 더 오래 됐지만 여전히 필경사와 그들의 텍스트에 대해 뛰어난 설명인 Oppenheim: Ancient Mesopotamia 5장이다.

31 메소포타미아에서의 "학교"에 대해서는 "필경사"와 "학교" 항목을 보라. 그 외에 Gesche: Schulunterricht in Babylonien의 모노그래피, Robson: »The tablet house«의 세부사항연구를 보라. 메소포타미아의 리스트 문학에 대해서는 Edzard: Geschichte Mesopotamiens, 131~135쪽과 Küster: Geordnetes Weltbild, 81~118쪽. 아주 유사한 상황의 이집트 관계에 대해서는 Schlott: Schrift und Schreiber im alten Ägypten, 118~129쪽과 201~208쪽.

32 쓰기 능력이 있는 여성에 대해서는 »필경사« 항목 263쪽과 267f. "전통의 강" 개념은 Oppenheim: Ancient Mesopotamia, 13쪽.

33 필경사의 베껴쓰기를 통한 "문학적 규준"의 생성은 Oppenheim: 같은 책 13쪽f에 쓰여 있다.

34 케밋 책에 대해서는 Burkard/Thissen/Quack: Einführung in die altägyptische Literaturgeschichte, Bd. I, 191~193쪽 그리고 Schlott: Schrift und Schreiber im alten Ägypten, 205쪽 f. 케밋 책의 좀 더 짧은 발췌는 Brunner: Altägyptische Weisheit, 368f쪽. 체티의 가르침 인용부분은 같은 책 165쪽f(VIII, 8 그리고 IX, 2) 그리

고 Burkard/Thissen/Quack: Einführung in die altägyptische Literaturgeschichte, Bd. I, 193쪽(II,d-e). 메소포타미아 학교 텍스트에 대해서는 Volk: »Edubba'a und Edubba'a-Literatur«.

35 일러스트를 추가로 곁들인 린드 파피루스에 관한 상세한 설명은 Robins/Shute: The Rhind mathematical papyrus. 길가메시 서사시의 형성과 배경에 대해서는 George: The babylonian Gilgamesh epic, Bd. I, 3~70쪽. 신-레카-운니니에 대해서는 같은 책 28~33쪽. 에사길-칸-아플리에 대해서는 Geller: Ancient Babylonian medicine.

36 콜로폰이 인용한 것은 Milkau/Schwe: »Der alte Vorderorient«, 40쪽. 있을 수 있는 고대오리엔트 도서관에 대한 전망은 Otten: »Die Bibliotheken im Alten Orient«에서. 이에 대한 요약과 그 이후에 대해서는 Jochum: Kleine Bibliothekgeschichte, I장과 II장. 그리고 Jochum: Geschichte der abendländischen Bibliotheken, 2장과 3장. 하투샤와 히타이트 제국에 대해서는 Schachner: Hattuscha.

37 티글라트 필레세르 1세 점토의 품질에 관해서는 Weidner: »Die Bibliothek Tiglatpilesers I.«, 203쪽. 아수르바니팔 도서관 점토판의 품질에 대해서는 Bezold: »Bibliotheks- und Schriftwesen in alten Ninive«, 264쪽과 266f. 전집 수집에 있어서 아수르바니팔과 그의 선조들의 도서관에 대한 세세하고 새로운 분석을 제공하는 것은 Parpola: »Assyrian library records« 그리고 Frame/George: «The Royal Libraries of Niniveh«. 아수르바니팔 도서관과 관련해서 "규준화"개념의 조건은 Lieberman: »Canonical and official cuneiform texts«에 있다.

38 이집트 도서관 역사에 대해 기본적인 것은 Burkard:»Bibliotheken im alten Ägypten«. 역사적 맥락에 대해서는 Jochum: Kleine Bibliotheksgeschichte, II장. 그리고 Jochum: Geschichte der abendländischen Bibliotheken, 27~31쪽.

39 동방과 그리스의 문화적 관계라는 문제에 대해서는 이제 Burkert: Die Griechen und der Orient. 이 책 62f쪽은 그리스 문학과 동방 학교문학의 차이점을 상세설명. Burkert가 같은 책 23~27쪽에서 상세 설명한 바에 따르면 그리스 알파벳 글자는 배우기가 상당히 쉽기 때문에 고대 동방과 그리스 세계의 문화적 발달에 상당한 차별화 요소였다고 하지만 이에 대해서 Coulmas: Die Wirtschaft mit der Sprache, 273~277쪽은 강력하게 반박하고 있다. 그리스 알파벳 생성에 대해서는 Tropper:»Entstehung und Frühgeschichte des Alphabets«. 메소포타미아 문학의 몇몇 소수의 전지적 작품에 대해서는 Glassner: »Who were the authors before Homer in Mesopotamia?«.

40 모세5경이 프톨레마이오스 2세 통치기(서기전 308~246년), 팔레론의 드미트리오스의 권유로 그리스어로 번역됐다는 사실은 이른바 "아리스테아스의 편지"로 거슬러 올라가는데 아마도 서기전 200년 이전에 씌어진 것으로 보인다. 그 역사적인 형태는 오늘날까지 논쟁의 여지가 있는데, 대다수의 의견은 편지의 설명이 전설이라는 것이다. 이 편지는 독일어 번역본에 좋은 주석을 보유하고 있다. Aristeas: Der König und die Bibel. 또한 더 이전 영어 번역본에서의 설명을 보라. Aristeas: Aristeas to Philocrates. 아리스테아스 편지의 역사적 진위는 Collins: The library in Alexandria.

41 알렉산드리아 문헌학자들의 작업에 대해서 항상 더더욱 읽을 가치가 있는 것은 Wendel: Die griechisch-römische Buchbeschreibung. 새로운 표준 작품은 pfeiffer: Geschichte der Klassischen Philologie(책의 두 번째 부분) 그리고 Blum:»Kallimachos und die Literaturverzeichnung«.

42 무세이온과 더불어 프톨레마이오스의 알렉산드리아에 대한 자세한 설명은 Fraser: Ptolemaic Alexandria. 페르가몬 도서관에 대해서는 Hoepfner: »Die Bibliothek Eumenes' II.«. 그리스와 헬레니즘 시대 읽고 쓰는 능력의 문제에 대해서는 Harris: Ancient Literacy, 96~104쪽. 114쪽f. »서적 거래« 내지는 그 결함에 대해서는 같은 책 126쪽 그리고 Blanck: Das Buch in der Antike, 113~120쪽.

43 문학 독자와 도서관의 기능에 대해서는 Cavallo: »Vom Volumen zum Kodex«, 특히 107쪽 논평을 보라. 문학을 포함한 로마의 여가활동에 대해서는 André: Greichische Feste, römische Spiele, 179~183쪽,

267~273쪽. 로마 제국 시대 읽기와 쓰기 능력 비율에 대해서는 Reiches Harris: Ancient literacy, 149~284쪽. 도서관에 관한 것은 Jochum: Geschichte der abendländischen Bibliotheken, 47~54쪽.

44 파피루스 두루마리의 포맷에 관해서는 Plinius Secundus: Naturkunde, 13권, XXIII, 74~79.

45 여기서 필자가 참고한 것은 Blanck: Das Buch in der Antike, 75~86쪽. 그리고 Gardthausen: Das Buchwesen im Altertum, 136~151쪽.

46 이집트 파피루스 회화가 그리스에 미친 영향에 대해서는 Weizman: Ancient Book illumination, 6쪽 그리고 그 토대에 대해서는 Diringer: The illuminated book, 29f 쪽.

47 Plinius Secundus: Naturkunde, 35권, II, 11 그리고 25권, IV, 8.

48 〈베르길리우스 바티카누스〉에 대해서는 Wright: The Vatican Vergil. 예전 일러스트의 재수용(再收用)에 대해서는 같은 책 91~100. 이 코덱스는 영인본으로 출간되었다: Vergilius Maro: Vergilius Vaticanus.

49 Ammianus Amrcelliums: Das römische Weltreich vor dem Untergang, XIV, 6, 18. 로마의 일반적인 상황에 대해서는 같은 책 XXVII, 4,6~35.

50 후기 고대 라틴어 문학에 대해서는 Herzog: Restauration und Erneuerung, §500f. 그리고 Albrecht: Geschichte der römischen Literatur, 2권, 1015쪽. 28개의 공공 도서관 숫자의 언급은 서기전 334년에서 357년 사이에 만들어진 Notitia urbis regionum XIIII(도시구역 목록표). 그 복본본은 Jordan: Forma urbis Romae 49~54쪽. 도서관 숫자는 같은 책 53쪽.

51 메소포타미아와 이집트의 나무판으로 된 다이어리에 대해서 참조할 논평은 Edzard: Geschichte Mesopotamiens, 568쪽 그리고 Schlitt: schrift und Schreiber im alten Ägypten, 62. 고전 그리스와 라틴 문학 인용문의 출처는 Roberts/Skeat: The birth of the codex, 11~14쪽. 로마에서 통치도구로서 나무로 된 쓰기판에 대해서는 Posner: Achives in the ancient world, 160~185쪽. 필자의 또 다른 설명이 참고한 것은 Roberts/Skeat: The birth of the codex, 15~34쪽.

52 자체 광고는 Martialis: Epigramme 1, 2에서 찾아볼 수 있다. 양피지 코덱스 형태로 된 고전 작가본에 대한 논평은 같은 책, XIV(Apophoreta), 184, 186, 188, 190, 192.

53 코덱스 관철의 통계는 Rpberts/Skeat: the birth of the codex, 37쪽, 같은 책 51f쪽에서. 파피루스 두루마리의 지속적 사용은 Brown: »The triumph of the codex«, 180쪽에서 취한 것이다.

54 양피지와 생산과 그 특성에 대한 자세한 설명은 Ryder: »The biology and history of parchment« 그리고 Fuchs »Des Widerspenstigen Zähmung«. 양피지 생산에 대한 중세 원전의 분석은 Gullick: »From parchment to scribe«. 일반적인 코덱스의 생산에 대해서는 Jakobi-Mirwald: Das mittelaterilche Buch, 1201~125쪽, Trost: Skiptorium, 10~19쪽 그리고 Hauschild: Skriptorium. 후기 코덱스에 대해서는 Turner: The typology of the early codex. 코덱스 제본 테크닉에 대한 대표적 작품은 Szirmai: The archaeology of medieval bookbinding.

55 후기 고대 코덱스에 관한 세부사항은 Turner: The typology of the early codex, 73~79쪽.

56 중세 작가의 노동에 대해 상세하게는 Parkes: Their hands before our eyes.

57 코덱스의 집약성에 대해서는 Martialis:»Epigramme XIV, 186(Barié/Schindler 번역): »Welch kleines Pergament faßt den gewaltigen Maro[=Vergil]«; 같은 책, 190: »Zusammengedängt auf winzigen Häuten ist der gewaltige Livius: den vollständigen kann meine Bibliothek nicht fassen.« 재료소비의 계산에 대해서는 Skeat: »The length of the standard papyrus roll«.

58 가축의 종류, 나이, 성 그리고 영양에 따른 양피지 품질에 관해서는 Gullick: »From parchment to scribe«, 147쪽과 Moog: »Häute und Felle zur Pergamentherstellung«, 177쪽. 양피지 가격에 대해서는 Jakobi-Mirwald: Das mittelalterliche Buch, 116쪽과 Ryder: »The bilology and history of parchment« 25쪽. 다른 견해로는 Roberts/Skeat: The birth of the codex, 46ff쪽. Codex Amiatinus의 비용에 대해서는 Gameson: »The costs of the Codex Amiatinus«.

59 Roberts/Skeat: The birth of the codex, 10장(매체 교체의 원인에 대해서) 그리고 8장, 초기 기독교 시대 양피지 코덱스의 지배에 관해서.

60 후기 고대에서 초기 중세로의 이전 그리고 로마 제국의 기독교화에 대해서는 Prinz: Von Konstanin zu Karl dem Großen 그리고 Veyne: Als unsere Welt christilich wurde.

61 필자가 바탕으로 한 것은 Cameron: the last pagans of Rome. 그리고 문학적 측면에 대한 소개는 Herzog: Resauration und Erneuerung.

62 P52에 대한 상세한 설명은 Roberts: An unpublished fragment. 연대에 대해서는 Aland/Hannick/Junack: »Bibelhandschriften«, 119f쪽. 후기 고대 사치장정의 텍스트 품질에 대해서는 Cameron: The last pagans of Rome, 456과 466쪽. Cameron에 대한 반대입장은 Wright: The Vatican Vergil, 78쪽, 베르길리우스 바티카누스는 사치장정을 위한 게 아니었다. 코덱스 문자의 기술적 측면에 대해서는 같은 책 76~79쪽.

63 서브스크립션과 후기 고대 판본에 대해서는 Cameron: The last pagans of Rome, 특히 12장과 13장 그리고 그 다음 장들. 라틴문학의 구체적 전통화 과정이 서술된 것은 Reynolds: Texts and transmission.

64 민족 대 이동기 로마 제국의 변형된 세계에 대한 필자의 간략한 스케치가 참고한 것은 Pohl: Die Völkerwanderung. 초기 중세 국가 형성의 문제가 토의된 것은 Pohl/Weiser: Der frühmittelalterliche Staat. 수도사와 수도원의 형성에 대해서는 Frank: Grundzüge der Geschichte des christlichen Mönchtums 그리고 Lilienfeld: »Mönchtum II. Christlich«.

65 아일랜드의 기독교화와 아일랜드 선교 주교 등등에 대해서는 Einführung in die Geschichte des Christentums, 84~87쪽 그리고 Padverg: Die Christianisierung Europas, 67~72쪽. 또한 Löwe: Die Iren und Europa im früheren Mittelalter 1권의 기고문들을 보라.

66 단어 띄어쓰기와 고요한 독서에 대한 고전작가는 Saenger: Space between words. 여기에는 Parkes: »Klösterliche Lektürepraktiken«. 구두점의 생성에 대해서는 Parkes: Pause and dffect. 중세 학교강의에 대해서는 Frenz: »Eine klosterschule von innen«. 중세 보편적인 읽기와 쓰기에 대해서는 Steinmann: Handschriften im Mittelalter의 원전 모음을 보라.

67 새로운 텍스트 형태, 고요한 독서와 명상의 관계에 대해서는 Brown: »The triumph of the codex«, 182쪽.

68 Codex Cinaiticus의 발견에 대해서는 Sinaiticus Böttrich: Der Jahrhundertfund. 그 제작에 대해서는 Skeat: »The Codex Sinaiticus«.

69 〈켈즈의 서〉에 대해서는 Fart: The book of Kells 그리고 Meehan: Das Book of Kells. 특히 장식적 십자가 측면의 위치에 대한 의심에 대해서는 같은 책 24쪽.

70 Priscian-Kodex의 짧은 시는 Ochsenbein/Schmuki/Euw: Irische Buchkunst, 8쪽에서 인용. 아일랜드의 장식이 동양적 모티브를 얼마나 차용했는지에 대한 질문에 대해서는 Euw: »Von Geist und Kunst der alter Iren«. 중세 교회의 내면의 공간에 대해서는 Wenzel: Hören und Sehen, Schrift und Bild, III장.

71 아일랜드와 앵글로색슨 선교에 관한 간략한 설명은 Frank: Grundzüge der Geschichte des christlichen Mönchtums, 35~65쪽 그리고 Prinz: »Grundzüge der Entfaltung des abendländischen Mönchtums«; 상세히는 Padberg: Mission und Christianisierung.

72 필자가 참고한 것은 Brown: »Introduction«(칼 대제의 몬테카시노 방문에 대해서는 같은 책 21쪽), McKitterick: »Script and book production« 그리고 Mckitterick: The Carolingians and the written word. 카롤링거 소문자체에 대해서는 Bischoff: Paläographie des römischen Altertums, 151~160쪽 그리고 Schmid: »Schriftreform«. 칼 대제의 생애와 업적에 대해서는 Fried: Karl der Große.

73 전승된 원고의 수량에 대해서는 Brown:»Introduction«, 34쪽. 라틴어 고전작가의 전승역사에 대한 고찰에 대해서는 Reynolds: Texts and transmission. 텍스트 혁신에 대해서는 McKitterick: »Script and book production«.

74 아주 간략하게 요약된 역사적 배경에 대해 좀 더 많은 내용은 Körntgen: Ottonen und Salier 그리고 Althoff: Die Ottonen.

75 오토의 필사본 세밀삽화로 표준작품은 Mayr-Harting: Ottonische Buchmalerei를 필자는 대부분 채택했다. 보충자료는 Grebe: Goldenes Mittelalter.

76 인노첸시오 III는 Duby: Die Zeit der Kathedralen, 236쪽에서 인용. 서임권 투쟁과 보다 자세한 그 배경은 Hartmann: der Investiturstreit.

77 거대 성서에 대해서는 Fichtenau: »Neues zum Problem der italienischen ›Riesenbibeln‹«.

78 성서 주석 발달에 대해서는 De Hamel: Glossed biils of the Bible.

79 정신사적 개혁에 관한 필자의 간략한 개요가 토대로 삼은 것은 Lutz-Bachmann/Fidora: »Kognitive Ordnungen im lateinischen Mittelalter« 그리고 Huth: »Verwissenschaftlichung und Rationalität«. 중세 대학과 쿠에스티오(quaestio) 절차에 대해서는 Miethke: »Die mittelalterliche Universität«. 이곳과 다음에서 설명될 책 테크닉의 변형에 대한 문화 사회사적 배경에 대해서는 Lülfing: Johannes Gutenberg, III장.

80 페시아 시스템에 대해서는 Bataillon/Guyot/Rouse: La production du livre universitaire 그리고 Weichselbaumer: »Die Pecienhandschriften«. 축약 시스템에 대해서는 Bischoff: Paläographie des römischen Altetums, 207~223쪽.

81 책 생산에 있어서 업무 차별화에 대해서는 De Hamel: Glossed books of the Bible, 85쪽. 글쓰기의 차별화에 대한 당대 자료는 Bonaventura(1221~1274): In primum librum sententiarum, prooemium, quaestio IV, conclusio(Opera omnia, Bd I. Hrsg. von A.C. Peltier, Paris, vives, 1864. 20쪽).: Aliquis enim scribit alienam materiam nihil addendo, vel mutando: et iste mere dicitur scriptor. Aliquis scribit aliena addendo, sed non de suo: et iste compilator dicitur. Aliquis scribit et aliena, et sua; sed aliena tanquam principalia, et sua tanquam annexa ad evidentiam: et iste dicitur commentator. Aliquis scribit et sua , et aliena; sed sua tanquam proncipalia, aliena tanquam annexa ad confirmationem; et talis debet dici aucor.» 낯선 소재를 추가하거나 변화시키지 않고 베껴쓰는 사람이 있다—그 사람을 우리는 필기자라고 부른다. 글을 쓰면서 남의 글을 덧붙이지만 자기 것은 덧붙이지 않는 사람이 있다—그 사람을 우리는 편집자라고 부른다. 남의 글뿐만 아니라 자신의 글도 쓰지만, 문제를 밝히기 위해서 남의 글은 메인으로 자기 글은 보충으로 쓰는 사람이 있다—그 사람을 우리는 주해자라고 부른다. 자기글뿐만 아니라 남의 글도 쓰지만 상황을 입증하기 위해서 자기 글을 메인으로, 남의 글은 보충으로 쓰는 사람이 있다. 그런 사람을 우리는 저자라고 불러야만 한다.

82 마네세 가요집에 대해서는 Mittler/Drös: Codex Manesse. 귀족의 기강에 대해서는 Duby: Die Zeit der Kathedralen., 435~453쪽. 12, 13세기 민중언어 독일 문학의 책 구성에 대해서는 Wolf: Buch und Text.

83 종종 인용되는 다 몬테펠트로의 격언은 Burckhardt: Die Kultur der Renaissance in Italien, 224쪽. 르네상스 기본 경향에 대한 필자의 스케치는 Walther: »Renaissancen und kulturelle Entwicklung«에 힘입은 바 크다. 새로운 시대 초기에 호기심의 잠재력에 대해서는 Blumenberg: Der Prozeß der theoretischen Neugierde 그리고 Krüger: Curiositas.

84 12/13세기 이후 기술 혁신에 대해서는 Popplow/Reith: »Technischer Wandel«. 요하네스 구텐베르크에 관해서는 문헌이 풍부하다. 필자가 바탕으로 한 것은 Kapr: Johannes Gutenberg 그리고 Füssel: Johannes Gutenberg.

85 종이의 역사에 관해서는 Sandermann: Papier 그리고 Müller : Weiße Magie.

86 이에 대해서는 Kapr: Johannes Gutenberg, 130~135쪽.

87 슈트라스부르크에서 생겨났을 가능성이 있는 »시빌레 예언«에 관한 논쟁에 대해서는 같은 책 89~96쪽(찬성) 그리고 Schanze :»Das fragment vom Weltgericht«(반대).

88 인쇄 프레스의 배경과 테크닉에 대해서는 Wolf: Geschichte der Druckerpressen, 특히 46~60쪽.

89 수동 주조 도구의 생산 논리에 대해서는 Giesecke: Der Buchdruck in der frühen Neuzeit, 135~153쪽. 그 결과와 정신사적 맥락에 대해서는 Weber: »Buchdruck«.

90 필자가 참고한 구텐베르크의 초기 인쇄리스트는 Füssel: Johannes Gutenberg, 146쪽이다.

91 마인츠 시편에 대해서는 Mazal: DEr Nainzer Psalter. 인쇄공장 리스트에 대해서는 Füssel: Johannes Gutenberg, 146쪽.

92 코베르거 기업에 대한 광범위한 설명은 Hase: Die Koberger. 〈쉐델의 세계연대기〉에 대한 소개 제공은 Füssel: Die Welt im Buch. 그 제작 세부사항에 대한 서술은 Reske: Die Produktion der Schedelschen Weltchronik. 보다 큰 정신사적 맥락에서의 분류는 Jochum: »Textgestalt und Buchgestalt«에서 찾아볼 수 있다.

93 알두스 마누티우스에 대한 필자의 상세한 설명은 Lowry: The World of Aldus Manutius 그리고 Davies: Aldus Manutius를 토대로 한 것이다. 그리스 출판에 대한 세부사항은 Sicherl: Griechische Erstausgaben des Aldus Manutius.

94 이탤릭 라틴체에 관한 에라스뮈스의 격언은 Lowry: the world of Aldus Manutius, 130쪽을 인용했다. Davies: Aldus Mauntius, 42쪽에서도 인용했다. 두 경우 모두 출처를 밝히지 않았다. 책 포맷의 변화에 대해서는 Jochum: »Textgestalt und Buchgestalt«.

95 협력과 관계에 관한 필자의 스케치는 Hilgert: »Johann Froben and the Basel University scholars«, Shaw: »A study of the collaboration between Erasmus of Rotterdam and his printer Hihann Froben« 을 토대로 했고, »유대인 서적 분쟁"과 반진보주의자들의 편지의 논쟁에 관한 설명은 Kühlmann: Reuchlins Freunde und Gegner 그리고 Price: Johannes Reuchlin and the campaign to destroy Jewish books를 참고했다. 에라스뮈스에 대해서는 Jardine: Eramus, man of letters.

96 종교개혁에 관한 개요는 Lotz-Heumann: »Reformation und Konfessionalisierung«.

97 팸플릿에 관한 소개는 Schwitalla: Flugschrift. 모음집에 대해서는 또한 Köhler: Flugschriften als Massenmedium을 보라. 통계와 함께 간단한 요약은 Weber: »Buchdruck:: 77ff쪽 .

98 필자의 설명이 참고한 것은 Füssel:»Luther und die .›Biblia Deutsch‹«, 이에 대한 보충은 Moeller: Deutschland im Zeitalter der Reformation, 90쪽. 또 다른 세부사항과 일러스트레이션은 Volz: Martin Luthers deutsche Bibel.

99 인큐내블럼 시대 책의 총생산에 대한 평가가 다양한 것은 당연한 일이다. 필자가 기준으로 삼은 것은 Kilgour: The evolution of the book, 98쪽, Dopsch:» Epoche«, 14쪽 그리고 Erfen : »Literaturbetrieb«, 44쪽. 전체 인구 가운데 읽을 수 있는 사람의 비율은 Wittmann: Geschichte des deutschen Buchhandels, 45쪽을 따랐다.

100 복제와 특권에 관해서는 Gieseke: Vom Privileg zum Urheberrecht, 14~74쪽 그리고 Schmitz: »Reformation and Gegenreformation«, 292~301쪽. 사법적 맥락에서의 테마는 바로 Ulmer: Urheber- und Verlagsrecht, 50~59쪽.

101 책 검열과 Index librorum prohibitorum에 대해서는 Schmitz: »Reformation und Gegenreformation«, 301~328쪽 그리고 Fuld: Das Buch der verbotenen Bücher, 119~123쪽. Index의 또 다른 발전과 세부사항에 대해서는 Lackmann: Die kirchliche Bücherzenzur 그리고 Wolf: Index. 도한 Giesecke: Der Buchdruck in der frühen Neuzeit, 445~455쪽을 보라. 전체적인 책 검열의 역사에 대한 조망은 Breuer: Geschichte der literarischen Zensur.

102 표지에 대한 필자의 스케치는 Rautenberg: »Die Entstehnug und Entwicklung des Buchtitelblatts«를 따른 것이다. 보충은 Smith: The title-page.

103 지도책에 대해서는 Mercators Horst: Die Welt als Buch. 전체적인 지리학의 역사에 대해서는 Schüler: Mapping the world. 종파화와 그 결과에 대해서는 Moeller: Deutschland im Zeitalter der Reformation, 172~184쪽. 시대의 전체적 조망을 위해서는 Maurer: »Geschichte umd geslIschaftliche Strukturen des 17. Jahrhunderts«. 과학사적 전망을 제시한 것은 Burke: Papier und Marktgeschrei, 175ff 쪽.

104 문학생산에서 독일어 비율의 증가에 관한 데이터는 Schön: Der Verlust der Sinnlichkeit, 38쪽에서 가져온 것. 책과 출판의 도시로서 라이프치히의 확립은 Wittmann: Geschichte des deutschen Buchhandels, 84~97쪽 그리고 Ammermann-Eastermann: »Literarische Öffentlichkeit«, 109~112쪽.

105 독일의 »도서 정책의 양분«이라는 변화를 이 책에서 필자는 변형해 받아들였는데 Wittmann: Geschichte des deutschen Buchhandels, 94쪽에서 가져온 것이다. 독일어문자체 발달의 간략한 스케치는 Kapr: Fraktur를 따랐다.

106 이같은 변형에 대해서는 Jochum: »Am Ende der Sammlung«.

107 필자가 따른 것은 Erbe: »Epoche« 그리고 Maurer: »Geschichte und gesellschaftliche Strukturen des 17. Jahrhunderts«.

108 16세기 책의 장정과 책값에 대해서는 Ammermann-Estermann: »Literarische Öffentlichkeit«, 108, 113쪽 그리고 Cersowsky: »Buchwesen«, 181~183, 200쪽 그리고 그림멜스하우젠에 관한 후기 19쪽: Der abentheuerliche Simplicissimus Teutsch. 본문에서 언급된 그로셴의 유로 환산은 »mittelalterrechner«를 사용했는데, http://www.mittelalterrechner.de/cms/page/mar/html/Geld를 보라. 필자가 언급한 작품들은 디지털로 접할 수 있다. 로엔슈타인의 Arminius 표지 URL은 http://ww.gbv.de/dam/vd17/23/c0/23:247622R_002,400,300.gif; 셍켄도르프의 Commentarius historicus et apologeticus de Lutheranismo은 URL http://books.google.es/books?id=YuVBAAAAcAAJ&hl=de&pg=PT4#v=onepage&Q&f=false를 통해서; 아른트의 Von wahrem Christentumb는 URL http://www.deutschestextarchiv.de/book/show/arndt_christentum01_1610; 그리고Simplocissimus Teutsch는 URL http://digib.hab.de/drucke/lo-2309/start.htm?image=00001을 통해서.

109 »Alphabetisierten«의 읽기와 쓰기 능력 비율에 대한 평가는 불확실하고 논란이 분분한 것으로 악명 높다. 여기에 Schön: Der Verlust der Sinnlichkeit, 35~37쪽 그리고 Hinrichs: »Alphabetisierung«. 필자가 따른 것은 Wittmann: Geschichte des deutschen Buchhandels, 113~115쪽 그리고 Cersowsky: »Buchwesen«, 198f쪽.

110 신간 통계에 대해서 필자는 Wittmann: Geschichte des deutschen Buchhandels, 83f쪽과 121f 그리고 Ungern-Sternberg: »Schriftsteller und literarischer Markt«, 134f쪽의 진술을 편찬했다. 18세기 책 생산에 대한 상세한 통계자료는 Kiesel/Münch: Gesellschaft und Literatur im 18. Jahrhundert, 180~203쪽.

읽기 혁명과 그 결과에 대해서는 Wittmann: »Gibt es eine Leserevolution?« 그리고 Ungern-Sternberg: »Schriftsteller und literarischer Markt«, 133~147쪽. 1800년경 문학 출판의 환경에 대한 평가는 Kiesel/Münch: Gesellschaft und Literatur im 18. Jahrhundert, 159~161쪽.

111 1700년에서 1800년 사이 신문과 잡지 그리고 또 다른 매체에 대해서는 Fischer/Haefs/Mix: Von Almanach bis Zeitung. 역사적 발달 배경에 대해서는 Habermas: Strukturwandel der Öffentlichkeit, 28~41쪽. 독서회에 대해서는 Wittmann: Geschichte des deutschen Buchhandels, 206~210쪽.

112 백과전서파에 대해서는 Schneider/Zedelmaier: »Wissensapparate«에서 개요를 그리고 Schneider: Die Erfindung des allgemeinen Wissens의 인물연구를 보라. Encyclopédie에 대해서는 Darton: Glänzende Geschäfte; 같은 책 40~43쪽은 재판과 그 판매상승에 대한 전망. Cyclopedia의 목표로서 »교양«에 대해서는 챔버스가 1728년 초판 서문 XXX쪽에 썼다: "학습과 연구의 목표는 우리의 머리를 다른 사람의 아이디어로 채우는 것이 아니다. 질적으로 나쁘게 진행된다면 결과가 나빠질 수도 있는 채움이다. 풍요는 주된 목표가 아니다. 이는 상황, 혹은 2차적 고려의 문제이다. 건전함이 그 첫째다.« Encyclopédie의 고결한 목표에 대해 디드로는 적당한 방법으로 »Encyclopédie« 항목에 적어놓았다.

113 베르테르에서 "심장의 충만"에 대해서는 소설책 2권 1월20일에 쓴 편지를 보라. 소설이 독자에게 "친구"가 돼야 한다는 것은 베르테르 속 허구의 편집자가 처음부터 분명히 밝히고 있다. "진보적 보편시"로서 낭만주의 시에 대해서 슐레겔은 116번째 아테노임 단편에서 밝혀놓았다. 문학사에 대한 개관은 Stephan: »Aufklärung«이 제공했다. 옥타브 포맷으로 된 소설로서 괴테의 베르테르에 대해서는 Jochum: »Textgestalt und Buchgestalt«, II장.

114 교환거래에서 현금거래로의 이전에 대한 필자의 스케치는 Wittmann: Geschichte des deutschen Buchhandels, IV장을 따른 것이다. "독서중독"과 "독서광"에 대해서는 König: »Lesesucht und Lesewut«. 재판업자에 대해서는 Wittmann: Geschichte des deutschen Buchhandels, 133~136쪽. 상세하게는 Wittmann: Buchmarkt und Lektüre, 69~72쪽; 트라트너의 거래선은 같은 책 83쪽.

115 Kant, Immanuel: »Von der Unrechtmäßigkeit des Büchernachdrucks«, Berlinische Monatsschrift 5(1785), 403~417쪽. Fichte, Johann Gottlieb: »Beweis der Unrechtmäßigkeit des Büchernachdrucks. Ein Räsonnement und eine Parabel«, Berlinische Monatsschrift 21 (1793), 443~483쪽. 두 텍스트 모두 권위 있는 전집에 들어 있고 인터넷에서 쉽게 찾아볼 수 있다. 바덴 지방법 577 조항은 Vogel: »Deutsche Urheber- und Verlagsrechtsgeschichte«, 121단을 인용한 것이다. 이밖에 Ulmer: Urheber- und Verlagsrecht, 54~59쪽.

116 대여도서관에 대해서는 Wittmann: Geschichte des deutschen Buchhandels, 210~217쪽 그리고 275~277쪽. 상세히는 Jochum: Kleine Bibliotheksgeschichte, XI장.

117 읽기 능력이 있는 사람의 통계는 Wittmann: Geschichte des deutschen Buchhandels, 253쪽에서 가져온 것이다. 같은 책에 또한 아동도서 출판의 설립붐에 대해 좀 더 상세히 나와 있다. 작품 생산의 숫자는 같은 책 218f 그리고 295쪽.

118 여기서 필자가 따른 것은 Funke: Buchkunde, 193f쪽. 활자인쇄 도량형체계의 생생한 설명은 Tschichold: Erfreuliche Drucksachen, 53~61쪽.

119 식자기에 대해서는 Funke: Buchkunde, 201~203쪽.

120 고속인쇄에 대해서는 같은 책 200f쪽 그리고 상세히는 Wolf: Geschichte der Druckerpressen, 172~222쪽.

121 발견과 발달의 세부사항은 Sandermann: Papier 그리고 Müller: Weiße Magie, 특히 251~263쪽.

122 Funke: Buchkunde, 341f쪽은 제본기술에 대해서. 평판인쇄에 대해서는 Wolf: Geschichte der Druckerpressen, 133~166쪽. 요판인쇄에 대해서는 같은 책 223~240쪽.

123 고전작가의 해와 그 결과는 Wittmann: Geschichte des deutschen Buchhandels, 268f쪽. 코타는 1822년 그의 소유였던 〈Allgemeinen Zeitung〉을 위해 고속인쇄기를 주문한다. 1824년 이 기계를 투입할 수 있었고 그 이후 책 인쇄에도 사용하게 되었다. 1824년 이미 쉴러 간행을 위해서, 1826년부터는 괴테의 〈마지막 작품 간행〉을 위해서. 코타가 실행한 쉴러와 괴테 간행물과 〈알게마이넨 차이퉁〉 인쇄의 세부사항에 대해서는 Fischer: Johann Friedrich Cotta, 355쪽, 666~672쪽 그리고 679~682. 작가 수수료의 발달에 대해서는 Krieg: Materialien zu einer Entwicklungsgeschichte der Bücher-Preise 그리고 Wittmann: Buchmarkt und Lektüre, 165~177쪽.

124 행상에 대해서는 Wittmann: Geschichte des deutschen Buchhandels, 271~274쪽. 코타가 인쇄한 횔더린 작품의 발행부수에 대해서는 Fischer: Johann Friedrich Gotta, 666쪽. 지역 신문과 아침신문의 발행부수에 대해서는 Bollinger: Pressegeschichte, 36f 그리고 39쪽.

125 오락산업에서 소비재로서의 책에 대해서는 Wittmann: Geschichte des deutschen Buchhandels, 322~328쪽. 요하네스 마리오 짐멜 작품의 판매부수 향상에 대해서는 URL http://www.droemer-knaur.de/autoren/Johannes+Mario+Simmel.80293.html.

126 빌헬름 2세 시대의 검열에 대해서는 Breuer: Geschichte der literarischen Zenzur, 187~210쪽. 검열의 구조적 변화에 대해서는 Wittmann: Geschichte des deutschen Buchhandels, 257f, 그리고 298~302쪽.

127 호사간행물과 방안 배치에 대해서는 Mazzoni: Prachtausgaben, 특히 59~64쪽. 책표지에 대해서는 Scheffler,Fiege: Buchumschläge 1900~1950, 특히 Brandstätter: Buchumschläge des Jugendstils.

128 윌리엄 모리스에 대해서는 Kirsch의 전기 William Morris를 보라. 식자공에 대해서는 Lechner: Geschichte der Modernen Typographie, 53~66쪽 그리고 Watkinson: William Morris, 57~66쪽. 러스킨에 대해서는 Reuß: Fors.

129 수동 인쇄기와 도서예술운동의 역사에 대해서는 Lechner: Geschichte der modernen Typographie, 89~113쪽 그리고 FunkeL Buchkunde, 230~255쪽. 1913년 애서가 협회의 회원에 대해서는 Neumann: Hundert Jahre Gesellschaft der Bibliophilen, 45쪽. 사무엘 피셔의 격언은 Mendelsohn: S. Fischer und sein Verlag, 47쪽.

130 "뉴 타이포그래피"의 포부에 대한 개요는 Janzin/Güntner: Das Buch vom Buch, 371~379쪽 그리고 Lechner: Geschichte der modernenTypographie, 139~151쪽. 양 치홀드의 인용문은 Tschichold: Erfreuliche Drucksachen, 62쪽.

131 Wittmann: Geschichte des deutschen Buchhandels, 373쪽.

132 문고본 스케치에 있어서 필자가 따른 것은 Wittmann: Geschichte des deutschen Buchhandels, 410f 그리고 420ff쪽. 문고본의 판매비율에 대해서는 Börsenverein: Buch und Buchhandel in Zahlen 2014.

133 문화산업에 관한 한 여전히 항상 Horkheimer/Adorno: Dialekik der Aufklärungdl »문화산업«에 관한 장에서 상세히 설명해주고 있다. 책과 관련해 그런 반영을 어떻게 구체화시킬지에 대해서는 Reuß: Die perfekte Lesemaschine.

134 Platon: Phaidros, 274c-279c, Kor 3,6 그리고 Phil 4,3 unter Rekurs auf Dan 12,1을 보라.

135 라이프니츠의 책과 도서관 콘셉트에 대해서는 Jochum:»Am Ende der Sammlung«, 285~289쪽.

136 오틀릿의 대표작 Traité de documentation은 인터넷 주소 http://archive.org/details/OtletTraitDocumentaionUgent에서 찾아볼 수 있다. "정보"와 "국제적 도서"의 개념은 Otlet: Internationl Organisation, 84쪽. 이 책의 서문 3쪽에도 제1차 세계대전 초기 카탈로그 항목의 숫자가 있다. 배경에 대해서

는 Wright: Cataloging the world 그리고 Hartmann: Vom Buch zur Datenbank에 있는 기고문. 색인카드와 도서관 카탈로그의 관계에 대해서는 Krajewski: Zettelwirtschaft.

137 부시의 논문은 인터넷 URL http://www.theatlantic.com/magazine/archive/1945/07/as-we-may-think/303881에서 찾아볼 수 있다.

138 "Lexien"에 대해서는 Barthes: S/Z. 책과 도서관에서 "진실에의 의지"는 Michel Foucault(1926~1984)가 찾아내려고 했는데, Foucault: Die Ordnung des Diskurses를 보라. 인공두뇌학과 컴퓨터 "게임"과 그 역할에 대해서는 Derrida: Grammatologie, 21쪽 그리고 149f. "책의 목적"에 대해서는 같은 책 1장. 비평적 이론과 테크닉의 합류는 George P. Landow 1992가 그의 영향력 있는 책의 부제 Hypertext로 진단했는데, 그 3판은 이 부제를 더 이상 달지 않았다. Landow: Hypertext 3.0을 보라.

139 자연에서 테크닉으로라는 이런 변혁을 위한 슬로건을 만든 사람들은 물론 테크닉을 "장기대체"로 본 Arnold Gehlen과 테크닉을 "인간의 연장"으로 본 캐나다 의학이론가 Marshall McLuhan이었다. 정신의 새로운 고향과 새로운 세계로서 사이버스페이스를 꿈꾼 것은 Barlow:»Unabhängigkeitserklärung des Cyberspace«(잡지 Telepolis 가제본, 85~88쪽에도 게재돼 있다). 또한 Lévy:»Cyberkultur«. 혁명적 구상을 Morave: Mind Children 그리고 Kurzweil: Homo s@piens는 제시하고 있다. 여기에 대해 비판적인 것은 Jochum: »The Gnosis of Media«. 사이버스페이스와 아메리칸 드림의 합성은 Toffler/Keyworth/Gilder: »Cyberspace und der amerikanische Traum«.

140 "구글북스"의 목표가 바로 그것이다. 구글에 따르면 »우리의 궁극적인 목표는 출판사 도서관들과 힘을 합쳐 광범위한 검색케이블, 모든 언어로 된 모든 책의 가상 카드 카탈로그를 만들어 독자들은 새로운 책을 그리고 출판사는 새로운 독자를 발견하도록 돕는 것이다.« http://books.google.com/googlebooks/library/index/html. 2007년3월6일 바이에른 주립도서관과 구글의 협력에 관한 언론보도는 URL http://www.bsb-muenchen/de/presse/archiv/archiv-einselndarstellung/article/koopreration-mti-google/에서 찾아볼 수 있다. »구글북스«에 대한 »네트워크커뮤니티«의 찬성으로 대표적인 것은 초기 Wired 발행인이었던 Kevin Kelly의 글인데 2006년 5월14일 뉴욕타임즈에 실렸다. Kelly: »Scan this book!«. 난자의 냉동이라 불리는 »사회적 냉동«에 대해서는 Brenard: »Seid fruchtbar, aber später!«. 구글을 통한 의학연구 재정지원은 »Die Welt ist dem Silicon Valley nicht genug«, Frankfurter Allgemeine Zeitung Nr.248, 2014년 10월 28일, 19쪽.

141 구글 회사의 실행에 관한 풍부한 문헌 가운데에서 Reischl: Die Google-Falle, Knop: Amazon kennt dich schon 그리고 영화 Lewis: Google und die Macht des Wissens.

142 정보 개념의 역사에 대해서는 Capurro: Information, 그의 비평에 대해서는 Janich: Was ist Information?

143 "디지털 휴머니티"에 대한 비판적 정보는 Espahangizi: Digital Humanities. 또한 Simanowski: Data Love, 113~123쪽을 보라. 책과 전자책의 대결에 대해서는 Reuß: Ende der Hypnose 그리고 Reuß: Die perfekte Lesemaschine.

144 주의와 집중력에 대한 디지털의 영향에 대해서는 Wolf: Das lesende Gehirn, Carr: the shallows, Spitzer: Digitale Demenz 그리고 Stavanger와 Aix-Marselle 대학의 실질적인 연구는 Heyman: »Reading literature on screen«을 통해서 보고됐다. 또 다른 연구로는 Keim: »Why the scart reading device of the future may be…pager«. 일탈의 방법에 대해서는 Jochum: Medienkörper, 43ff쪽.

145 테야르 인용은 Teihard de Chardin: Der Mensch im Kosmos, 289쪽 Anm. 1. 인터넷의 전체주의적 경향에 대해서는 Lanier: Gadget, 66~102쪽, Meckel: Wir verschwinden 그리고 Simanowski: Date Love. 인터넷의 아주 비정신적인 약탈경제에 대해서는 Benner: Crowdwork.

146 작품으로서 따라서 예술품으로서 책에 대해서는 Duguid, Debray und Eco in Nunberg: The future of the book의 기고문, 이밖에 Zinten: Die Zukunft des Buches의 기고문.

파피루스에서 전자책까지
모든 책의 역사

지은이 | 우베 요쿰Uwe Jochum
옮긴이 | 박희라

펴낸곳 | 마인드큐브
펴낸이 | 이상용

등　록 | 제2018-000063호
이메일 | viewpoint300@naver.com
전　화 | 031-945-8046
팩　스 | 031-945-8047

초판 1쇄 발행 | 2017년 4월 23일

ISBN | 979-11-953277-6-8(03810)

- 잘못 만들어진 책은 바꾸어 드립니다.
- 이 책은 저작권법에 따라 보호받는 저작물이므로 무단 전재와 복제를 금합니다.
- 이 책의 일부 또는 전부를 이용하려면 반드시 저자와 마인드큐브의 동의를 받아야 합니다.